Das neue Schimpfwörter-Buch

Sabine Geier-Leisch

Das neue Schimpfwörter Buch

Witzige, unverschämte und treffende Flüche, Beleidigungen und Schimpfwörter von A - Z

Seehamer Verlag

Gestaltung: Impressum GmbH, Dachau
Umschlaggestaltung: Bine Cordes, Weyarn
Umschlagfoto: Bildagentur Mauritius, Mittenwald
Printed in Austria
ISBN 3-932131-65-7

Inhalt

Vorwort

Menschliche Intelligenz definiert sich über die Sprache. Ein Mensch, der unfähig ist, seinen Willen, seine Gefühle und seine Gedanken in irgendeiner verbalen Form zu artikulieren, gilt gemeinhin als dumm. Die Sprache ist demnach das kostbarste Gut des „homo sapiens", denn Essen, Schlafen, sich vermehren und überleben können auch andere „Tiere".

Mittlerweile jedoch ist Sprache natürlich weit mehr als das entscheidende Mittel, um sich gegenüber der Umwelt zu behaupten. Sprache ist zum Selbstzweck geworden, dient der zwischenmenschlichen Kommunikation, der Verständigung und der Unterhaltung gleichermaßen. Und weil sie so ein „universelles Instrument" ist, enthält sie natürlich auch ihre Besonderheiten. Dabei gibt es Tücken und Schrullen, ebenso wie erhebende oder erheiternde Momente – es wird um die Sprache gerungen, zuweilen gekämpft und mit ihr werden schärfere Wunden geschlagen, als mit so mancher tödlichen Waffe.

Und damit sind wir auch schon beim Thema, denn eine „verbale Waffe" stellt bekanntlich das Schimpfwort dar. Zunächst mal sei Ihnen an dieser Stelle ausdrücklich versichert, daß die deutsche Sprache ob ihrer enormen Fülle von Schimpfworten, Beleidigungen, Schmähungen und Verbalinjurien aller Art nicht etwa außergewöhnlich ist. Sämtliche bekannten Sprachen dieser Welt kennen diese „verbalen Giftpfeile" – in manchen gibt es mehr, in manchen Sprachen weniger davon.

Besonders reich an Schimpfworten sind die südlichen Gefilde Europas, sowie der Süden des amerikanischen Kontinents. Eine gewisse „Schimpfwortarmut" wird hingegen den Skandinaviern und den fernöstlichen Asiaten nachgesagt – ob's mit den unterschiedlichen Temperamenten zusammenhängt, will ich nicht endgültig beurteilen, aber wir können es wahrscheinlich getrost voraussetzen. Die deutsche Sprache bewegt sich in punkto Einfallsreichtum so ungefähr in der Mitte, wobei sie allerdings noch über den nicht unbeträchtlichen Vorteil verfügt, eine ganze Reihe der verschiedensten Dialekte unter einem nationalen Dach zu hüten. Sächsisch und Hessisch, Bairisch und Fränkisch, Plattdeutsch und Schwäbisch – alle diese verschiedenen Färbungen sind irgendwie deutsch, doch sie über einen Kamm scheren zu wollen, wäre grundverkehrt.

Einer meiner alten Deutschlehrer – ein sehr kluger Mann – sagte einmal: „Wer ‚Deutsch' sagt, lügt." Und ganz unrecht hatte er mit dieser Provokation sicher nicht. Die deutsche Sprache nämlich entstand im Laufe der Jahrhunderte aus einer ganzen Reihe der verschiedensten Einflüsse und Färbungen – sei es aus dem Lateinischen, den germanischen, alemannischen oder etlichen slawischen Ursprachen. Und genauso vielfältig wie Ihre Wurzeln sind auch ihre Schimpfworte – manche sind uralt und von zeitloser Aktualität und andere haben sich und ihre Wirkung schon nach wenigen Jahren wieder verbraucht.

Im vorliegenden Buch habe ich mich bemüht, eine möglichst umfangreiche Sammlung deutscher Schimpfwörter zusammenzustellen. Anspruch auf Vollständigkeit will ich nicht erheben, doch darf ich reklamieren, daß ich versucht habe, die wichtigsten „dialektbezogenen" Schmähungen und Beleidigungen anzuführen. Leider bedeutet dies auch, daß so mancher Friese beim Lesen schwäbischer Idiome Probleme haben wird und dem Bayern wird das Berlinische wohl auch nicht allzu leicht von der Zunge gehen (vom Sächsischen ganz zu schweigen). Doch immerhin bekommt jeder einzelne Leser die Möglichkeit, sich ein Bild von der sprachlichen Vielfalt seiner Heimat zu machen – und sei es auch „nur" anhand der „bösen Worte" dieses Landes.

Zum Abschluß dieser einführenden Worte will ich mich ausdrücklich einer moralischen Wertung verweigern. Der eine oder andere mag beim Lesen der folgenden Seiten ein bißchen erschrecken, denn ich habe auch die wirklich häßlichen und gemeinen Schmähungen nicht ausgespart. Manche sind so überflüssig wie bösartig, manche sind gar rassistisch eingefärbt und andere wiederum sind menschenverachtend. Daß ich sie aufgeführt habe, bedeutet nicht, daß ich ihre Verwendung gutheiße. Ich bin lediglich der Chronist dieser „Sub-Sprache"; die moralische Wertung obliegt mir nicht.

Denken Sie an die ersten Worte dieser Einleitung: „Menschliche Intelligenz definiert sich über Sprache." Wenn die Sprache eines Menschen also nur aus Hohn, Spott, übler Nachrede und wüsten Schmähungen besteht, kann es mit seinem Intellekt wohl nicht allzu weit her sein: Die Sprache formt den Menschen nicht nur – sie entlarvt und bewertet ihn auch.

In diesem Sinne – viel Spaß beim Lesen.

Sabine Geier-Leisch

A

Aabefott: wörtlich: Affenarsch; besonders derbes Schimpfwort im Kölner Raum für einen unsympathischen oder widerwärtigen Menschen.

Aal: ähnlich wie der schlangenförmige Fisch gelingt es dem Beschimpften immer wieder, sich aus gewissen Situationen, oder aus Verantwortung, herauszuwinden.

Aantmoors: hanseatisch für jemanden, der wie eine Ente mit dem Hintern wackelt.

Aap: friesisch-mundartlich für Affe; mit den entsprechenden Adjektiven verknüpfter Schimpfname für einen dummen, albernen, zuweilen auch selbstgefälligen Menschen.

Aapejeseech: auf hochdeutsch: Affengesicht; rheinisch-mundartlich für einen unansehnlichen, häßlichen Menschen mit einem affenähnlichen Konterfei.

Aapenköster: im „Äffen", also im Nachahmen, ist eine nach friesischer Mundart derart titulierte Person ein wahrer Meister.

Aas: im eigentlichen Sinn ein toter, verwesender Körper; meist in Verbindung mit dem entsprechenden derben Adjektiv (z. B. ein dummes, gemeines Aas) gilt diese derbe Schelte einer äußerst infamen, ehrlosen, fiesen Person.

Aasbande: grobes Kollektivschimpfwort für zwielichtiges Pack; Pöbel.

Aaschkröffer: der von einem Rheinländer so Beschimpfte ist ein Meister im Schöntun, Kriechen und Einschmeicheln bei Vorgesetzen – zu hochdeutsch: ein Arschkriecher; vgl. Arschkriecher.

Aaschkrott: saarländische Schelte für ein freches, vorlautes, ungezogenes Mädchen.

Aasgeier: verbale Grobheit für einen rücksichtslosen, raffgierigen Menschen; wie der aasfressende Raubvogel stürzt sich eine derart titulierte Person auch noch auf die letzten Reste.

Abbarahd: typisch sächsisch für „Apparat", abschätzig für dickleibige Frau oder ein pummeliges Mädchen.

Äbbeldänzischer: in erster Linie saarländisch für eine nervöse, unstete, zappelige Person.

Äbbelgreet: früher galt diese abfällig verwendete Bezeichnung einer einfältigen, dümmlichen, naiven Magd aus dem Saarland.

Äbbler: wer im Saarland andere „veräppelt" (umgangssprachlich für „verhöhnen"), braucht sich nicht zu wundern, selbst Zielscheibe des Spotts zu werden.

Abbrennta: abfällige, bairische Bezeichnung für eine Person, die keine müde Mark in der Tasche hat, also „abgebrannt" ist.

Abeebudzer: saarländisches Idiom für Trottel, Dummkopf, Taugenichts.

Abeemick: hessisch für „Abortmücke" („Scheißhausfliege"); verwendet als derber Schimpfname für eine unliebsame, lästige Person.

Abenteurer: besonders ein unternehmungslustiger, auch leichtsinniger Mann bekommt dies zu hören; sein weibliches Pendant versucht sich gern und oft in Liebesabenteuern.

Abflugkandidat: vorwiegend im jugendlichen Jargon für einen Schüler, dessen Versetzung gefährdet ist oder

der schließlich gar das Klassenziel verfehlt.

Abfoi: echt bairisch für „Abfall", trifft auch auf einen untauglichen Menschen zu.

Abgang: in der Verbindung „einen Abgang machen", ist es ein jugendsprachlicher Ausdruck für „dezent verschwinden".

Abgascht: abfällige Bezeichnung aus dem Pfälzischen für einen im Aussehen und Verhalten unmöglichen, widerwärtigen Menschen.

Abgasheini: das liebste Geräusch dieses Autofanatikers ist der aufheulende Motor seines Wagens.

abgebrochener Gartenzwerg: weit gehässiger als „Wicht", bezeichnet dieser Spottname einen kleinwüchsigen Kerl, der seine Körpergröße mit einem um so größeren Mundwerk zu überspielen versucht.

Abgebrühter: leicht mißbilligend verwendete Bezeichnung für jemanden, der nach außen hin abgestumpft und unempfindlich wirkt.

Abgewöhnen: unschmeichelhafte Bezeichnung für ein eher unscheinbares, unattraktives oder auch wenig anmutiges Mädchen – in den Augen eines Mannes also „zum Abgewöhnen".

Abgstandne: wenig schmeichelhafte Bemerkung eines Bayern über eine Frau, die ihre besten Jahre bereits hinter sich hat. Eben schal und fad wie „abgestandenes Bier".

Abkassierer: wegen seiner meist unlauteren Geldgeschäfte genießt der solcherart Bezeichnete einen ausgesprochen zweifelhaften Ruf.

Abklaubte: der Vergleich mit der Obsternte liegt für den Bayern nahe, wenn er sich über eine Frau lustig macht, deren „beste Früchte" bereits von vielen Männern gepflückt wurden.

Abkocher: verächtlich verwendete Bezeichnung für einen, der sich rücksichtslos auf Kosten anderer bereichert.

Ablescher: hessisches Idiom für Ableger; vorwiegend Scherz- und Spottname für Kinder.

Abortprinzessin: abfällige Bezeichnung für eine Toilettenfrau.

Absahner: verächtliche Bezeichnung für einen unliebsamen Zeitgenossen, der sich auf Kosten seiner Mitmenschen Vorteile verschafft.

Abschaum: verächtlicher Ausdruck für ein widerliches, infames, verkommenes, nicht selten auch kriminelles Individuum; auch abwertender Sammelbegriff für eine Gruppe niederträchtiger Menschen; eigentlich Schaum, der sich beim Kochen an der Oberfläche bildet.

Äbschder: vorwiegend hessisch-abfällig für eine unansehnliche, häßliche Erscheinung.

Äbscher: Spottname aus der Mainzer Gegend für einen tölpelhaften Kerl, der sogar über seine eigenen Füße stolpert.

Abschleppa: bairisches Idiom für Aufreißer; Spott und Schelte für einen vermeintlichen Verführer und Frauenhelden.

Abschleppdienst: salopp für eine Frau, die ihren fahruntüchtigen, weil betrunkenen, Mann nach Hause chauffiert.

Abschmierer: diese abwertende Bezeichnung gilt meist einem Autor, der sich am geistigen Eigentum anderer bereichert; auch Scheltname in der Schülersprache für einen, der von seinem Nachbarn abschreibt; vgl. Abschreiber.

Abschreiber: vgl. Abschmierer; der Bezeichnete (Schüler, Journalist, Wissenschaftler) ist als vorsätzlicher Kopierer und Plagiator entlarvt worden.

Abseiler: in den Augen seiner Mitmenschen gilt der Bezeichnete als besonders arbeitsscheu und verantwortungslos.

Abseitssau: derbes Schimpfwort auf dem Fußballplatz für einen, der gern und oft und vorsätzlich in das Abseits gerät.

Absenatling: Schimpfwort aus dem Frankenland für einen eigensinnigen, starrköpfigen, auch kleinlichen Menschen.

Absonderling: eine so titulierte Person fällt wirkt wegen ihrer seltsamen, eigenwilligen, unkonventionellen Art aus dem Rahmen – mal im negativen, mal im positiven Sinn.

Abstauber: Schimpf und Schande über jemand, der seine Mitmenschen aus reinem Kalkül um Kleinigkeiten ebenso wie um große Gefälligkeiten angeht.

Abstinenzler: meist spöttisch verwendete Bezeichnung für jemanden, der dem Alkohol abgeschworen hat und enthaltsam oder gemäßigt lebt.

Abziehbuidl: abfällige, bairische Schelte für einen Nachahmer oder Nachäffer, der als schlechte Kopie niemals die Qualitäten des Originals erreicht. Auch Versager müssen sich mancherorts so beschimpfen lassen.

Abzocker: Schelte für eine zwielichtige Gestalt, die anderen unehrenhaft und betrügerisch das Geld aus der Tasche zieht.

Achelpeter: abschätziger Ausdruck für einen heruntergekommenen, ärmlichen oder erbärmlichen Menschen, der kaum etwas zu beißen hat; gaunersprachlich für einen hintertrieben Kerl.

Achherrjeche: „Ach Herrje" ist eigentlich ein Ausdruck der Verwunderung, den eine so titulierte Person gern und oft gebraucht, was ihr auch diesen Spitznamen eingetragen hat.

Achselträger: heute nur noch selten verwendete Beschimpfung für jemanden, der sein Fähnchen immer nach dem Wind hängt und anderen schöntut.

Ächser: fränkischer Spottname für eine handwerklich ungeschickte, unbeholfene, mit zwei linken Händen ausgestattete Person.

Achterdeel: in friesischen Regionen spöttisch oder abwertend für die vier Buchstaben, auf denen man sitzt.

Achtgroschenjunge: veraltete Bezeichnung für einen Polizeispitzel, der als verdeckter Ermittler in die „Szene" eingeschleust wird und so an seine Informationen und Beweise kommt. „Acht Groschen" mag auf die geringe Bezahlung seiner Dienste anspielen.

Ackerbutze: gemeinhin stellt ein Landwirt eine solche auf sein Feld, um lästiges Federvieh (Raben) von der Saat fernzuhalten – eine Vogelscheuche. Im übertragenen Sinne ein abfälliges Wort für eine unansehnliche oder ungepflegte Person; vgl. Vogelscheuche.

Ackergaul: derbe Bezeichnung für eine unattraktive, plumpe Frau mit ausladendem Hinterteil; mancherorts auch bezeichnend für eine abgetakelte Straßendirne.

Affe: scherzhaft bis abwertend für einen albernen, gefallsüchtigen (eitlen), törichten Menschen.

Affenarsch: variabel einsetzbare Schelte für einen unsympathischen, mit einer Vielzahl negativer Eigenschaften ausgestatteten, Menschen.

Affenheiner: spöttisch oder als Schelte für eine alberne Person.

Affenliebe: abschätzig für die bedingungslose, hingebungsvolle und selbstvergessene Liebe, beispielsweise die übertriebene und verhätschelnde Fürsorge einer Mutter für ihre Kinder.

Affenstall: abwertend verwendeter Sammelbegriff für eine zügellose, wilde Schar von Menschen. Häufig auch für Großfamilien benutzt.

Affezibbel: saarländischer Spott- und Scherzname für einen geckenhaften, eingebildeten, hochnäsigen Menschen.

Afterkönig: ordinärer Kraftausdruck für einen Homosexuellen, in Anspielung auf seine Liebestechniken.

Äggnschdeor: sächsisch-mundartlich für „Eckensteher"; Schelte für einen Taugenichts, Faulpelz.

Agitator: von lateinisch „agitare" („bewegen"), bezeichnet es im abschätzigen Sinn einen, der beispielsweise für eine politische Gruppierung oder Ideologie die Werbetrommel rührt, mit dem Vorsatz, neue Mitglieder für die Sache zu gewinnen.

Ähzezäller: rheinisches Idiom für Erbsenzähler; Schelte für einen übergenauen, kleinkarierten, penibleen Menschen.

Äisl: fränkisches Idiom für Esel; Schimpfname für einen sturen, eigensinnigen Menschen.

Aktenfuchs: ein Buchstabenmensch und Aktenreiter wie er im Buche steht.

Aktenhengst: ein so titulierter Büroangestellter lebt auf zwischen Aktenmief und Gummibaum.

Aktenkacker: besonders unbeliebtes Exemplar eines dienstbeflissenen, kleinlichen Angestellten, der vorzugsweise in Amtsstuben oder Großraumbüros – begraben unter einem Stapel Aktenordnern – anzutreffen ist.

Aktenkrämer: eine besonders auf kleinkarierte, penible Beamte oder Büroangestellte gemünzte Beleidigung.

Aktenmaurer: Scherzname für einen Beamten, der sich untätig hinter eine Mauer von Akten verschanzt.

Aktenschmierer: die derbe Beleidigung für einen Angestellten oder Beamten zwischen Aktenmief und Antragsformularen.

Alafanz: Ein Schwabe begegnet diesem eher hinterlistigen, durchtriebenen, auch schelmischen Menschen mit gebührender Vorsicht.

Alala: Dummheit „und" zwei linke Hände, vereint in einer Person, sind für einen Bayer die ideale Zielscheibe für Spott und Neckerei.

Alderle: eine besonders pfälzische, scherzhaft bis leicht tadelnde Bezeichnung für einen frechen, ungezogenen Bengel.

Alki: salopper, meist jugendsprachlicher Ausdruck für einen, der seinen Verstand mit Alkohol vernebelt hat; Spottname für Alkoholiker; vgl. Schnapsdrossel.

Allerweltsfreund: eine so titulierte Person befindet sich auf Schmusekurs mit jedermann, will es allen anderen möglichst immer recht machen.

Allerweltsgescheiter: eine Schelte für einen lächerlich unbedeutenden Menschen, der sich betont weltgewandt und gebildet gibt; vgl. Allesbesserwisser.

Allesbesserwisser: scherzhaft oder abwertend für einen, der scheinbar alles weiß und überall mitredet; ebenso wenig ernst zu nehmen wie der Allerweltsgescheite, Alles- oder Besserwisser; vgl. Allerweltsgescheiter.

Allesfresser: Spötter treffen diese, in punkto Nahrungsaufnahme, äußerst anspruchslose Person ebenso im Gourmettempel wie auch an der Imbißbude.

Alleskönner: spöttisch oder als Scheltname für jemanden, für den „unmöglich" allem Anschein nach ein Fremdwort ist.

Allmachtsdackel: allgemeines und in jeder Lebenslage einsetzbares Schimpfwort für einen Mann, der einem zur falschen Zeit am falschen Ort über den Weg läuft.

Allmachtsseckel: dieser variabel einsetzbare Ausdruck aus dem Schwäbischen beinhaltet so ziemlich alles, was man an einer Person nicht ausstehen kann; um die Abneigung noch zu verstärken, empfehlen sich Variationen wie Granadeseckel, Lompeseckel, Quadratsseckel oder Schafseckel und Seckel.

Allmannsfreund: eng verwandt mit dem „Allerweltsfreund", ist eine so titulierte Person bestrebt, mit allen „gut Freund" zu sein. Von einem „Menschenfreund" kann aber nicht die Rede sein, denn diese Freundlichkeit ist aufgesetzt, unehrlich und berechnet.

Allmannswicht: in norddeutschen Gefilden eine abschätzige Bezeichnung für eine dorf- oder stadtbekannte Frau mit zweifelhaftem Ruf.

Allmoi: mundartlich ausgeprägte Verschmelzung von „Alles mein";

bezeichnender Spott- und Scheltname für einen egoistischen, einnehmenden, besitzergreifenden Menschen.

Alsche: vorwiegend im Ruhrgebiet abschätzig verwendet für ein herrisches, zänkisches, zeterndes Eheweib.

Alte: abwertend für Ehefrau, häufig auch jugendsprachliche Bezeichnung für Mutter oder abfällig für eine alte, häßliche, verschrobene Frau.

Alteisen: abschätzig verwendete Bezeichnung für jemanden, der bereits zum „alten Eisen" zählt, ausgedient hat.

alte Jungfer: spöttisch für eine ältere Frau, die auch in ihren besten Jahren keinen Ehemann „abbekommen" hat.

alte Mistbiene: im abschätzigen Sinn auf eine unangenehme, unsympathische oder auch unordentliche Person weiblichen Geschlechts gemünzte Schelte.

Alter: abwertend für Ehemann, häufig auch jugendsprachlich für Vater, sowie abfällig für einen alten, häßlichen, verschrobenen Mann.

alter Bock: verbale Grobheit gegenüber einem alten, immer noch an der holden Weiblichkeit interessierten Mann.

alter Karrengaul: ein Schelt- und Spottname für einen alten oder kraftlosen Menschen, der verbraucht wie ein altes Zugpferd, müde dahertrottet.

alter Knochen: wenig schmeichelnder Beiname für einen alten, aber immer noch rüstigen Mann; auch harmlose Anrede „unter Freunden".

alter Stadtkreuzer: veraltete Bezeichnung im abschätzigen Sinn für einen wertlosen, schäbigen, verbrauchten Menschen.

alter Wichser: vorwiegend von einer Frau verwendeter vulgärer Kraftausdruck gegen einen aufdringlichen, widerlichen Kerl.

alte Schlotte: „Schlotte" bezeichnet eigentlich den grünen Stengel einer Zwiebel; auf den Menschen übertragen ist damit eine schrullige, alte Frau gemeint.

alte Schraube: so buchstabiert man in Spötterkreisen den Begriff „Altersverschrobenheit" bei einer Frau.

alte Schwäde: abzuleiten von „schwadern" („plätschern") gilt es, auf den Menschen übertragen, einem trinkfreudigen Menschen, im verstärkenden Sinn auch „Saufbruder" genannt.

alte Schwarte: derber Schimpfname für ein schlampiges, verkommenes, liederliches, altes Weibsbild; vielerorts auch als „alte Vettel" in Verruf geraten.

alte Schwermut: spöttische oder abfällige Bezeichnung für eine freudlose, wehmütige, triste oder fade weibliche Person.

altes Schlachtschwert: veralteter Scheltname für eine Weibsperson, deren gefürchtete Waffe ihre böse, scharfe Zunge ist.

altes Strickmuster: Scheltname für einen alten Mann mit einer sogenannten „selbstgestrickten" feinen Art, die aber nur aufgesetzt und gespielt ist.

Altrüscher: neutrale Bezeichnung aus dem Rheinischen für einen Gebrauchtwarenhändler; mit spöttischem Unterton auch für jemanden, der seine Wohnung mit altmodischem Trödel bestückt hat.

Amateur: von französisch „amateur" (Liebhaber, Freund, Verehrer) eigentlich jemand, der etwas aus Passion betreibt; als Spottname auch auf einen Neuling, Anfänger oder unprofessionell Arbeitenden gemünzt.

Amazone: die Bezeichnete zeichnet sich entweder durch maskuline Züge oder durch ein männliches Auftreten aus und zieht deshalb auch Spott und Hohn auf sich.

Amokfahrer: im Straßenverkehr ein, wegen seiner rücksichtslosen, unberechenbaren Fahrweise berüchtigter und gefürchteter Draufgänger.

Amokläufer: eine so titulierte Person vereint schlimmste Eigenschaften – sie ist unberechenbar, aggressiv und blindwütig zerstörend.

Amoralist: abschätzig für jemanden, der sich rücksichtslos über Sitte und Anstand hinwegsetzt.

Ampel: im schwäbischen Sprachraum gilt diese abfällige Bemerkung einer ausgesprochen dummen, meist auch alten, Frau.

Ampelignorant: ausschließlich im Straßenverkehr abfällig verwendete Schelte für jemanden, der prinzipiell die Ampelsignale mißachtet.

Ampelnase: beliebtes Schimpfwort von Autofahrern für Autofahrer, besonders für diejenigen, die bei Grün buchstäblich noch nicht geschaltet haben.

Amsel: besonders im süddeutschen Raum abschätzig verwendeter Ausdruck für eine geistig minderbemittelte, einfältige Frau.

Amüsiermatratze: ob Vertreterin des horizontalen Gewerbes oder liederliches Frauenzimmer – der Schimpfname stellt diese beiden gewissermaßen auf die gleiche, niedrige Stufe.

Amüsiernudel: ein so tituliertes weibliches Wesen ist alles andere als ein Kind von Traurigkeit.

Analphabet: menschliche Zielscheibe des Spotts, weil er nicht lesen und schreiben kann.

Anaschda: besonders saarländischer Ausdruck für einen, der „anders", sprich fremd und den Einheimischen deshalb auch suspekt ist.

Anfänger: jeder fängt einmal klein an – der Bezeichnete bleibt es; auch spöttisch für einen ungeschickten, linkischen, ungelenken Menschen.

Angeber: jemand, der sich allzu wichtig nimmt; prahlt mit seinem Hab und Gut, Können oder dem Familienstammbaum.

Anglophobe: zusammengesetzter Begriff aus „Anglo" (für Engländer) und dem medizinischen Begriff für krankhafte Angst: „Phobie" (aus dem Griechischen), bildet sich die verächtlich verwendete Bezeichnung für einen „Anti-Engländer"; einen, der eine Abneigung gegen Engländer pflegt.

Angriffsfahrer: Scheltname für einen Autofahrer, der sich aufführt, als gehöre ihm die ganze Straße.

Angstbüdel: abschätzig aus dem Friesischen für einen Menschen, dem es an Mut und gesundem Selbstvertrauen mangelt.

Angsthase: besonders abfällig für die menschliche Ausgabe des Mümmelmanns – ängstlich, feige und immer fluchtbereit.

Angstmeier: der mit Spott und Häme überschüttete Bezeichnete gilt gemeinhin als ängstlich, gehemmt und feige.

Anhang: variabel für Begleiter, Freunde, Familie oder Verwandte einsetzbarer Spott- und Scheltname.

Anhängsel: spöttisch für eine Person, die lästig ist und einem anderen nicht von der Seite weicht.

Anöder: scherzhaft bis abfällig gemeinte, umgangssprachliche Schelte für einen Langweiler.

Anpasser: abfällig für ein menschliches „Chamäleon", das sich jeder Situation und jedem anzupassen versteht.

Anpisser: im jugendlichen Jargon einer, der andere (beispielsweise Mitschüler, Kameraden) betrügt, verrät oder anschwärzt; vgl. Petze.

Anreißer: Scheltname für einen aufdringlichen Werber, der mit allen ihm zu Verfügung stehenden Mitteln versucht, potentielle Kunden auf seine – für ihn gewinnbringende – Seite zu ziehen.

Anschnauzmeister: grobe Bezeichnung für jemanden, der von seinem Chefsessel aus Arbeiten dirigiert und nicht mit „aufmunternden" Worten für seine Angestellten geizt.

Anstandswauwau: weit lästiger als eine Fliege, schwirrt diese Person als Moralapostel immer um andere herum und bevorzugt immer dann, wenn es als störend empfunden wird. Häufig verwendet für „kleine Brüder", die der „großen Schwester" aufgehalst werden, um deren „Tun und Treiben" zu überwachen.

Antreiber: einer, der am liebsten ihm zugeteilte Arbeiten an andere delegiert, oder andere zu vermehrter Leistung antreibt.

Anzettler: Schelte für jemanden, der Unfrieden stiftet, andere aufwiegelt oder einen, nicht ganz lupenreinen, Plan ausheckt.

Apotheker: ein so beschimpfter Geschäftsmann vergrault seine Kundschaft mit überzogenen Preisen.

Apparatschik: die verächtliche Bezeichnung für einen Funktionär einer politischen Partei oder Organisation, befehls- und obrigkeitstreu.

Appelfatzke: so schimpft ein Berliner über einen arroganten, geckenhaften, hochnäsigen Mann.

Arbeiterdenkmal: ironisch verwendete Bezeichnung für einen arbeitsscheuen, faulen und trägen Menschen.

Archimdreck: pfälzisch-mundartlich geprägter Scherzname für einen Architekten.

armer Teufel: der Bezeichnete macht eine ausgesprochen traurige, erbärmliche Figur. Zumeist mitleidsvoll zu verstehen.

Armleuchter: umgangssprachlich für eine dumme, törichte oder frechbösartige Person; wer sich für den Kraftausdruck A...loch zu fein ist, kann mit dieser Softversion vorlieb nehmen.

Arschficker: verächtlich oder als vulgärer Schimpfname für einen Homosexuellen; neuerdings auch von Jugendlichen abfällig für Konkurrenten oder Gegner benutzt.

Arschgeige: dieser Kraftausdruck geht eindeutig an die Adresse einer unsympathischen, dummen Person.

Arschgesicht: das dickliche, pausbäckige, meist auch nichtssagende Gesicht eines so titulierten Menschen wird zur Zielscheibe des Spotts.

Arschkriecher: vgl. Aaschkröffer; verächtlich oder als derbes Schimpfwort für einen unterwürfigen, vor allem bei Vorgesetzten und hochrangigen Personen schmeichelnden, charakter- und ehrlosen Menschen.

Arschloch: ordinärer, mannigfach einsetzbarer Kraftausdruck für einen unliebsamen, mit zahlreichen negativen Eigenschaften ausgestatteten Zeitgenossen.

Arsch mit Beinen: derber Spottname für einen geistig und körperlich unbeweglichen, hirnlosen und begriffsstutzigen Menschen, der sich nur über seine Dickleibigkeit definiert.

Arsch mit Ohren: variabel einsetzbare, derbe Schelte für einen unsympathischen Zeitgenossen, dem man ebensowenig seinen dummen Gesichtsausdruck, wie auch seine einfältige, dämliche Art nachsehen kann und will.

Arschpauker: despektierlicher Ausdruck im jugendlichen Jargon für einen Lehrer (Pauker), der seinen Schülern das Wissen mit Nachdruck – im übertragenen Sinn „mit einem Tritt in den Hintern" – eintrichtert.

Aschengritt: Spottname, abzuleiten von „Aschenputtel", der auf ein unscheinbares, zu niederen Diensten abgestelltes weibliches Wesen deutet.

Aschenputtel: auch als „Aschenbrödel" bekannt, bezeichnete es früher jemanden, der wörtlich „in der Asche wühlt". Wie die Hauptfigur im gleichnamigen Märchen der Gebrüder Grimm, ist Aschenputtel bis zu seiner Verwandlung ein unscheinbares nur zu niederen Diensten abgestelltes Mädchen.

Asphaltbiene: Spottname für ein leichtes, liederliches Frauenzimmer; vgl. Asphaltblume, Asphaltwanze.

Asphaltblume: vgl. Asphaltbiene; abschätzig für ein leichtes Mädchen oder eine Straßenprostituierte.

Asphaltrowdie: der Bezeichnete ist wegen seines unkontrollierten und rücksichtslosen Fahrstils eine echte Bedrohung für den Straßenverkehr.

Asphaltwanze: vgl. Asphaltblume; abschätzig für eine Straßenprostituierte.

Assel: mißbilligend für ein unordentliches Frauenzimmer.

Assi: meist jugendsprachlicher, verächtlicher Ausdruck für einen „Asozialen". Schimpfwort für einen, der nicht in die gesellschaftlichen Normen paßt.

Astloch: Scherz- und Scheltname für eine einfältige oder auch dummdreiste Person, die ersatzweise auch als „Armleuchter" tituliert werden kann.

Ätschibetsch: weit gehässiger als eine „lange Nase", dient es einem Bayern als Ausdruck der Schadenfreude.

Atzel: besonders im Saarland ausgeprägtes Schimpfwort für einen Langfinger, Dieb.

aufgeblasener Frosch: im übertragenen Sinn jemand, der vor Neid platzt; einer, der vorgibt mehr zu sein als er in Wirklichkeit ist.

aufgewärmter Kohl: mißbilligend für jemanden, der Reden oder Erfahrungen anderer wieder „aufwärmt" oder als seine Geistesleistung ausgibt, wird zur leichten Zielscheibe des Spotts.

Aufmischer: beherzt, aber ziemlich dumm, regelt diese Person ihre Probleme gern mit der Faust und gilt somit als „hirnloser Schläger".

Aufmucker: seine rebellische und widerborstige Natur macht ihn zu einem unangenehmen Zeitgenossen.

Aufmüpfiga: eine abfällige, bairische Bezeichnung für einen, der stets mit seiner Meinung gegen andere aufbegehrt.

Aufpasser: der Bezeichnete hält es mit dem Motto: „Vertrauen ist gut, Kontrolle ist besser".

Aufreißer: Spottname mit ironischer bis abwertender Bedeutung für einen (vermeintlichen) Frauenhelden; ein männliches Wesen, das seine Überzeugungskraft dem weiblichen Geschlecht gegenüber maßlos überschätzt; vgl. Schürzenjäger.

Aufschneider: landläufig sehr bekanntes, mildes bis abwertendes Schimpfwort für einen, der übertreibt, zu dick aufträgt; auch Prahlhans oder Angeber genannt.

Aufsichtsfritze: Berufsschelte für einen dienstbeflissen, übergenauen und strengen Arbeitgeber oder Vorgesetzten.

Auftaklte: dem seemännischen „auftakeln" (Segel setzen) entlehnt, weht im Bairischen dieser Frau ein strenger Wind entgegen: Die äußere Erscheinung auffällig herausgeputzt, steuert sie auf dem Kurs ewiger Jugend – vergeblich.

Auftreiwa: abschätzige, bairische Schelte für einen Quertreiber.

Augenverzwirbler: scherzhaft für jemanden, der stets seine Augen verdreht.

Ausbeuter: verächtlich für jemanden, der andere zu seinem eigenen Vorteil ausnimmt oder benutzt.

Ausgebuffter: mit leichter Anerkennung oder auch abfällig für einen gerissenen, mit allen Wassern gewaschenen Kerl.

Ausgeburt der Hölle: derbe Schelte für einen bösen, hinterhältigen, fiesen, rücksichtslosen und widerlichen Kerl, der eine teuflische Freude daran hat, anderen Menschen Schaden zuzufügen.

Ausgekochter: mißbilligend oder auch mit leichter Anerkennung für einen cleveren, durchtriebenen Menschen.

Auslaufmodell: eine so titulierte, etwas altmodische Person hält einem spöttischen Blick nicht stand: „Der Lack ist ab".

Auslegware: abwertend verwendete Bezeichnung für ein leichtsinniges, leichtlebiges oder liederliches Frauenzimmer.

Auspuffmieze: mit einem spöttischen Seitenblick auf eine weibliche Beifahrerin (Sozia) auf dem Motorrad; die jüngere Ausgabe nennt sich „Auspuffzahn".

Auspuffzahn: besonders jugendlicher Jargon für eine junge Sozia auf dem Motorrad; vgl. Auspuffmieze.

Aussigrasa: bairischer Schimpfname für einen, der gerne und oft auswärts „grast" oder „ißt", also auf gut deutsch „fremd geht".

Aussteiger: geringschätzige Bezeichnung für einen, der seinem bisherigen Leben den Rücken kehrt, um scheinbar etwas Verrücktes tun, oder seine Träume zu verwirklichen.

Auswurf der Menschheit: verächtlich verwendete Bezeichnung für einen unwürdigen, ehrlosen, niederträchtigen und verkommenen Menschen, auch auf eine Gruppe gemünzt.

Autokrat: abschätzige Bezeichnung für jemanden, dem man vorwirft, ein selbstherrlicher, rechthaberischer und selbstgefälliger Mensch zu sein. Machthaberisch duldet eine so titulierte Person, beispielsweise in der Politik anzusiedeln, keinen Nebenbuhler.

Automarder: ein flinker Langfinger, der sich auf das Knacken von Autos spezialisiert hat.

Automuffel: sein Gegenpart, der fanatische Autonarr, kann über den technischen Unverstand und die Abneigung des Bezeichneten gegen Automobile nur spotten.

Axt: wer sich „wie die Axt im Walde" benimmt, gilt gemeinhin als eher grobschlächtig, unsensibel oder rücksichtslos.

B

Baagribb: in fränkischer Mundart abfällige Bezeichnung für einen hageren, dünnen oder extrem mageren Menschen.

Baalspfaffe: „Baal", im übertragenen Sinn als „Abgott" zu verstehen, gilt diese Schelte einem heuchlerischen Menschen, einem Falschprediger.

Baascheißer: fränkisch für einen besonders feigen, zögerlichen und ängstlichen Menschen.

Baazi: verkürzte Form des bairisch-mundartlichen „Lumpazius" (Gauner, Lump).

Babaditzke: besonders rheinische (um Köln) Verniedlichung für ein unsauberes (Wickel-)Kind.

Babbegaj: hessisches Idiom für Papagei; spöttisch für einen, der anderen alles nachplappert.

Babbeler: besonders norddeutsch und spöttisch für ein männliches Plappermaul, das viel und doch nichts Wichtiges zu sagen hat.

Babbelgosch: Weit „uriger" als „Plaudertasche" bezeichnet dieser schwäbische Neck- und Schimpfname eine überaus redselige Person, die nicht nur besonders schnell, sondern auch sehr viel quasselt.

Babbelheini: vorwiegend scherzhaft bis leicht abwertend verwendete Bezeichnung für einen redseligen Viel- und Dummschwätzer.

Babbelschniß: saarländisches Idiom für Dauerredner; besonders abfällig verwendet für eine Person, die in ihrem ungebremsten Redefluß auch Vertraulichkeiten weiterträgt.

Bäbbelschnüss: vorwiegend in und um Köln ausgeprägter Schimpfname für einen lächerlichen, unbedeutenden, albernen Dummschwätzer.

Babbelsnuut: abschätzig für eine Person, die plappert und schwätzt, wie ihr die Schnute (Mund) gewachsen ist.

Bäbberer: besonders pfälzisch für einen, der immerzu vor sich hin murmelt.

Babbler: die schwäbische Variante von „Plaudertasche" oder aber auch „Schwätzer".

Babblersch: abschätzige Bezeichnung aus dem Saarland für eine dümmliche, geschwätzige, weibliche Person.

Babbn: ein abfälliges, bairisches Schimpfwort für Mund; vgl. Brotladn.

Babbsack: saarländischer Scheltname für einen überaus schmutzigen, vor Dreck strotzenden Zeitgenossen.

Babusch: Schimpfname aus dem Hessischen für ein schlampiges, liederliches Frauenzimmer.

Bachel: Prägnanter schwäbischer Schimpf- und Spottname für „Idiot".

Bachratz: eine als „Bachratz" (Ratz ist eine bayerische Ratte) titulierte Person ist das „Allerletzte".

Bachsimbel: vgl. Simpel; hessischmundartliches, verstärktes Schimpfwort für einen überaus einfältigen, dummen Menschen.

Bachstelze: scherzhaft bis abwertend für ein weibliches Wesen, das auf langen, dünnen Beinen daherstolziert.

Bachwutz: wörtlich: Wildsau; derber Scheltname aus dem Pfälzischen für eine widerwärtige, charakterlose Person.

Backärschel: pfälzischer Spott- oder Scheltname für eine freche, ungezogene, vorlaute, junge Person.

Backelaure: Ähnlichkeiten mit der alten Bezeichnung für einen Akademiker, wenn auch unteren Grades – „baccalareus" – sind nicht zufällig; wer aber von einem Schwaben so beschimpft wird, ist in dessen Augen nicht mehr als ein „Simpel".

Bäckerdotschn: besonders in Oberfranken scherzhaft oder als Berufsschelte verwendete Bezeichnung für einen Bäcker.

Backfisch: das bezeichnete junge Mädchen gilt gemeinhin noch als recht unerfahren und unreif. Vor allem in Liebesangelegenheiten fehlt es ihr noch an jeglicher Erfahrung.

Badde: sächsisch für einen geistig minderbemittelten Menschen.

Badenser: abfällige Bezeichnung für den Bewohner der Kur- und Kasinostadt Baden-Baden. Von Württembergern zuweilen auch für alle Bewohner der badischen Region verwendet.

Badscher: der von einem Franken so Bezeichnete hat seine Finger überall – vorzugsweise an Frauen.

Bafel: eine so titulierte Person vereint auf sich das wenig schmeichelhafte Prädikat „minderwertig"; ursprünglich bezeichnet es eine Ware von minderwertiger Qualität.

Bäffzger: wer im Schwäbischen „bäfft", klingt fast wie ein kleiner, nervöser, bellender Hund; ein derart beschimpfter Mensch handelt nach dem Motto: Angriff ist die beste Verteidigung.

Bagasch: von französisch „bagage" (Gepäck), bedeutet besonders im schwäbischen Raum so viel wie „Lumpenpack".

Baggnbärrnmännchn: sächsisch für eine mickrige Gestalt, bei der sich der Vergleich mit einer gedörrten Birne aufdrängt.

Baias: von Bajazzo (von italienisch „papgliaccio" für „Strohsack") abgeleiteter Spottname für einen Possenreißer oder Hanswurst.

Bäig: bairische Schelte für freche, ungezogene Kinder.

Balatschn: spöttisch bis abwertend für einen Franken, der sich undeutlich (nuschelnd) artikuliert.

Baldower: aus der hebräischen Zusammensetzung „baal" (Mann) und „dowor" (Wort) bezeichnet es auf abschätzige Weise einen Betrüger und Gauner.

Balg: scherzhaft bis abwertend für ein flegelhaftes, ungezogenes Kind.

Balgentreder: ursprünglich einer, der in der Kirche den Orgelbalgen tritt; davon abgeleitete Schelte für einen, der mit Hilfsarbeiten betraut wird.

Balla-balla: nur ein ausgesprochen dummer, einfältiger, auch begriffsstutziger Mensch muß sich so verspotten lassen.

Ballerbüx: Spottname für ein Nordlicht, das schimpft wie ein Rohrspatz; vgl. Ballerkopp, Ballertrien.

Ballerkopp: vgl. Ballerbüx; echt norddeutsch für jemanden, dessen Schimpftiraden wie aus der Pistole geschossen kommen.

Ballertrien: vgl. Ballerbüx; Schimpfwort aus dem Norden Deutschlands für einen jähzornigen Menschen.

Ballonkopf: so buchstabiert man in Spötterkreisen den Begriff „Dummkopf".

Ballschimmelern: hessischer, gehässiger, wenn auch aus der Mode gekommener Schimpfname für eine unattraktive Frau, die vormals auf Tanzbällen sitzenblieb, also „auf dem Ball verschimmelte" – kurzum: für ein armes Mauerblümchen.

Bambelarsch: abfällige Bezeichnung aus dem Hessischen für ein unansehnlich schwabbeliges, hängendes Hinterteil; gilt als Schimpfwort auch für die ganze Person.

Bammbes: saarländischer Spottname für einen, in Hinblick auf seine Leibesfülle, stattlichen Mann.

Bämperl-: erst in Verbindung mit beispielsweise Substantiven wie -haushalt, -verein und -gesellschaft, kommt die negative bzw. minderwertige Bedeutung dieser bairischen Vorsilbe richtig zur Geltung.

Bams: besonders im süddeutschen (auch österreichischen Raum) ausgeprägter Spottname für kleines, plumpes, vorlautes Kind.

Bananenbieger: was zunächst wie eine Berufsschelte klingt, ist in Jugend- oder Schülerkreisen ein beliebter Spottname für einen dummen, tölpelhaften Zeitgenossen.

Banause: Scheltname (griechisch „banausos" für Handwerker; niedriger Mensch) für einen ungehobelten, ungebildeten, geist- und niveaulosen Menschen.

Bangbüx: norddeutsches Idiom für Angsthase oder Hosenscheißer; vgl. Bangschieter.

Bangendresser: eine Beleidigung vorwiegend im Kölner Raum für einen ängstlichen, feigen Menschen: allerorts auch als „Hosenscheißer" bekannt.

Bängl: sächsisches Idiom für Bengel, Schlingel; Schelte für ein freches, ungezogenes Kind.

Bangschieter: vgl. Bangbüx; norddeutsches Idiom für Hosenscheißer; abwertend für einen ängstlichen Menschen.

Bankert: boshafte Bezeichnung für ein auf der (Park-)Bank gezeugtes, sprich: uneheliches Kind.

Bankrekel: friesisch-abfällig für einen Nichtstuer, der sich lieber faul auf der Bank herumdrückt, als sich irgendwo nützlich zu machen.

Bankrotteur: abschätzige Bezeichnung für jemand, der immer mit einem Bein im Ruin steht.

Bänschisser: derbes Schimpfwort aus dem Saarland für einen überaus ängstlichen, feigen Menschen, der sich bei Gefahr im Verzug buchstäblich in die Hose macht.

Bantle: wegen ihrer massigen Leibesfülle wirkt diese Person auf ihre Mitmenschen ebenso unansehnlich wie unbeholfen.

Barbar: ein so titulierter Mann zeichnet sich besonders durch unmanierliches, ungehobeltes und betont rüpelhaftes Verhalten aus.

Barbiepuppe: besonders jugendsprachliches Klischee für ein blondes und blödes Mädchen.

Barchentreisser: der Bezeichnete schnarcht, daß sich die Balken biegen und das „Bettuch zerreißt".

Bärenführer: nur derjenige, der sich „Bär" schimpfen darf, hat die entsprechenden Qualitäten, eine Horde gleichgesinnter, dickfelliger und unsensibler Menschen anzuführen.

Bärenhäuter: saloppe Umschreibung für jemanden, der faul und untätig auf der (Bären-)Haut liegt, also als Nichtstuer und Faulpelz verschrieen ist.

Bäreseggel: ein besonders derbes Schimpfwort aus der Pfalz für einen grobschlächtigen, rohen Menschen.

Bärfatt: wörtlich: Bierfaß; Spott- und Scheltname aus dem Friesischen für einen dicken, runden, schwerfälligen und plumpen Menschen.

Bärlinr: sächsisch-abfällig für einen Berliner.

Bärrne: sächsisch-mundartlich für Birne, sprich Kopf.

Bärwatz: aus der tierischen Zusammensetzung (Bär und Eber) abgeleitetes Schimpfwort aus dem Saarland für einen Menschen ohne Anstand und Manieren in der Öffentlichkeit.

Bastard: ursprünglich ein von einem Adeligen außerehelich gezeugtes Kind (altfranz. „bastard"); meist geringschätzig für einen durchtriebenen, unliebsamen Zeitgenossen.

Bastler: salopp-spöttisch für einen vermeintlich geschickten Menschen, der – wie sich herausstellt – aber mit zwei linken Händen ausgestattet ist.

Bätsch: besonders saarländische, abschätzig verwendete Bezeichnung für ein gleichermaßen unnützes wie unattraktives Frauenzimmer.

Batschelschniß: ein saarländisch-mundartlicher Scheltname für ein geschwätziges und tratschsüchtiges Weibsstück.

Bätschmul: scherzhaft bis abschätzig für einen Kölner, der den lieben langen Tag nur dummes Zeug redet.

Batschweib: Das schwäbische „batschen", also „klatschen" oder „schwätzen", gehört zu den Lieblingsbeschäftigungen dieser weiblichen Person.

Batzegiggel: besonders rheinisch für einen geldgierigen Menschen.

Batzenarr: hessischer Spott- und Scheltname für einen geizigen, raffgierigen und knauserigen Menschen.

Bauandada: ein bairischer „Bauan" (Bauer), der sich beispielsweise in der Bayernmetropole München völlig deplaziert vorkommt und darin auch von dem einen oder anderen Stadtmenschen bestärkt wird.

Bauchpinsler: verächtlich für einen, der es nötig hat, anderen schönzutun, nach dem Mund zu reden, zu schmeicheln.

Bauchrutscher: abwertender Ausdruck gegen einen unterwürfigen, devoten oder auch selbstvergessenen Menschen. Schmeicheln vor allem gegenüber seinem Vorgesetzten machen ihn zu einem unliebsamen Arbeitskollegen.

Bauchworz: die gedrungene, mollige Figur des Bezeichneten dient dem Pfälzer zur Belustigung.

Bauerndälbl: sächsisches Idiom für Bauerntrampel; abfällig für einen, der vom Lande kommt.

Bauernfänger: abgewertet ist hiermit ein betrügerischer Zeitgenosse, der versucht, gutgläubige Menschen über den Tisch zu ziehen, gemeint.

Bauernflegel: besonders auf einen frechen, vorwitzigen, unmanierlichen Burschen vom Land gemünzte Schelte; er und der „Bauernlümmel" stehen sich im flegelhaften Benehmen in nichts nach.

Bauernfünfer: abwertend für eine einfache, einfältige oder auch tölpelhafte männliche Person, die „fünfe" schon mal gerade sein läßt oder gar nur bis Fünf zählen kann.

Bauernschädel: so buchstabiert man in ländlichen Bereichen die Eigenschaften Sturheit und Unnachgiebigkeit bei einer Person.

Bauerntölpel: spöttisch bis abwertend für einen, dem seine ländliche, rustikale Herkunft anzusehen und anzumerken ist; abschätzig für einen einfachen, ungeschickten, einfältigen Menschen; vgl. Bauerntrampel.

Bauerntrampel: vgl. Bauerntölpel; geringschätzige Bezeichnung für eine einfache, plumpe Frau vom Lande; auch als Schimpfwort für einen ungeschickten, tölpelhaften Menschen gebräuchlich.

Baumschüler: besonders bei Jugendlichen beliebter Spottname für einen etwas begriffsstutzigen, einfältigen (Hilfs-)Schüler.

Baupser: saarländische Schelte für einen unsympathischen Zeitgenossen, der mit seiner Nörgelei an nichts und niemanden ein gutes Haar läßt.

Bazi: die leicht abfällig oder tadelnd verwendete Bezeichnung für einen durchtriebenen, fürwitzigen oder vorlauten Menschen, auch „Freundchen" bedeutend.

Bazille: vor allem in Verbindung mit „link" oder „falsch", gilt diese verächtliche Bezeichnung einem, der (wie ein Krankheitserreger) seinen Mitmenschen hinterlistig in den Rücken fällt.

Beamtenschreck: Schelte für jemanden, der besonders in Amtsstuben unangenehm auffällt, den Beamten lästig wird oder sie gar aus ihrem „Schlaf" aufschreckt.

Beck: friesisch-abschätziges Idiom für Mund, umgangssprachlich auch „Klappe".

Beddifammche: abzuleiten von französisch „petite femme" (kleine Frau), verwendet es der Rheinländer spöttisch für ein kleines, gedrungenes Frauenzimmer.

Bedelpüt: leicht abwertendes Gepräge tragender Spott- und Scheltname aus dem Friesischen für einen Bettler, Faulenzer oder Tagedieb.

Bedreger: norddeutsche Schelte für eine listige Person, die mit anderen falsches Spiel treibt; vgl. Betrüger.

Beelzebub: mißbilligend verwendete Bezeichnung für einen „Teufelskerl" im negativen Sinn.

Beerbuuk: friesisch-spöttisch für eine Person, der die Vorliebe für Bier buchstäblich auf den Leib (Bauch) geschrieben ist.

Beest: friesisches Idiom für Biest (lateinisch „bestia" – wildes Tier); Schimpfwort für eine infame, hinterlistige Person.

Behämmerter: ein salopper, häufig im jugendlichen Jargon verwendeter Spottname für eine verrückte oder geistig schwerfällige Person.

Behle: ein, besonders in den Augen des Hessen oder des Pfälzers, altes, schlampiges Frauenzimmer.

Behördianer: saloppe, scherzhaft bis abwertend verwendete Bezeichnung für einen Beamten oder Angestellten.

Beißn: besonders in Bayern abschätzig verwendete Schelte für ein zänkisches Frauenzimmer, dessen böse Zunge nur noch von einer echten „Beißzang" an Klauenhaftigkeit übertroffen wird.

Beißzange: Eine solche Frau läßt an Nichts und Niemanden ein gutes Haar; vgl. auch „Beißn".

Bekloppter: locker bis abschätzig für einen leicht verrückten, geistig verwirrten oder minderbemittelten Menschen.

Belfern: Schimpfwort aus dem Fränkischen für ein zeterndes, boshaftes Weibsstück, das an nichts und vor allem an niemanden ein gutes Haar läßt.

Bellrämmel: bevorzugt in der Kölner Gegend abschätzig verwendete Bezeichnung für einen lautstarken, rüpelhaften Menschen ohne Anstand und Manieren.

Bellschmuser: abzuleiten von französisch „belle" („schön"), ist dieser typisch rheinische Spott- und Scheltname für einen Schönredner bezeichnend.

Bembel: hessisch für eine einfältige Person.

Bengel: mittelhochdeutsch für einen derben Stock, wird es abwertend oder als Schimpfwort für einen unartigen, unflätigen Burschen verwendet; vgl. Saubengel.

Benzinkutscher: meist wertneutrales Universalschimpfwort für einen Autofahrer.

Berserker: altnordischen Sagen zufolge ein Mann, der in Rage und Raserei ohne Waffe kämpft. Mit dem, eigentlich in Bärenfell gekleideten Krieger mag der Bezeichnete nur das wilde, rasende, blindwütige Temperament gemein haben.

Berufsjugendlicher: ironischer Seitenhieb auf einen Erwachsenen reiferen Alters, der sich betont jugendhaft und salopp gibt – dabei aber eine meist lächerliche Figur macht.

beschränkter Untertanenverstand: im spöttischen oder abfälligen Sinn für leicht beeinflußbare, naive Menschen, die besonders für politische Agitatoren zur leichten Zielscheibe werden können.

Besen: böse, alt oder/und häßlich – in der Summe ein wenig schmeichelhaftes Profil einer Frau oder Ehefrau.

Besenstiel: wegen seiner hochgewachsenen, dürren Gestalt wird der so Bezeichnete zu einem leichten Opfer für Spott und Belustigung.

Besn: mit dem bairischen „Besen" ist entweder ein häßliches, schlampiges, liederliches oder böses Frauenzimmer gemeint.

Besoffski: die russisch angehauchte Schelte für einen Betrunkenen.

Besserwessi: meist im jugendlichen Jargon verwendeter Beiname (nach der Wende) für die Bewohner der alten Bundesländer. Abgleitet vom Wort „Besserwisser" in Kombination mit dem Begriff „Wessi" für den Westdeutschen.

Besteck: norddeutsch und abfällig für ein dümmliches Frauenzimmer.

Betbruder: ebenso scheinheilig wie sein weibliches Pendant, die „Betschwester", wissen zumindest Spötter um seine aufgesetzte Frömmigkeit.

Betonkopf: auch als „Betonschädel" verrufen, gilt eine so titulierte, meist männliche Person als besonders starrsinnig und unbelehrbar.

Betquissel: besonders im Rheinland abschätzig verwendete Bezeichnung für ein frömmelndes, scheinheiliges Weib.

Betribbster: mitleidig bis spöttisch gemeinter Beiname im Saarland für eine bedauernswerte, erbärmliche Person.

Betriebsnudel: saloppe Umschreibung für einen ausgesprochen emsigen, betriebsamen Menschen, der damit seine Kollegen am Arbeitsplatz ärgert oder in Unruhe stürzt.

Betriebsunfall: meist verharmlosende Umschreibung für ein unerwünschtes, uneheliches Kind.

Betrüger: vgl. Bedreger; abwertend für einen, der mit Hinterlist und Täuschung anderen Menschen das Geld aus der Tasche zieht.

Betschwester: vgl. Betbruder; auch ein Stoßgebet in den weißblauen Himmel nützt nichts – diese Frau gilt gemeinhin als scheinheilig.

Bettbronzer: abfällige Beschimpfung aus dem Schwäbischen für einen zögerlichen, etwas ängstlichen Menschen; vgl. Bettnässer, Feigling.

Bettelbruder: Schimpfwort für einen ärmlichen, mittellosen Menschen, der um Almosen bettelt.

Bettelsack: leicht tadelnd für ein kleines Kind, das unablässig um etwas bittet.

Betthupferl: verniedlichende Umschreibung für eine durchaus willige, leicht zu verführende Frau.

Bettnässer: vgl. Bettbronzer; eigentlich einer, der unbeabsichtigt ins Bett macht; gilt als Schelt- und Spottname für jemanden, der noch grün hinter den Ohren, sprich unerfahren, ist. Alternativformen wären Bettpisser, Pisser, Bettscheißer (meist tadelnd für ein Kind, das ins Bett macht).

Bettschoner: scherzhaft-ironisch für einen nachtaktiven Menschen, der, dem Wortsinn nach, durch seinen Lebenswandel natürlich sein Bett schont.

Bettwanzn: „Im Bett ist's warm und nett" denkt sich dieser Faulpelz und schlummert, auch an einem Arbeitstag, getrost weiter.

Beutelschneider: verächtlich für einen ausbeuterischen Menschen, der andere übervorteilt, ihnen buchstäblich das Geld aus der Tasche zieht.

Biadimpfel: weißblaues Schimpfwort für einen, der sich mit Bier und Hochprozentigem um den Verstand gebracht hat.

Bibbeswaggler: abschätzig für einen Rheinländer, der auch verbal mit seiner Männlichkeit prahlt.

Bibelhusar: scherzhaft oder spöttisch für jemanden, welcher der Bibel kundig ist.

Bide: ein Bayer hat für einen solchen Windbeutel, der nur heiße Luft abläßt und ansonsten nicht viel taugt, nur Hohn und Spott übrig.

Biebgöicker: fränkischer Schimpfname für einen, der stets stolzgeschwellt auftritt und häufig auf der Suche nach verbalen oder körperlichen Auseinandersetzungen ist.

Biedschr: sächsischer Ausdruck für einen, der gern und oft zu tief ins Glas schaut.

Bienebüjjel: ein Spott- und Scheltname aus dem Rheinischen für einen weibstollen Burschen.

Bierbank-Politiker: die verächtlich verwendete Bezeichnung für jemanden, der am Stammtisch politisiert; einer, der am Tresen besserwisserisch aufspielt.

Bierleiche: Spott- und Scheltname für einen sinnlos Betrunkenen; einer, der bereits volltrunken unterm Biertisch liegt und seinen Rausch ausschläft.

Bierlümmel: veraltete Berufsschelte für den jungen Mitfahrer auf einem großen Bierwagen einer Brauerei.

Biffel: im abwertenden Sinn für einen unfeinen, unmanierlichen und groben Menschen.

Bigamist: verächtlich für jemanden, der eine Doppelehe führt, in punkto Frauen stets „zweigleisig" fährt und es mit der Treue nicht so genau nimmt.

Bigge: im Norden Deutschlands denkt man dabei entweder an ein kleines Ferkel oder abwertend an eine schmutzige oder beschmutzende Person.

Bihle: versehen mit einem abwertenden Adjektiv als Steigerungszusatz, ein universell einsetzbares Schimpfwort für eine weibliche Person.

Bille: norddeutsch meist für den kindlichen Hintern; häufig mit erhobenen Zeigefinger oder scherzhaft von Eltern gebraucht, die ihren Kindern raten, artig zu sein – ansonsten wird ihnen der Hosenboden stramm gezogen.

Billigheimer: salopp für einen, der sich beim Einkauf mit Schnäppchen und Billigware eindeckt.

Biloper: ein friesischer Schelt- und Schimpfname für einen Opportunisten, der sich aus rein egoistischen Motiven blitzschnell und bedenkenlos der jeweiligen Lage und Geisteshaltung anpaßt.

Bimbelgischtern: vorwiegend in Hessen ausgeprägter Spott- und Scheltname für ein farbloses, unscheinbares Mädchen.

Bimberla: fränkisch-abfällig für jemanden, der sich überaus wichtig nimmt und sich stets in den Mittelpunkt spielt.

Bimbl: sächsischer Spottname für ein schmächtiges, schwächliches, mickriges, männliches Wesen.

Bimbo: meist im jugendlichen Jargon gebrauchter Alternativausdruck für Dummkopf, Depp oder Trottel. Von Rassisten häufig auch als Schimpfwort für Menschen anderer Hautfarbe benutzt.

Bims: Scheltname mit abschätzigem Sinn für einen kleinen, lächerlich unbedeutenden Menschen.

Binkl: „Einbildung ist auch seine einzige Bildung" denkt sich ein Bayer über eine solche Person, die gerne herumstolziert und sich für etwas „Besseres" hält.

Birnenkopf: für seinen birnenförmigen Kopf kann er nichts – und doch ist dieser Mensch eine beliebte Zielscheibe des Spotts und der Belustigung.

Bischbeler: spöttisch für jemanden, der flüstert, nuschelt oder einfach nur mit leiser Stimme redet.

Bischberer: ein von einem Hessen so Bezeichneter macht sich durch sein Geflüster mehr als verdächtig; Schimpf und Schande über diesen Geheimniskrämer.

Bischek: besonders im Ruhrgebiet abschätzig verwendeter Scheltname für eine gerissene, durchtriebene, rücksichtslose Person, die andere übers Ohr haut.

Bislwassa: ein solches fades, recht geschmackloses, dünnes oder gar ungenießbares Getränk ist eine Beleidigung für die durstige, bairische Kehle.

Bißgurke: in Bayern gebräuchlicher Spottname für ein, wegen seiner scharfer Zunge gefürchtetes, Frauenzimmer.

Bitze: in norddeutschen Regionen abwertend oder als Schimpfwort für ein zänkisches, keifendes Frauenzimmer.

Blaag: ebenso lästig und anstrengend wie eine Plage, bezeichnet dieses Schimpfwort in norddeutschen Gefilden ein aufsässiges, unartiges Kind.

Bläbbs: sächsisches Idiom für lateinisch „plebs" (Volk, Volksmenge); abschätzige Bezeichnung für das gemeine, einfache, ungebildete Volk.

Bläckn: fränkische Schelte für ein laut keiferndes, vorlautes Weibsstück mit eindringlich schriller Stimme.

Blädl: ein bairisches Idiom für einen Blödmann, der bestenfalls Stroh im Kopf hat.

Blaffer: wie heißt es im Volksmund: Hunde, die bellen (blaffen), beißen nicht; eine, besonders in norddeutschen Gefilden so titulierte Person gilt aber als ziemlich bissig, wütend aufbrausend und unbeherrscht.

Bläkhals: eine Beleidigung für das Tier, das sich durch „blöken" verständigt; lautmalend und abschätzig für einen friesischen Schreihals.

Blarbeck: abzuleiten von „plärren" (heulen, weinen), ein aus dem Friesischen stammender Scheltname für eine empfindliche, weinerliche Person, die bei jeder Kleinigkeit in Tränen ausbricht oder gekränkt ist.

Blärrhafe: Scheltname für ein jammerndes Kind, bei dem selbst Wiegenlied und Schnuller versagen.

Blarrsnuut: bei dem kleinsten Anlaß verzieht eine derart überempfindliche Person die Schnute (Gesicht) und bricht in Tränen aus; vgl. Heulkachel.

Blase: abfällig verwendeter Sammelbegriff für eine lästige, aufdringliche, unsympathische Schar von Menschen.

Blasius: in Autofahrerkreisen einschlägiger Spottname für jemanden, der in eine Alkoholkontrolle geraten ist.

Blaßarsch: derbes Schimpfwort für eine bleiche, blasse Person.

Blatschari: abgeleitet vom bairischen „Blätschn" (großes Blatt), bezeichnet es alles Große, beispielsweise einen großen, unansehnlichen Fleck im Gesicht.

Blaubart: angelehnt an die Märchenfigur des frauenmordenden Ritters Blaubart, Spitz- oder Scheltname für einen Mann, vor dem keine Frau sicher ist.

Blaumeise: verächtliche Bezeichnung für den Berufsstand der „Parkraumüberwacherinnen", sprich: Politessen.

Blaumors: friesisch-derbes Schimpfwort für eine Person mit einem „blauen Hintern" – sprich eine, die immer friert.

Blaustrumpf: als Spitzname oder auch im leicht abwertenden Sinn für eine engagierte, tatkräftige, kompetente und intelligente Frau, die über ihren Beruf oder ihre Berufung aber ihr Äußeres vernachlässigt.

Blechkopf: ebenso wertlos und minderwertig wie Eisenblech läßt sich auch der geistige Gehalt eines so titulierten Menschen einordnen; Schimpfwort für einen Dummkopf.

Bleichgesicht: bezeichnend für eine solche Person ist ihr blasser, bleicher Teint.

Bleiente: sehr spöttisch für einen schlechten Schwimmer, der sich nicht oder kaum über Wasser halten kann.

Bleifreitrinker: die verächtliche Bezeichnung am Tresen für jemanden, der nur alkoholfreies Bier trinkt.

Bleifuß: in Autofahrerkreisen gängiges Schimpfwort für einen rücksichtslosen Raser.

Bleistiftakrobat: Spottname für einen Büroangestellten – der Schreibtisch ist seine Manege, der Gummibaum sein Publikum.

Blender: „außen hui, innen pfui" wäre ein treffender Ausspruch für eine so titulierte Person, die vor ihren Mitmenschen glänzen und über ihre Fehler und Mängel hinwegtäuschen möchte.

Bleudkopp: hanseatisch für ein allerorts als „Blödmann" beschimpftes Individuum.

Bliemchngaffee: in Sachsen gebräuchlich für einen Kaffee, der so dünn ist, daß man bis zum Tassenboden schauen kann; wird vorzugsweise unliebsamen Gästen vorgesetzt.

Blindgänger: vergleichbar mit einem fehlerhaften, nicht zündenden Geschoß, taugt auch eine so titulierte Person zu absolut gar nichts; verächtlicher Ausdruck für Versager und Niete.

Blindschleiche: eigentlich ein ungiftiges, harmloses Kriechtier, dient es als Schimpfwort für einen hinterhältigen Menschen, oder auch verächtlich für einen, der schlecht und deshalb nur mit Brille sieht.

Blinsndiechl: sächsischer Spottname für einen, der schielt.

Blinzaguckl: abfällige Bezeichnung aus dem Fränkischen für einen schielenden Menschen.

Blinzelbinche: pfälzisch für ein verklemmtes, sehr schüchternes Mädchen, dessen Augen häufig blinzeln.

Blitzgöicker: besonders in Unterfranken ausgeprägter Beiname für einen aufgedrehten, aufgeregten, oder wie ein Gockel (Göicker) aufgescheuchter Bursche.

Blitzkeiloos: hessisch für einen boshaften, infamen, verschlagenen Zeitgenossen.

Blitzmerker: Spottname für einen begriffsstutzigen, einfältigen Menschen; meist im jugendlichen Jargon für einen, dessen Reaktionsvermögen und geistige Kapazität eher den angeblichen Wesensmerkmalen einer Schnecke gleicht.

Blix: vorwiegend in norddeutschen Regionen gebrauchter Fluch oder Schimpfwort für einen kleinen „Satansbraten".

Blödel: ein ersatzweise für „Dummkopf" verwendbares, eher harmloses Schimpfwort für einen einfältigen Menschen.

Bloder: schwäbische Schelte für eine Frau, bei der „Hopfen und Malz" verloren sind; ihre Aufgeblasenheit wird mit der eigentlichen Bedeutung dieses Wortes – „Saubloder" (Saublase) – in Zusammenhang gebracht.

blöder Hund: besonders bei Autofahrern beliebte, herzhafte Schelte für einen ausgesprochen unbedachten, einfältigen Verkehrsteilnehmer.

Blödian: häufig gebrauchter Spott- und Schimpfname für einen einfältigen, dummen Menschen, der auch Dummkopf genannt wird.

Blödmann: milder bis abschätziger Spottname für einen dümmlichen, einfältigen Kerl; verächtlich für eine Person mit einer langen Leitung.

Blöhublö: wem die umgangssprachliche Schimpftirade „blöder Hund, blöder!" zu langatmig ist, bedient sich dieser originellen Abkürzung. Vorteil: Der Angesprochene vermutet hinter dieser Bezeichnung nicht auf Anhieb eine Beleidigung und hakt in den meisten Fällen nach.

blonde Bestie: auf eine blonde Frau übertragen, leicht anerkennend oder auch spöttisch für eine gewiefte, ihre weiblichen Reize raffiniert einsetzende weibliche Person, der Männer reihenweise verfallen.

Blonz: ein Schwabe versteht darunter entweder eine dicke, unförmige Nase oder auch eine Blutwurst – der Begriff paßt demnach auch für eine sehr beleibte Frau.

Blooges: besonders in der Mainzer Gegend ausgeprägte Schelte für einen unmanierlichen, ungehobelten Kerl.

Bloomaul: nach pfälzischer Mundart spöttisch oder als Schelte verwendete Bezeichnung für einen, der nur dumm daherredet.

Bloot: mitleidig bis geringschätzig für ein ärmliches Individuum.

Blotzkopp: abwertend für einen sturen, starr- und eigensinnigen, unverbesserlichen Saarländer.

Blouch: spöttisch oder als Schimpfname aus dem Fränkischen für eine korpulente, unförmige, plumpe Frau.

Bluatsauga: ein Ausbeuter, wie er im bairischen Buche steht.

Bluatskerl: beinahe anerkennende, bairische Bezeichnung für einen gerissenen, pfiffigen, von seinen Kollegen aber nicht besonders geschätzten Menschen.

Bluatssauerei: ein bairischer Ausruf höchster Verärgerung über ein Mißgeschick oder einen schlimmen Fehler.

Blubberkopp: in friesischer Mundart scherzhaft bis abwertend für einen, der sich mit Alkohol den Verstand vernebelt hat oder nur dummes Zeug redet.

Bluffer: vom englischen „bluff" („täuschen") abgeleitete Schelte für eine Person, die andere durch ihr dreistes Auftreten oder Angeberei in die Irre führt und täuscht.

Blunzn: bairischer Superlativ für ein ausladendes Hinterteil, mit dem es sich auch gut über die ganze Person spotten läßt.

Bluthund: wie der gleichnamige Vertreter der englischen Jagdhunderasse setzt eine so titulierte, skrupellose Person ihren Mitmenschen erbarmungslos zu; Schimpfwort für einen infamen, rücksichtslosen und meist männlichen Zeitgenossen.

Bluthundling: mißbilligend für einen verbissenen Menschen, der, wenn er einmal – im übertragenen Sinn – „Blut geleckt hat", also an einem Vorhaben oder einer Person besonderes Interesse hat, sein Ziel mit Vehemenz verfolgt.

Boche: veralteter Spottname, aus dem Französischen („tête boche" bedeutet „harter Schädel") stammend, für den Deutschen.

Bochespeuzer: hessisches Idiom für Prahlhans, Großtuer.

Bohème: selten, leicht abwertend verwendete Bezeichnung für die Pariser Szene der Künstler, Literaten und Lebenskünstler. Als Bohèmien verspottet oder beschimpft wird ein freiheitsliebender, unkonventionell lebender Mensch.

Bohnenstange: spöttisch für eine hochgewachsene und spindeldürre Gestalt.

Bohneschtang: diese weibliche Person aus dem Schwabenland zeichnet sich weniger (oder überhaupt nicht) durch Formenreichtum aus, als vielmehr durch einen hohen Wuchs.

Bohnesimpel: mit seiner hageren, hochgewachsenen Statur gleicht der von einem Hessen so titulierte Mensch eher einer Bohnenstange und gilt überdies als einfältig.

Böhnhaas: friesisch-abwertend für einen Schlamper und Nichtskönner.

Böhnnase: abzuleiten von niederdeutsch „Böhne" (Dachboden, Bühne) bezeichnet es, auf den Menschen übertragen, einen ungelernten Handwerker, der auf dem Dachboden arbeitet, sprich: Pfusch abliefert.

Bolandi: Spottname aus dem Fränkischen für jemanden, der für andere den „Deppen" macht, sich ausnutzen und für allerlei Arbeiten einspannen läßt.

Bölker: ein besonders im Norden Deutschlands ausgeprägter Schimpfname für einen lautstarken, wütend brüllenden, lauthals schreienden Menschen.

Bölkhals: scherzhaft bis abfällig meist für ein kleines Kind, das ständig schreit.

Bolle: verniedlichende Umschreibung für eine korpulente Person.

Bollerackel: hessisch für jemanden, der sich durch sein aufbrausendes Temperament nur wenig Freunde macht.

Bollersoock: fränkisches Schimpfwort für einen, der schon bei jeder Kleinigkeit aufbraust, wütend wird, „aus der Haut fährt".

Bonbonverwalter: die saloppe Umschreibung für den ehrenwerten Berufsstand des Kaufmannes.

Bonsai: eigentlich ein japanischer Zwergbaum; umgangssprachlich für einen kleinwüchsigen Menschen.

Bonum: jemand mit einem beispielsweise „miesen Bonum", also einem gänzlich häßlichen oder entstellten Gesicht, wird zur leichten Zielscheibe des Spotts und der Häme.

Bonvivant: abzuleiten von französisch „bon" (gut) und „vivre" (leben) bezeichnet es im leicht abwertenden Sinn einen Lebemann, der die schönen Seiten des Lebens zu genießen weiß.

Bonze: Bezeichnung mit verächtlichem Unterton für eine „Parteigröße"; auch Schimpfwort für einen reichen, großspurigen Menschen.

Boofke: besonders in Berlin ausgeprägter Spott- und Scheltname für einen dummen, einfältigen Menschen, der gemeinhin auch als Dummkopf verrufen ist.

Bööl: Rücksichtslosigkeit gehört zu den hervorstechenden Eigenschaften dieses solcherart beschimpften Nordlichts.

Boontje: norddeutsch für eine Person mit zweifelhaftem, wenn nicht gar kriminellem Ruf.

Boppel: im Schwäbischen auch in der verniedlichten Form „Boppele" ist es eine eher gutmütig gemeinte Neckerei eines einfältigen Menschen. Eltern verwenden es auch gerne als Kosewort für ihre Kinder.

Bordsteinschwalbe: verächtliche Bezeichnung für eine weibliche Person, die ihre Brötchen im horizontalen Gewerbe verdient.

Börzl: Schimpfwort aus dem Fränkischen, das eigentlich das Hinterteil eines Brathähnchens bezeichnet – in seiner abfälligen Bedeutung jedoch einer kleinen, mickrigen, lächerlich unscheinbaren Person gilt.

böses Hachel: abzuleiten vom Altdeutschen „hecchen" (stechen) hin zu „hecheln": das Trennen der Flachsfasern durch Kämmen bedeutend. Auf den Menschen übertragen, gilt es einer klatschsüchtigen Person, die andere „durchhechelt", sprich: über andere lästert oder Klatsch verbreitet.

Bosnickel: durch sein jähzorniges, unwirsches, unberechenbares Wesen manövriert sich dieses Mannsbild bei seinen bairischen Mitmenschen schnell ins Abseits.

Botokude: von „Botokuden" (primitiver Indianerstamm aus Brasilien) auf einen ungeschliffenen, groben oder rohen Menschen übertragene Schelte.

Botterhex: norddeutsch abwertend für ein herrisches, selbstgefälliges Frauenzimmer.

Bottschambel: derber Schimpfname aus dem Pfälzischen für eine Frau, die so häßlich ist „wie die Nacht dunkel".

Bourgeois: von französisch „bourgeois", bezeichnet es im abfälligen Sinn einen spießigen Kleinbürger, fest verwurzelt in veralteten politischen Strukturen.

Brägler: schwäbische Schelte für einen, der vor sich hin brummelt, nörgelt, meckert, der zuweilen auch als sonderbar gilt, weil er dazu neigt, Selbstgespräche zu führen – unbeliebt, weil er über jeden und alles etwas zu meckern hat.

Bramarbas: verbale Verunglimpfung von Barrabas, gilt die Schelte einem großtuerischen Menschen, Angeber, Prahlhans.

Brämaul: als Schimpfname oder spöttisch aus dem Fränkischen für ein weinerliches, jammerndes Kind; auch abfällig für jemanden, der nuschelt.

Brausekopf: häufig unter Jugendlichen scherzhaft bis abfällig gebrauchte Umschreibung für einen leicht aufbrausenden, unbeherrschten, hitzköpfigen Kerl.

Breanzla: bairische Schelte für einen, der sich oft und gern vertrödelt.

Brechmittel: verbale Grobheit gegen eine Person, die von anderen als überaus widerwärtig und abstoßend empfunden und deshalb auch gemieden wird.

Brechodlmannsquadschn: abfällige, vorwiegend aus dem Mund eines Oberfranken stammende, Beleidigung für eine fettleibige, plumpe, tolpatschige, weibliche Person.

Breekeler: auch als „Breekeldippe" bei seinen Mitmenschen in Verruf geraten, läßt der so Bezeichnete an nichts und niemanden ein gutes Haar.

Breesewädl: veraltetes Schimpfwort, sächsisch eingefärbt, für Großmaul; abfällig für einen, der groß daherredet.

Breimaul: abfällig verwendete Bezeichnung für einen sich undeutlich, langsam oder mißverständlich artikulierenden Menschen, der zudem auch noch gern alle ihm anvertrauten Informationen ausplaudert.

Bremsklotz: die Spezialität des so Bezeichneten ist es, anderen Steine in den Weg zu legen.

Bretterkopp: besonders norddeutsches Schimpfwort für einen, der unvorsichtig oder gedankenlos die Straße entlang brettert (rast), oder der im wahrsten Sinn des Wortes „ein Brett vor dem Kopf" hat – ein Dummkopf also.

Brettlebne: „Flach wie ein Brett" ist eine bairische Beleidigung für eine Frau mit einer eher „knabenhaften" Figur.

Breweler: der beschimpfte Mainzer läßt prinzipiell an nichts und niemanden ein gutes Haar.

Bridschn: fränkisch-abschätzig für eine liederliche, verkommene Person mit einem zweifelhaften Ruf.

Brietzkeule: abzuleiten von „schöner Prietzel" (mundartlich für „feiner Bruder") scherzhaft oder ironisch für einen kumpelhaften Menschen, Genossen.

Brillenheini: abschätzige Bezeichnung für einen Brillenträger; wie sein weibliches Pendant, die „Brillenschlange" behält dieser Mensch nur mit Hilfe seines „Nasenfahrrades" mehr schlecht als recht den Durchblick.

Brillenschlange: nach gleichnamiger, brillenförmig gezeichneten Giftschlange, gilt diese scherzhafte bis abfällige Bezeichnung meist einer weiblichen Person mit Brille.

Brocken: in Verbindung mit dem Steigerungszusatz „dick" bezeichnet es im abwertenden Sinn einen dicken, schwerfälligen oder plumpen Menschen.

Bröder: friesisch-abwertend für einen, der viel Zeit mit „brüten", sprich „nachdenken" vertrödelt.

Brölles: der Bezeichnete gilt im Rheinland als leicht aufbrausend und jähzornig – im Grunde seines Herzens ist er dennoch ein gutmütiger Kerl.

Brotladn: vgl. Babbn; abfällige, bairische Bezeichnung für Mund.

Bruathenna: eine solch langweilige „Stubenhockerin" sorgt bei einem Bayern nur für ein müdes Gähnen.

Bruddelsupp: eine schwäbische „Schimpftirade", die so heiß gegessen wie gekocht wird.

Bruddler: wertneutrale bis abschätzig verwendete Bezeichnung für einen „Dauernörgler", der schier unablässig vor sich hin meckert.

Brüllat: scherzhaft oder als Schelte für ein augenblicklich oder anhaltend schreiendes Kind, Schreihals.

Brumma: abschätzige, bairische Bezeichnung für eine übergewichtige Person.

Brummbaart: vorwiegend norddeutsches Idiom für einen Nörgler; vgl. Brummbär.

Brummbär: vgl. Brummbaart; Spott- und Schimpfname für einen übellaunigen, mürrischen, nörgelnden Menschen.

Brummeldippe: vorwiegend abwertend verwendete Bezeichnung für eine Frau, die undeutlich oder schwerfällig spricht oder meckert.

Brummschädel: saloppe Bezeichnung für Kopfschmerzen, die meist von übermäßigem Alkoholkonsum herrühren.

Brunnenvergifter: verächtlich-derbe Schelte für einen fiesen, hinterhältigen, intriganten und niederträchtigen Menschen, der mit übler Nachrede oder Verleumdungen die Stimmung oder die persönliche Beziehung „vergiftet".

Brunzkachel: derbe Umschreibung für einen Menschen mit einer Blasenschwäche; auch variabel einsetzbare Grobheit gegen eine weibliche Person.

Brut: abschätzig verwendete Bezeichnung für übles Gesindel; auch für schlecht erzogene, vorlaute Kinder.

Bruthendrick: saloppe Umschreibung für jemanden, der unablässig auf „Brautschau" ist.

Brutsch: jemand, der in Hessen eine „Brutsch zieht", dem steht der Unmut oder Groll buchstäblich ins Gesicht geschrieben.

Bücherwurm: eigentlich ein Bohrkäfer, der sich auch durch Bücher frißt, bezeichnet es im spöttischen oder abwertenden Sinn einen eifrigen Leser, der seine Nase immer in Bücher steckt und dabei die Welt um sich herum vergißt.

Büchlbriettla: fränkisches Idiom für Bügelbrett; als Schimpfwort freilich gilt es einer flachbrüstigen, durch keinerlei weiblichen Formenreichtum ausgezeichneten, Frau.

Buck: als norddeutsches Idiom für Bock, bietet es als Schimpfwort vielfältige Verwendungsmöglichkeiten, beispielsweise als vulgärer Ausdruck „geiler Bock" für einen Schürzenjäger.

Buckelmacher: Spott und Hohn für eine devote, diensteifrige, schmeichelnde, duckmäuserische Person.

Buckelorum: halblateinische Verunglimpfung von „Buckliger"; meist abfällig verwendete Bezeichnung für einen Menschen, der gebückt geht oder einen Buckel hat.

Bucklata: besonders in Bayern wird diese Person wegen ihres krummen Buckels verspottet.

Buernlümmel: norddeutscher Bauernlümmel, der sich mit seinem ungehobelten, auch flegelhaftem Wesen gerne wie ein Elefant im Porzellanladen aufführt.

Büffel: Beleidigungsform für einen grobschlächtigen, sturen oder stoffeligen Mann.

Bügelbrett: eine Beleidigung für jedes weibliche Wesen, das sich nicht gerade mit Formenreichtum brüsten kann; auch als „Plättbrett" verspottet.

Bulgsr: sächsisch-abfällig für einen, dessen ganzer Lebensinhalt in Arbeit besteht.

Bullbeißer: ein solcher Mensch müßte wie eine scharfe Bulldogge auch einen Maulkob tragen – er gilt gemeinhin als böse und bissig.

Bulldogge: eine Beleidigung für einen grobschlächtigen, stämmigen Kerl, der im Aussehen dieser gedrungenen, kräftigen Hunderasse ähnelt.

Bullenbieter: ein Schimpfwort aus norddeutschen Landen für einen unliebsamen Zeitgenossen, der sich wie eine aggressive, angriffslustige norddeutsche Töle (abschätzig für Hund) verhält und deshalb von seinen Mitmenschen gemieden wird.

Bullenschwein: derbe Berufsschelte und Schimpfwort für einen Polizisten.

Bullerjan: abwertend im Norddeutschen für einen lautstarken, groben Burschen.

Bullerkopp: nach friesischer Mundart ein jähzorniger, aggressiver, schnell in Rage geratender Mensch.

Bullewatz: die Summe der animalischen Kräfte des Bullen (männliches Zuchtrind) und die eines Ebers (männliches Schwein) ergibt dieses besondere saarländische Schimpfwort, das auf einen starken, wenngleich geistig schwachen Menschen gemünzt ist.

Bumballe: einem großen, schweren Ball nicht unähnlich, wird eine so titulierte Person wegen ihrer kurzen, runden und plumpen Statur zur leichten Zielscheibe des Spotts.

Bummelant: abschätzig für einen trägen, faulen Menschen.

Bummel-Jan: mildes norddeutscher Spott- und Schimpfname für einen, der langsam, sowohl in der Bewegung als auch im Geiste, ist.

Bummelstudent: ausgesprochen unmotiviert und faul, bietet der so titulierte Student Spöttern viel Angriffsfläche.

Bummerl: besonders im süddeutschen Raum beheimatete, meist liebevoll gemeinte Bezeichnung für einen unbedarften, einfältigen oder auch unwichtigen Menschen.

Bunke: der solcherart Bezeichnete aus dem Ruhrgebiet wird wegen seiner einfältigen und begriffsstutzigen Art zur Zielscheibe des Spotts.

Bunkenbieter: mitleidig bis geringschätzig in norddeutschen Regionen für einen armseligen, abgebrannten Menschen.

Bünnesje: die rheinische Diminutivform von „Bohne" („Böhnchen") gilt als Kosename für ein kleines Kind.

bunter Hund: scherzhaft oder leicht anerkennend für jemanden, der wegen seiner auffälligen oder unkonventionellen Art stadtbekannt ist.

Buntspecht: scherzhafte bis geringschätzige Bezeichnung für einen, vor allem aufgrund seines farbenprächtigen Aufzugs, „schrillen" Menschen („bunter Vogel").

Bürgerschreck: entweder geringschätzig oder mit einem Anflug von

Respekt für jemanden, der nach Ansicht des Durchschnittsbürgers vorsätzlich aus dem Rahmen fallen möchte.

Bürohengst: spöttischer Seitenhieb auf einen Büroangestellten; siehe auch „Sesselfurzer".

Büroklammer: scherzhaft bis leicht abwertend für eine weibliche Büroangestellte, auch Büropalme oder Bürotrine genannt.

Bürowanze: spöttisch oder als Schimpfwort für eine tüchtige, ehrgeizige Angestellte, die in ihrer Bürotätigkeit ganz und gar aufgeht.

Bürschtnbinda: der bairische Ausspruch „dr sauft ja wia a Bürschtnbinder" mag daher rühren, daß es bei der Herstellung von Bürsten und Besen staubig zuging und deshalb die trockene Kehle oft „gespült" werden mußte.

Buschklepper: derbe Schelte für einen hinterhältigen Menschen, einen Strauchdieb oder Straßenräuber.

Butterlappen: saloppe Umschreibung für einen kraft- und energielosen, weichlichen oder übertrieben zögerlichen Menschen.

Buttje: im hohen Norden Deutschlands scherzhaft oder tadelnd für einen frechen, ungezogenen, flegelhaften, immer zu Streichen aufgelegten, jungen Burschen, einen Lausejungen oder Schlingel.

Buttjer: harte Schale, weicher Kern; ein rauhbeiniges, aber herzliches Nordlicht.

Buttsnute: die friesische Mundart kennt eine solche Person als unverschämtes und vorlautes Großmaul.

Butz: verniedlichend, selten tadelnd, für ein kleines Kind.

Butzegambel: im volkstümlichen Sinn eigentlich ein Schreckensgespenst, wird es als Spott- und Scheltname auf einen widerlichen, Schrekken einflößenden Menschen übertragen.

Butzel: im Schwäbischen auch „Butzele" gerufen, gilt dieser eher freundliche Tadel einem unsauberen Kind.

Butzlumbe: saarländisch-mundartlich für „Putzlumpen", womit auf derbe Weise eine unattraktive (meist Ehe-)Frau gemeint ist.

Buuskopp: norddeutsch-abwertend, meist für eine männliche Person, die aus groben Holz geschnitzt ist.

Buwerolzer: besonders saarländischer, abwertend verwendeter Ausdruck für ein frühreifes Mädchen.

B. v. H: vorwiegend im Jugendjargon gebrauchter „Geheimcode" für jemand, der etwas begriffsstutzig ist, sprich: ein „Brett vorm Hirn" hat.

C

Callgirl: von englisch „call" (rufen) und „girl" (Mädchen), bezeichnet es im leicht abschätzigen Sinn ein leichtes, käufliches Mädchen, deren Dienste telefonisch angefordert werden können.

Casanova: jeder so bezeichnete Mann würde gerne in die Fußstapfen des italienischen Abenteurers und Schriftstellers Giovanni Giacomo Casanova treten – erntet aber zumeist als eher mäßige Kopie (Hinterhof- oder Dorf-Casanova) und Möchtegern-Frauenheld nur Spott.

Causeur: von französisch „causer" (plaudern), spöttisch oder leicht abwertend für einen seichten, langweiligen oder auch geistlosen Schwätzer; mißbilligend für jemanden, der nur Unsinn schwafelt.

Chaisegaul: grobe, regionaltypische Beleidigung für einen plumpen Pfälzer.

Chamäleon: mißbilligend verwendete Bezeichnung für einen, der das Fähnchen immer nach dem Wind dreht und sich jeder Situation und Meinung anpaßt.

Chammer: abzuleiten von jiddisch „chamor" (Esel), dient es, auf den Menschen übertragen, als spöttische oder abschätzige Bezeichnung für einen dummköpfigen, einfältigen, eingebildeten oder auch flegelhaften Menschen.

Chaot: mild bis geringschätzig für einen unberechenbaren, unordentlichen, wirren Menschen.

Chaotngsocks: fränkisch-mundartliche Schelte für eine unkonventionelle Schar von Menschen, auch Sammelbegriff für Personen, die optisch aus dem Rahmen fallen.

Charakterkopf: scherzhaft bis bissig-ironisch für einen unansehnlichen oder charakterlich unmöglichen Menschen.

Charakterkrüppel: derbes Schimpfwort für jemanden, der charakterlich nicht einwandfrei, niederträchtig und rücksichtslos ist.

Charakterschwein: der schlechte Ruf dieser Person begründet sich in ihrem rücksichtslosen, charakterlosen und infamen Verhalten.

Charmebolzen: verächtlich-abwertend für einen, der Frauen mit Aufmerksamkeiten und Komplimenten umschmeichelt.

Charmeur: anerkennend bis spöttisch für einen schmeichlerischen Menschen, welcher der holden Weiblichkeit nahezu jeden Wunsch von den Lippen liest.

Chausseefloh: saloppe Umschreibung für einen Radfahrer, der den Verkehr auf der Chaussee aufhält oder gar behindert. Die Anspielung auf „Floh" bedeutet in den Augen eines Autofahrer ein besonders lästiges Exemplar, das sich selbst im stärksten Verkehr nicht abschütteln läßt.

Chausseewanze: durch die Verkleinerung mit „-wanze" schrumpft ein motorisierter Verkehrsteilnehmer – mit dem Auto oder Motorrad – auf der Chaussee zu einem lächerlich unbedeutenden Etwas.

Chauvi: Kurzform von „Chauvinist"; nicht von Mann zu Mann, sondern ein aus Frauenmund verächtliches Schimpfwort für einen selbstgefälligen Mann mit typischem Dominanzverhalten.

Cheftille: spöttisch bis abfällig verwendete Bezeichnung für eine Sekretärin oder Büroangestellte.

Choleriker: von griechisch „chole" (Galle); im abschätzigen Sinn verwendete Bezeichnung für einen leicht aufbrausenden, bei jeder Kleinigkeit aus der Haut fahrenden, jähzornigen Menschen, um den man besser einen weiten Bogen macht.

Chonte: abzuleiten von jiddisch „chonte", bezeichnet der Scheltname ein liederliches Frauenzimmer mit einschlägigem Ruf, eine Dirne oder auch Prostituierte.

Chorknabe: meist jugendsprachlich für einen jungen Burschen, der im übertragenen Sinn „singt", sprich seine Kameraden oder Mitschüler verpfeift (verrät). Zuweilen auch ein Synonym für eine Gruppe von Polizisten, die es mit der Einhaltung des Gesetzes nicht so ganz genau nimmt und sich gegenseitig „deckt".

Chrischtkendle: schwäbisch ausgeprägte Bezeichnung für eine zögerliche, äußerst vorsichtige oder ängstliche Person.

Circe: Frauengestalt aus der griechischen Odysee von Homer, die mit ihren Liebreizen Odysseus' Gefährten den Kopf verdrehte und sie anschließend in Schweine verwandelte. Einer so titulierten weiblichen Person unterstellt man ebenfalls betörende Verführungskünste.

Claqueur: von französisch „klatschen", gilt es im verächtlichen Sinn einem Menschen, der übertrieben oder gegen Bezahlung im Theater, bei Fernsehshows oder auch bei politischen Veranstaltungen Beifall klatscht und sich begeistert gibt.

Cleverle: abgeleitet von englisch „clever" (schlau), ist diese vorwiegend schwäbische Bezeichnung einem Besserwisser, Schlaumeier oder gerissenem Menschen gewidmet.

Clown: ursprünglich der Spaßmacher im Zirkus; milder Spottname für eine alberne Person.

Cochon: von französisch „cochon" (Schwein), steht es, auf den Menschen übertragen, im verächtlichen Sinn für einen widerlichen, schweinischen und Zoten reißenden Kerl.

Couraschi: gern und oft im jugendlichen Jargon verwendeter Spottname für jemanden, der vorgibt, besonders couragiert, also mutig und forsch zu sein – es in Wirklichkeit aber nicht ist.

Courschneider: eng verwandt mit dem Schmeichler oder Charmeur, versteht es ein so titulierter Mann geschickt, einer Frau den Hof zu machen.

Cowboy: von englisch-amerikanisch (wörtlich „Kuhjunge") für Rinderhirte, wird es meist abschätzig oder ironisch für einen grobschlächtigen, rüden Menschen gebraucht.

Cujon: eine besonders in Hessen auf schikanöse, ausbeuterische Vorgesetzte gemünzte Beleidigung. (Er will mich „cujonieren" – gängeln, herumkommandieren)

D

Daabschwätzer: ein fränkisches Schimpfwort für jemanden, der nur dummes Zeug redet.

Daaml: fränkisch für einen überaus dämlichen, dümmlichen, albernen Zeitgenossen.

Dabbdewidd: vorwiegend in Südhessen gebräuchlicher Spott- und Scheltname für einen ungeschickten, unsensiblen, tolpatschigen Zeitgenossen.

Dabbele: pfälzische, spöttisch oder leicht tadelnd verwendete, Diminutivform für ein Kind, das sich nach Ansicht eines Pfälzers etwas ungeschickt, unbeholfen oder gar dumm anstellt.

Dabbes: saarländischer Spottname für ein tölpelhaftes, ungeschicktes, dümmliches, männliches Individuum; ein so titulierter Saarländer wird nur noch von einem „Dilldabbes" übertroffen; vgl. Dilldabbes.

Dachtraufschwob: regionaltypische Schelte für einen Schwaben, der an der Grenze zum Badischen lebt.

Dackel: die krummen Beine des vierbeinigen Vorbildes sind nicht zwangsläufig symptomatisch für einen derart beschimpften Mann. Den dezenten Hinweis „zieh Leine" sollte er aber in jedem Fall beherzigen und alsbald das Weite suchen, denn die Bezeichnung suggeriert, daß er seinem Gesprächspartner auf die

Nerven fällt. Landläufige Abwandlungen: Granadedackel, Grasdackel, Saudackel oder Volldackel.

Däddääle: eine derart von einem Schwaben bezeichnete Person gilt als zimperlich, oft auch unbeholfen.

Dagbläddle: so spottet der Schwabe über eine Frau, die über alles und jeden in einem Dorf Bescheid weiß und die die ihr anvertrauten Informationen und Neuigkeiten in Windeseile weitererzählt; vgl. Dorfschell.

Dagdeev: friesisches Idiom für Faulpelz; Schelte für einen Tagedieb, der mit seiner Zeit nichts sinnvolles anzufangen weiß.

Dagdieb: schwäbisches Idiom für Tagedieb und Taugenichts; Schimpfwort für jemanden, der den lieben langen Tag auf der faulen Haut liegt.

Dähmlagg: besonders sächsisch für einen dümmlichen, dämlichen, einfältigen Zeitgenossen.

Dalf: meist in Norddeutschland ausgeprägte Schelte für einen linkischen, unbeholfenen, albernen Burschen.

Dallesbruder: die herabwürdigende Bezeichnung für einen erbärmlichen, mittellosen, bemitleidenswerten Menschen.

Dämchen: ironischer Seitenhieb auf eine junge Frau, die sich betont vornehm und kultiviert gibt.

Dämel: norddeutsch-abfällig für einen dämlichen, dümmlichen Menschen; Einfaltspinsel; Dummkopf; vgl. Dämelskopp.

Dämelskopp: vgl. Dämel; milde bis abwertende Bezeichnung für ein dämliches, dummes und einfältiges Nordlicht.

damische Blunzn: Schelte aus dem Österreichischen für eine dämliche, einfältige weibliche Person.

Damischer: bairisches Idiom für einen dämlichen Kerl.

Dämlack: Scherz- und Scheltname für einen dümmlichen, dämlichen oder auch begriffsstutzigen Menschen.

Dämling: saloppe Umschreibung für einen geistig minderbemittelten Zeitgenossen.

Dampfnudel: wenig schmeichelhafte Bezeichnung besonders in Süddeutschland für ein weibliches Wesen, das wie ein Hefekloß „aufgegangen", sprich „dick und rund" geworden ist.

Dampframme: besonders in Autofahrerkreisen verächtliche Umschreibung für ein lautes, „aufgemotztes", häßliches Vehikel.

Dampfwalze: verbale Grobheit gegen eine sehr korpulente, plumpe, schwerfällige Frau; Spötter meinen, „wo die hintritt, wächst kein Gras mehr".

Danaergeschenke: im abschätzigen Sinn Geschenke, die von ihrem Geber nicht ohne Eigennutz oder gar bösen Hintergedanken gemacht werden. Bestechungen fallen beispielsweise in diese Kategorie.

Dandy: der aus dem Englischen stammende „dandy" (wörtlich: Stutzer) bietet auch in deutschen Landen wegen seiner übertriebenen, geckenhaften und selbstverliebten Art eine leichte Zielscheibe des Spotts und der Häme.

Däppal: beinahe liebevolles, bairisches Diminutiv für einen einfältigen, dümmlichen Menschen; vgl. Depp.

Dappertla: besonders in unterfränkischen Gegenden typischer Ausdruck für einen ungeschickten, unbeholfenen, tapsigen Menschen.

dappich Neujahr: ein vorwiegend in hessischer Mundart bekannter Spottname für einen linkischen, ungeschickten oder täppischen Menschen.

dappig: wer sich in bairischen Landen „dappig sauft", bringt sich langsam um den Verstand.

Därrwansd: sächsisch-mundartlich für einen abgemergelten, dürren und schwächlichen Menschen.

daub: schwäbischer Ausdruck für „doof" oder „blöd", der gerne in Verbindung mit „Seggel" Verwendung findet.

Dauelmors: im Norden Deutschlands abfällig für einen geistig wie körperlich trägen Menschen.

Dauerdepp: meist jugendlicher Jargon für einen, der Zeit seines Lebens als Dummkopf oder Tolpatsch abgestempelt ist.

Däumchendreher: die milde, meist spöttische Bezeichnung für einen, der „Däumchen dreht", sprich auf der faulen Haut liegt und anderen beim Arbeiten zusieht; auch als Umschreibung für einen Taugenichts oder Faulpelz gebräuchlich.

Daumenlutscher: die vorwiegend harmlose Umschreibung für ein Kind, das gern und oft am Daumen lutscht; auch mißbilligend für einen arbeitsscheuen, faulen Menschen oder Taugenichts.

Deebsr: sächsisches Schimpfwort für einen, der durch seine lärmende, streitsüchtige Art unangenehm auffällt.

Deert: friesisches Idiom für Depp, Trottel oder Dummkopf.

Deeskopp: spöttisch oder als Schimpfname für einen geistig trägen, einfältigen, begriffsstutzigen Menschen.

Deev: abschätzig für einen kleinen gerissenen, infamen, charakterlosen Menschen; Dieb.

Defätist: ein feineres Wort für „Miesmacher"; Schelte für einen schlechtlaunigen und miesepetrigen Menschen, der an nichts und niemanden ein gutes Haar lassen kann.

Denger: vorwiegend in Schwaben verächtlich verwendete Bezeichnung für einen Jungen, einen jungen Mann oder einen „Kerl".

Dengere: analog zu schwäbisch „Denger" verächtliche Bezeichnung für ein Mädchen oder eine Frau oder „Weib".

Depp: vgl. Däppal; variabel einsetzbarer Spott- und Scheltname für einen begriffsstutzigen, einfältigen oder dummen Menschen; einen Hausdepp hält die Ehefrau zum Narren, einen Dorfdepp der ganze Ort; vgl. Trottel.

Deppenhaufen: mehrere, einfältige, dümmliche, tolpatschige Menschen (im Einzelfall: Depp) bilden einen solchen.

Dergel: besonders im schwäbischen Raum anerkannter Schimpfname für ein kleines Kind. Wird zuweilen auch für kleinwüchsige, unauffällige Menschen verwendet.

Despot: vom griechischen „despotes" (Herrscher, Gebieter) abgeleiteter, im abfälligen Sinn verwendeter Schimpfname für einen selbstsüchtigen, herrischen, rücksichtslosen oder unnachgiebigen Menschen.

Deubel: norddeutsches Idiom für Teufel; allgemein gültiges Schimpfwort für einen gerissenen, infamen, wilden Menschen oder auch für ein ungestümes Kind.

Deut: ehemals eine kleine holländische Kupfermünze, bezeichnet „Deut"; im spöttischen oder abfälligen Sinn auf einen Menschen übertragen, einen nichtsnützigen, minderwertigen oder unbedeutenden Kerl.

Dibbegucker: hessisches Idiom für Topfgucker; abfällig verwendete Bezeichnung für eine neugierige Person, die ihre Nase am liebsten in Angelegenheiten steckt, die sie nichts angehen.

Dibbegugger: pfälzisches Idiom für „Topfgucker"; abschätzige Bezeichnung für eine neugierige Person, die ihre Nase gerne und oft in fremde Angelegenheiten steckt; auch „Haffgugger" genannt.

Dibbelschisser: pfälzischer Scheltname für einen kleinlichen, peniblen Bürokraten; ins Hochdeutsche übertragen schimpft sich so jemand „i-Tüpfelchenscheißer".

Dibberkopp: Schelte aus dem Norddeutschen für jemanden, der immerzu auf dem Sprung ist, eilt und hetzt.

Dibbeschisser: Spott- und Scheltname vorwiegend im Rheinland für einen unerfahrenen, unreifen Burschen, der noch etwas grün hinter den Ohren ist.

Dichterling: wie „Zeilenschmierer" ein herabwürdigender verächtlicher

Ausdruck für den Berufsstand des Journalisten.

Dickarsch: bildhafte Beleidigung für eine Person mit einem breiten Gesäß; auch abschätzig für jemanden, der sich zwischen anderen „breitmacht".

Dickbuuk: ein friesischer, männlicher Dickbauch, Fettwanst; scherzhaft bis geringschätzig für einen Menschen mit beachtlicher Leibesfülle.

Dickdoner: norddeutsch für Dicktuer, sprich einen, der gern und oft zu dick aufträgt und sich wichtig macht.

Dickerchen: liebevolle oder leicht abschätzige Diminutivform für eine rundliche, mollige, gemütliche Person – oftmals auch für ein Kind gebraucht.

Dicketuer: mißbilligend für jemanden, der immer zu dick aufträgt; Spottname für einen, der es nötig hat, mehr scheinen zu wollen als er in Wirklichkeit ist.

Dickhäuter: der geringschätzig Bezeichnete zeichnet sich durch ein besonders „dickes Fell", sprich eine gewisse Unberührtheit, Unempfindlichkeit, auch wenig Taktgefühl aus.

Dickkopf: Sturheit und Eigensinn gehören zu den hervorstechenden Eigenschaften dieser Person; vgl. Dickschädel.

Dickmamsell: Spott und Häme sind dieser sehr dicken, plumpen, schwerfälligen Frau sicher.

Dickmors: auf eine korpulente Frau gemünzter Spott aus dem Norden Deutschlands; genauer gesagt ist ihr dickes Hinterteil nicht die einzige Körperregion, die bei dieser Person etwas aus der Form geraten ist.

Dickschädel: vgl. Dickkopf; mildes Schimpfwort für einen eigensinnigen, starrköpfigen Menschen.

Dickschnut: plattdeutsch für jemanden, der gern und oft eine dicke Lippe riskiert, großmäulig ist.

dick' Muck: im eigentlichen Sinn kennt die hessische Mundart „Muck" als die Bezeichnung für die Muttersau. Übertragen auf den Menschen, gilt es eher als Spottname für eine unansehnlich dicke, fette Frau.

Diddschr: sächsischer Ausdruck für einen, der beispielsweise sein morgendliches Milchhörnchen in den Kaffee tunkt.

diebische Elster: die saloppe Umschreibung für eine weibliche Person, die stiehlt, andere beklaut: ein weiblicher Langfinger.

Dienstbolzen: veraltete Bezeichnung im leicht abwertenden Sinn für eine Hausangestellte, das Dienstmädchen oder den Dienstboten. In heutiger Zeit dient es als Spottname oder Berufsschelte für Raumpfleger, Putzfrau.

Dienstfuchser: abschätzig für einen, der in der Amtsstube gewissenhaft und sehr akribisch seine Arbeit verrichtet.

Dierschlenkebutzer: wörtlich: Türklinkenputzer; besonders in der Pfalz ausgeprägte, abfällig verwendete Bezeichnung für einen Hausierer.

Diggobb: sächsisches Idiom für Dickkopf; als Schimpfwort oder scherzhaft für einen starr- und eigensinnigen Menschen.

Dilettant: im Sinne von italienisch „dilettante" (bedeutet „Liebhaber einer Kunst, die er nur zum Vergnügen betreibt") abwertend für einen Laien, Nichtfachmann oder auch Pfuscher.

Dilldabbes: vgl. Dabbes; saarländische Steigerung für einen Tölpel oder Trottel.

Dille: die hessische Mundart kennt es als derbe Schelte für ein liederliches, heruntergekommenes Frauenzimmer, auch Freudenmädchen oder Dirne bedeutend.

Dilledapp: im Schwäbischen bezeichnet es einen etwas tapsigen, einfältigen Menschen; handwerklich ungeschickt, ist der „Dilledapp" häufig auch noch mit „zwei linken Händen" ausgestattet.

Dingerts: sächsisch für einen unliebsamen Zeitgenossen; auch für eine Person, die einem so unwichtig erscheint, daß man nicht einmal deren Namen wissen will.

Dingsbums: auf Personen beiderlei Geschlechts gemünzte Bezeichnung, wenn der Erzählende deren Namen nicht weiß oder erfolgreich verdrängt hat.

Dinosaurier: auch als „altes Fossil" bekannt, zählt die bezeichnete, meist altmodische, alte Person in den Augen eines Spötters zu einer längst ausgestorbenen Spezies.

Dippegrittche: veralteter Spottname aus dem Hessischen für eine Frau, die unter anderem auf einem „Dippemarkt" irdene Töpfe verkaufte.

Dippel: vorwiegend in Schwaben gebraucht, bezeichnet dieser Ausdruck geringschätzig jemanden, der sich in einer Situation oder bei einer Arbeit besonders ungeschickt oder dumm anstellt.

Dippelpeter: im Hessischen abfällig für einen übergenauen, peniblen oder kleinkarierten Mann.

Direktionsfilter: eine so titulierte weibliche Person hütet meist als Vorzimmerdame oder Chefsekretärin die Tür zum Direktor.

Dirmel: saarländisch für einen geistig verwirrten oder minderbemittelten Menschen.

Dischbedierer: ein Saarländer hat für rechthaberische, rücksichtslose und engstirnige Personen nur dieses abschätzig gemeinte Schimpfwort übrig.

Ditscheler: veralteter, vorwiegend in hessischen Sprachregionen ausgeprägter, Schelt- und Spottname für einen Heimlichtuer.

Dödel: landläufig, besonders in norddeutschen Sprachregionen, beliebter Spottname für einen tranigen, begriffsstutzigen, dummen Kerl.

Dödelkrake: Spott- und Scheltname im Ruhrgebiet für jemand, der seine Finger von nichts und niemandem lassen kann.

Dodengraver: norddeutsch für Totengräber, bezeichnet es als derbes Schimpfwort einen destruktiven Menschen, der ideelle Werte mit Füßen tritt.

Doftel: abfällige Bezeichnung im pfälzischen Raum für ein besonders dämliches, doofes Exemplar von Mensch.

Dogesklobber: pfälzisches Idiom für Pädagoge, zumeist wertneutral oder auch leicht verächtlich.

Dohle: vielerorts verächtlich verwendete Umschreibung für ein leichtes Mädchen, Prostituierte.

Doldi: besonders in Franken ausgeprägter Spottname für eine alberne, linkische Person.

Dollbregen: in norddeutschen Regionen mißbilligend für einen jähzornigen, hitzköpfigen, draufgängerischen Menschen.

Dolldi: hessische Verkleinerung für „kleiner Dummkopf".

Döllmer: beinahe liebevoll verwendete Bezeichnung im Ruhrgebiet für ein ausgesprochenes Dummerchen.

Dolln: fränkisch-spöttisch für ein überdurchschnittlich dummes weibliches Wesen.

Dolwes: spöttisch oder als Schimpfname aus dem Pfälzischen für einen unbeholfenen, linkischen Menschen.

Dommschwätzer: schwäbisches Idiom für Dummschwätzer; jemand, der bevorzugt über Dinge redet, von denen er keine Ahnung hat und ansonsten auch viel Unsinniges von sich gibt.

Dondersblitz: besonders schwäbisch und mit leichter, wenn auch widerstrebender, Anerkennung für einen cleveren Kerl oder hellen Kopf.

Don Juan: meist ironisch bis abwertend für einen, der sich für einen unwiderstehlichen Verführer – den Nachfolger des legendären, spanischen Frauenhelden – hält.

Donnerbesen: verbale Derbheit gegen ein unordentliches, ungepflegtes, ungekämmtes Frauenzimmer.

Dönpap: besonders im Nordosten von Deutschland ausgeprägte Schelte für einen hoffnungslosen Dummredner.

doofe Nuß: auf eine dümmliche, einfältige oder träge Person männlichen oder weiblichen Geschlechts gemünzte Beleidigung.

Doofi: die meist jugendsprachliche Kurzform von Doofmann; abwertend für einen Einfaltspinsel, Dummkopf.

Doofkoop: ein norddeutscher Dummkopf.

Doofmann: in der Summe absonderlicher Eigenschaften ein dummes, beschränktes, einfältiges, männliches Wesen.

Döppcheslecker: der im Rheinland so Bezeichnete hat einen gesunden Appetit und läßt nicht einmal einen einzigen Krümel auf dem Teller und im Topf zurück.

Doppeldecker: saloppe bis verächtliche Umschreibung für einen treulosen Mann, der sich nicht nur mit einer Frau begnügen will.

Dördriever: wörtlich: Durchtreiber; ein Scheltname aus dem Friesischen für einen verschwenderischen Menschen und Lebemann, auch eine leichtlebige oder leichtsinnige männliche Person bedeutend.

Dorfschell: vgl. Dagbläddle; schwäbisch für eine weibliche Person, die Neuigkeiten im Dorf schneller als die Tageszeitung in Umlauf bringt; vgl. Schwätzbaas.

Dorftrottel: abschätzig für einen, dessen Ruf als einfältiger, dümmlicher, manchmal auch als schwachsinniger Mensch im ganzen Dorf verbreitet ist.

Dorfzeitung: Schelte für eine geschwätzige, neugierige, unzuverlässige Frau, die ihr anvertraute Informationen in Windeseile im Dorf herumerzählt.

Dörrmäula: besonders fränkisch für jemand, der wörtlich: etwas dörr (also hager) um die Mundwinkel ist.

Dorzelgret: besonders hessisch für ein wankendes, torkelndes, weil betrunkenes Mädchen.

Dose: saloppe, meist im jugendlichen Jargon gebräuchliche, Umschreibung für ein weibliches Wesen.

Döskopf: bedeutungsverwandt zu „dösen", sprich „gedankenlos dasitzen, schlummern"; weit verbreiteter Spottname für einen faden, langweiligen, dümmlichen Menschen – landläufig auch als Dösknochen bekannt.

Dössbaddel: ein besonders tolpatschiges, unbeholfenes, einfältiges Nordlicht.

Dotschn: ursprünglich eine bayerische Kohlrübe, spottet der Volksmund mit diesem Begriff über eine tapsige, ungeschickte, meist weibliche Person.

Dotzgligger: wegen seiner hervorstehenden Glubschaugen wird dieser Mainzer zur beliebten Zielscheibe des Spotts.

Draafdrescher: oberfränkisch für einen groben, draufgängerischen Schlägertyp; einer, der sich gern und oft prügelt.

Draameicherla: vorwiegend oberfränkisch eingefärbter Beiname einer trägen, faulen, tagträumerischen Person.

Dracha: wenn das bezeichnete und überaus zänkische Frauenzimmer könnte, würde sie außer bösen Worte auch noch Feuer spucken.

Dragoner: vormals die Bezeichnung für einen leichten Reiter im Heer; auch Name einer Handfeuerwaffe: nach heutiger Definition eine Beleidigung und Schelte für eine herrische, maskulin wirkende Frau.

Drahrer: aus dem Österreichischen für einen überdrehten, übermütigen Menschen, der die ganze Nacht durchmacht, auch Nachtschwärmer bedeutend.

Drähtlaszäicher: besonders fränkische Berufsschelte für Elektriker.

Drahtzieher: wie der Marionettenspieler, der hinter den Kulissen die „Drähte" seiner Figuren zieht und sie somit tanzen läßt, agiert eine so titulierte Person im Hintergrund. Gaunersprachlich für jemanden, der einen kriminellen Plan ausheckt.

Drallaff: ursprünglich ein sich nach Musik drehender, dressierter Affe, gilt es auch als universell einsetzbares Schimpfwort gegenüber aufgeblasenen oder „affigen" Männern.

Dralle: der Bezeichnete ist in den Augen eines Schwaben vor allen Dingen gutmütig und wird deshalb auch nicht beschimpft, sondern nur geneckt.

Drängler: meist im Straßenverkehr abfällig gebrauchte Schelte für einen rücksichtslosen Autofahrer, der nötigt, die Lichthupe oder sogar andere von der Fahrbahn abdrängt.

Drangsalierer: verächtlicher Beiname für jemanden, der andere vorsätzlich quält, bedrängt, nötigt.

Drauerlabbe: saarländischer Beiname für eine menschliche „Trauerweide"; abfällig für einen trübsinnigen, melancholischen, zu Depressionen neigenden, auch miesepetrigen Menschen.

Draufsitza: ein abfälliges, bairisches Schimpfwort für einen, der lieber auf seinem ganzen Geld sitzen bleibt, als es auszugeben.

Dreckamsel: abfällig verwendete Bezeichnung für eine schmutzige oder auch schlampige Person männlichen oder weiblichen Geschlechts, manchmal auch für ein Kind.

Dreckbär: eine Beleidigung für Meister Petz, die eigentlich einem menschlichen Schmutzfinken oder einem rüden Menschen ohne jegliche Manieren gilt.

Dreckbatscher: ein meist auf ein schmuddeliges, verschmutztes oder schlampiges Kind gemünzter Scheltname.

Dreckler: mit schmutzigen Fingern hat diese abfällige schwäbische Bezeichnung nichts zu tun: verspottet wird eine Person, die im Schneckentempo und viel zu akribisch arbeitet.

Dreckmaul: der Gescholtene ist für sein lästerliches, böses Mundwerk (Schandmaul) berühmt berüchtigt.

Dreckpans: spöttisch oder als Schimpfwort für einen schmutzigen oder schmutzenden Menschen; auch als Schelte für einen charakterlosen, infamen Menschen zu gebrauchen.

Dreckprohet: gleichzusetzen mit „Scheißhaus", wird diese abwertend verwendete Bezeichnung auf einen schmierigen, widerlichen Kerl übertragen.

Drecksack: verbale Grobheit gegen einen widerwärtigen, infamen, charakterlosen Menschen.

Drecksbande: mißbilligend verwendete Kollektivschelte für gemeines Pack.

Dreckschleuder: eine solche Person bewirft ihre Mitmenschen nicht mit Schmutz im eigentlichen Sinn, sondern mit wüsten Worten.

Dreckschwalbe: im allgemeinen Sinn abschätzig für eine schmutzige oder schmutzende Person. Als Berufsschelte für einen nachlässigen Maurer, Maler oder Anstreicher, die bei ihrer Arbeit reichlich Dreck hinterlassen.

Dreckspatz: die meist liebevolle Schelte für ein kleines Kind, das sich bekleckert oder beschmutzt hat.

Dreedlfriddse: sächsisch für einen trägen, langsamen Menschen, der nur schwer in die Gänge kommt.

Drehbännel: der besonders von einem Pfälzer so Bezeichnete hat es mit seiner Ehrlichkeit noch nicht allzu weit gebracht.

Drehpeter: spöttisch bis leicht abwertend verwendete Bezeichnung für einen bedächtigen, trägen Menschen, der nur mühsam seine Arbeit verrichtet.

Drehursch: vorwiegend in unterfränkischen Regionen verwendete Bezeichnung für einen aufgedrehten, überdrehten, nervösen Mitmenschen.

Dreidraht: veralteter Spott- und Scheltname für einen geistig wie körperlich unflexiblen Menschen. Ursprünglich bezeichnet „Dreidraht" die aus drei Metallfäden gedrehte und daher auch starre Kordel.

Dreihandkäshoch: eng verwandt mit dem „Dreikäsehoch", gilt diese meist kosende, auch scherzhafte Bezeichnung einem kleinen, fürwitzigen und vorlauten Kind.

Dreikäsehoch: meist scherzend auf die Größe eines Kindes, dessen Unwissenheit und Unbefangenheit, gemünzte Bezeichnung.

Dremmler: besonders im Nordosten von Deutschland (Mecklenburg-Vorpommern) ausgeprägte, meist leicht tadelnd verwendete Bezeichnung für ein drängendes, nervig bettelndes Kind.

Dresskääl: rheinisches (kölsches) Schimpfwort für einen „Dreckskerl", der vor allem durch seinen fiesen Charakter auffällt.

Drevel: friesischer Spott- und Scheltname für eine Person, welcher der Schalk im Nacken sitzt.

Drhergloffener: vorwiegend in Schwaben mißbilligend für eine lächerlich unbedeutende oder gänzlich fremde Person, die sich in der Umgebung aufhält und zu profilieren versucht.

Dribbscher: mißbilligend verwendeter Ausdruck für jemanden, der anderen mit seiner übertrieben eifrigen, ehrgeizigen und lästigen Art auf die Nerven geht.

Drohne: im eigentlichen Sinn die männliche Biene, die für die Bestandssicherung des Bienenvolkes sorgt – die Arbeiten rund um den Bienenstock verrichten die Arbeitsbienen. Übertragen auf den Menschen bezeichnet es eine selbstgefällige, auf Kosten anderer lebende männliche Person.

Dröhnköötel: wenn „'n oller Dröhnköötel" in norddeutschen Regionen den Mund aufmacht, ist nicht viel Geistreiches zu erwarten.

Droll-Louch: besonders beliebter Spottname eines Unterfranken für eine dicke, plumpe weibliche Person.

Drömelmors: Denken und Arbeiten in Zeitlupe – treffender läßt sich eine, besonders in Norddeutschland, so titulierte Person kaum beschreiben.

Dromsel: schwäbisches Schimpfwort für eine verwirrte, irritierte oder außer Fassung geratene, weibliche Person.

Dromsler: schwäbisches Schimpfwort für einen verwirrten, irritierten oder außer Fassung geratenen Mann oder Jungen.

Drückeberger: die abwertende Bezeichnung für jemand, der sich geschickt von Arbeit, Pflicht und Verantwortung fernhält.

Druckser: im abwertenden Sinn für jemanden, der betont langsam tut, um sich vor der Arbeit zu drücken.

Druddeler: der von einem Hessen so titulierte Tischnachbar hat sich eben bekleckert.

Drükfiken: besonders im Nordosten Deutschlands abwertend verwendete Umschreibung für ein weibliches Wesen, das etwas träge und lustlos arbeitet.

Drumm: „ein Mordsdrumm von Weib" gilt gemeinhin als überaus dickes, unförmiges Weibsstück.

Drüppelwief: Spott- und Scheltname aus dem Friesischen für eine klatschsüchtige, geschwätzige Frau, die auf der Türschwelle (Drüppel) mit ihrer Nachbarin den neuesten Klatsch und Tratsch austauscht.

Drutsch: saarländisch für ein gerissenes, berechnendes Frauenzimmer, das mit allen Wassern gewaschen ist.

Drutschn: bairisch-mundartlich für eine ungeschickte weibliche Person.

Duckmäuser: Jemand, der keine eigene Meinung hat und sich ständig anderen fügt; ursprünglich angelehnt an das Jagdverhalten der Katze, die sich an ein Mauseloch heranschleicht.

Duddebabber: hessisches Idiom für Tütenkleber; die umgangssprachliche Bezeichnung für einen „Knastbruder".

Duddeler: milde Schelte für einen Saarländer, der gern einmal zu tief ins Glas schaut.

Duddellappe: Spott- und Scheltname aus dem Plattdeutschen für jemanden, dem man vorwirft, ein einfältiger, dummer oder geistig minderbemittelter Mensch zu sein.

Duddkopp: friesisch-abfällig für einen Dummkopf.

Duffert: abschätziger Ausdruck aus dem Friesischen, von „duff" (dumpf) abgeleitet, für einen grobschlächtigen, rohen oder unfeinen Menschen, auch grober Klotz bedeutend.

dufte Biene: anerkennend oder als Kosename für ein liebreizendes, hübsches, junges Mädchen, das Männern den Kopf verdreht.

Dukatenscheißer: die saloppe Umschreibung für jemanden, der mit seinem Reichtum angibt, protzt.

Dukatenschwitzer: ein veralteter Spott- und Scheltname für jemanden, der Geld (Dukaten) verlegt oder verloren hat und sich fürchterlich über diesen Verlust ärgert.

Dullkopp: norddeutsch für einen verwirrten, albernen Menschen.

Dummbach: scherzhaft-spöttisch verwendete Bezeichnung für die Heimat der Dummköpfe – von und zu Dummbach – oder den dummen, einfältigen Menschen per se.

Dummbeutel: spöttisch für einen ausgesprochen naiven, gedankenlosen, begriffsstutzigen Menschen.

dummer August: meist spöttisch für eine Person, die durch ihre alberne, unüberlegte oder einfältige Art zur leichten Zielscheibe des Hohns wird.

Dummjan: friesisches Idiom für Dummkopf, dummer Kerl.

Dummkopf: ein äußerst beliebter Schelt- und Spottname für einen geistig minderbemittelten, einfältigen Menschen, mit mannigfachen Alternativausdrücken wie: Dummbartel, Dummbeutel, Dummian, Dummbart, Dummbatz, usw; vgl. Käsekopf.

Dummsülzer: jugendlicher Jargon für einen, der sich betont kultiviert, umständlich oder unverständlich artikuliert.

Dumpfbacke: landläufig leicht abwertender Spott- und Scheltname für einen stumpfsinnigen, dümmlichen Menschen.

Dunischguhd: ein sächsischer „Tunichtgut", sprich einer, der mehr Flausen im Kopf hat, als den Willen zu einer sinnvollen Beschäftigung.

Dünnbeer: abwertend oder als Schimpfwort für einen schwächlichen, mickerigen Menschen.

Dünnbrettbohrer: geistige Trägheit gehört zu den typischen Eigenschaften dieses Menschen, der gedanklich eben gerade noch fertig bringt, „ganz dünne Bretter" zu durchbohren.

Dunsl: sächsisch-mundartlich für einen, der einem „Trottel" durchaus das Wasser reichen kann; Schimpfwort für einen geistig minderbemittelten Menschen.

Durchwitscher: umgangssprachlich „durchwitschen" bedeutet „verschwinden". Der von einem Saarländer so Bezeichnete drückt sich folgerichtig vor jeder Arbeit und Verantwortung.

Duselkopp: in Norddeutschland abschätzig oder scherzhaft für Dummkopf oder Schlafmütze.

Dussel: der schläfrige, träumerische (auch durch Alkohol bedingte) Zustand von „duseln" gilt auch für den Geist und Verstand einer so titulierten Person; Spottname für Dummkopf, Schlafmütze.

Dütt: mit „'ner ollen Dütt" ist in Norddeutschland eine „alte Schachtel", sprich eine alte, verschrobene Frau, gemeint.

Duumskuwer: abzuleiten von niederdeutsch „duum" (Daumen) und „kuwer" (verstecken), gilt diese Beleidigung einer männlichen Person, die, um sich Vorteile zu verschaffen, schon einmal ein oder mehrere Scheinchen lockermacht; verächtlich für jemanden, der andere besticht.

Duuvke: im hanseatischen und friesischen Sprachraum grob abwertend für eine „Bordsteinschwalbe"; ein leichtes, liederliches Frauenzimmer.

Düwel: norddeutsches Idiom für Teufel; mißbilligend für einen infamen, hinterhältigen, ungestümen Menschen.

Dwarsbüngel: aus dem Niederdeutschen für einen querköpfigen, starrsinnigen, rechthaberischen, mürrischen und ewig nörgelnden Menschen, der gegen den Strom schwimmen will.

Dwarsdreiver: weit gehässiger als ein „Dwarskopp" durchkreuzt dieses intrigante Nordlicht vorzugsweise die Pläne anderer.

Dwarskieker: scherzhaft bis abfällig für ein schielendes Nordlicht.

Dwarskopp: abfällig für einen starrsinnigen, unbeugsamen, unbelehrbaren Menschen.

Dwattje: wegen ihrer Einfältigkeit und Naivität wird dieses weibliche Nordlicht zur Zielscheibe des Spotts.

E

Ebbelwoibruder: der Bezeichnete ist ein Liebhaber des hessischen Nationalgetränks, dem er zuweilen auch über Gebühr zuspricht.

Ebbkopp: spöttisch oder als Schelte aus dem Mund eines Hamburgers für einen dummen, geistig minderbemittelten Menschen.

Eckenpisser: im genauen Wortsinn derbe Schelte für jemanden, der ungeniert in der Öffentlichkeit sein „kleines Geschäft" verrichtet. Umgangssprachlich findet der Begriff auch Verwendung, der hinter dem Rücken seiner Mitmenschen kleinliche Schlechtigkeiten und Gerüchte über sie in die Welt setzt.

Eckensteher: umgangssprachlich für Taugenichts, Faulpelz, Tagedieb.

Eckenstoßer: im Wortsinn jemand, der mit seinem Verhalten „aneckt", d. h. unangenehm auffällt.

Ecknforzer: besonders in Oberfranken ausgeprägte Schelte für einen überaus eingebildeten Besserwisser und Alleskönner, der sogar (wörtlich) „um die Ecke furzen" kann.

Eckzahn: nicht zu verwechseln mit einem „steilen Zahn", also einem flotten, attraktiven, jungen Mädchen, zeichnet sich eine so verspottete weibliche Person eher durch ihr unscheinbares, schüchternes Wesen aus. Sinngleich mit „Mauerblümchen", bleibt diese „graue Maus" bei einer Tanzveranstaltung meist unbeachtet in der Ecke sitzen.

Edeltippse: spöttische Bezeichnung für eine Sekretärin, die es dank ihres schnellen Anschlags auf der Schreibmaschine bis vor das Chefzimmer geschafft hat.

Eedäbädeedä: sächsisch-abfällig für ein „Etepetetchen", sprich einen, der sich betont geziert und arrogant gibt; auch als „Etepinkel" bekannt.

eegen Peter: „eegen" nennt die friesische Mundart einen eigensinnigen oder eigenartigen Menschen. Demnach steht ein „eegen Peter", auch „Eegenteter" genannt, als Sonderling oder komischer Kauz immer abseits.

Eergüstriger: friesisch-abwertend für einen selbstgefälligen, rechthaberischen Menschen.

Effekthascher: jemand, der sich derart auffällig in den Vordergrund spielt und für sich immer einen großen Auftritt sichern möchte, dabei aber zumeist nur Spott erntet.

Egoist: Schelte für eine Person, die nur an sich denkt, sich in den Vordergrund spielt, sich selbst der nächste ist.

Egozentriker: mißbilligend für eine Person, die das eigene Ich immer in den Mittelpunkt stellt.

Ehekrüppel: meist mitleidige Bezeichnung für einen Ehemann, der von seiner Angetrauten tyrannisiert und schikaniert wird.

Ehrabschneider: wörtlich: jemand, der anderen die Ehre abschneidet; verächtlich verwendete Bezeichnung für einen infamen und hinterhältigen Menschen, der anderen Übles unterstellt, ihnen übel nachredet und sie verleumdet.

Ehrgeizling: Schelte für jemanden, der übertrieben ehrgeizig und rücksichtslos sein Ziele verfolgt.

Ehrgüstriger: plattdeutsche/friesische Bezeichnung für einen altmodischen Menschen mit verstaubten, unzeitgemäßen Ansichten.

ehrliche Haut: gutmütiger Ausdruck für jemand, der als aufrichtig, ehrlich, zuverlässig und vertrauenswürdig gilt.

Eierkopf: die ovale Kopfform einer so titulierten Person reizt zu Spott und Häme; auch Spottname für einen Einfaltspinsel, oder ironisch für einen intelligenten, gebildeten, aber auch vergeistigten und zuweilen weltfremden Menschen.

Eigenbrötler: spöttisch oder als Schimpfname für einen eigenwilligen, nicht selten absonderlichen Menschen, der sich bewußt von anderen absetzt.

Eigeplackter: veralteter Spottname aus dem Hessischen für einen Nichtfrankfurter, der sich durch Heirat einer „echten" Frankfurter Bürgerstochter oder Witwe Bürgerrecht und Akzeptanz erwarb; eine unbekannte, zwielichtige Person, ein verdächtiger Lump.

Eikastlta: bairischer Spottname für einen, der hinter schwedischen Gardinen einsitzt.

Eilekaizel: scherzhaft bis abwertend verwendete Bezeichnung aus dem Pfälzischen für eine absonderliche Gestalt, einen komischen Kauz.

Eilespiggel: wörtlich: Eulenspiegel; pfälzisch-mundartlich für einen Spaßmacher; für einen, der stets zu Streichen aufgelegt ist und andere gern zum Narren hält.

Eimätscher: oberfränkisch-mundartliche Bezeichnung für eine ungeschickte, unpraktische Person.

Einfaltspinsel: Einer solchen Person kann jeder ein „X" für ein „U" vormachen. Intelligenz gehört demnach nicht zu ihren Stärken.

Einpauker: im jugendlichen Jargon mißbilligend für einen strengen Lehrer, der seinen Schülern das Wissen nach Lehrplan mit Nachdruck eintrichtert.

Einschmeichler: wenig schmeichelhafte Bezeichnung für eine Person, die anderen gegenüber gefällig ist, anderen schöntut und nach dem Mund redet.

Einsteiger: meist im jugendlichen Jargon beheimatete Bezeichnung für einen Neuling; spöttisch für einen unerfahrenen, unreifen Menschen; salopp auch für einen Einbrecher.

Einstein: besonders jugendsprachlich-spöttisch für einen, der sich für besonders klug und allwissend hält.

Eintagsfliege: Erfolg, Glück, Gewinn in der Liebe und andere positive Ereignisse haben bei einer so titulierten Person nur ein kurzes Gastspiel.

Eisackla: die abfällige, bairische Bezeichnung für eine raffgierige Person.

Eisblock: verächtlich für einen, der besonders gefühlskalt, kaltschnäutzig und abweisend anderen gegenüber auftritt; vgl. Eiszapfen.

Eischnacklta: eine in Bayern gebräuchliche Bezeichnung für eine Person, die schon bei leisester Kritik beleidigt, also „eingeschnappt" reagiert.

eiserne Jungfrau: wenig schmeichelhafte Bezeichnung für ein weibliches Wesen, das sämtlichen Zuwendungen und Aufmerksamkeiten des anderen Geschlechts schroff ablehnend gegenübersteht.

Eisnalbin: spöttisch oder als Berufsschelte in Franken für einen Vertreter des Schlosserhandwerks. Abgeleitet vom sagenhaften Zwergenkönig „Albin" – dem Meister der edlen Metalle.

Eiszapfen: vgl. Eisblock; menschliche Wärme wird man bei dieser Person vergebens suchen; auch verächtlich für eine, männliche Zuwendungen abweisende, Frau.

Eizesmacher: abzuleiten von hebräisch „eizes" (Ratschlag), bezeichnet der Spott- und Scheltname einen übertrieben hilfsbereiten Menschen, der anderen unaufgefordert und auf ärgerliche Weise Ratschläge erteilt.

Ekel: Mitmenschen begegnen einer solchen, mit derart negativen Eigenschaften behafteten Person, mit Widerwillen und Abscheu; vgl. Ekelpaket.

Ekelmors: norddeutscher Schelt- und Schimpfname für einen unangenehmen, streitbaren, ungemütlichen Zeitgenossen.

Ekelpaket: vgl. Ekel; ein starkes Schimpfwort für eine widerwärtige, überaus unsympathische Person.

Elefant: Spottname für einen massigen, schwerfälligen, meist auch etwas unsensiblen Menschen.

Elefantenbaby: scherzhaft für einen großen, plumpen, ungelenken, auch tolpatschigen Menschen.

Elend: abschätzige Umschreibung für eine erbärmliche, schwächliche, trübsinnige Person.

Elendsgestalt: der Anblick einer so titulierten Person rührt zutiefst: mitleidig bis abfällig für eine jammervolle, menschliche Erscheinung.

Ellbogenmensch: mißbilligende Umschreibung für einen rücksichtslosen, selbstsüchtigen Menschen, der nur auf seinen Vorteil bedacht ist und seine Ziele notfalls auch mit allen Mitteln durchsetzt.

Elwerdaddel: ein Schimpfname im pfälzischen Raum für einen unbeschreiblich dumme, einfältige, begriffsstutzige Person.

Emanze: in ihrem dauernden Streben nach Gleichberechtigung wird dieses selbstbewußte weibliche Wesen schnell zur Zielscheibe vorwiegend männlichen Spotts.

Enfant terrible: das aus dem Französischen (wörtlich für „schreckliches Kind") entlehnte Schimpfwort für eine unmögliche, widerwärtige Person ohne jeglichen Anstand und Manieren in der Öffentlichkeit.

Engelpääd: besonders in Köln beliebter Neckname für einen eitlen, selbstgefälligen Mann, der sehr viel Wert auf sein Äußeres legt. Abgeleitet vom „schönen Engelbert".

Ennelbutt: herabsetzende Bezeichnung – vorwiegend im Nordosten Deutschlands – für eine kleine, dicke Person.

Entaklemma: die schwäbische Umschreibung für jemanden, der im eigentlichen Sinne am Hinterteil einer

Ente schon die Hand aufhält, noch bevor das Federvieh ein Ei gelegt hat; Schelte für einen Geizhals oder einen übertrieben peniblen Menschen (auch „Furzklemma" gebräuchlich).

Ente: die plumpe, ungelenke, watschelnde Gangart einer derart bezeichneten Person erinnert wohl an eine Ente. Außerdem: ein liebevolles Kosewort für ein Automobil der Firma Citröen mit der korrekten Typenbezeichnung 2CV.

Entenmelker: so wenig, wie man dieses Federvieh melken kann, so wenig ist von einer solchen Person ein klarer Verstand oder etwas Geistreiches zu erwarten; Spottname für einen Spinner, Verrückten.

Enzelkinsche: saarländisches Idiom für Einzelkind; spöttisch oder als Schelte für ein verwöhntes, ungezogenes Kind.

Eppernäppche: nach Altfrankfurter Mundart spöttisch oder leicht abwertend für ein überempfindliches oder geziertes Dämchen.

Erbschleicher: abfällige Bezeichnung für eine berechnende, heuchlerische, besonders gegenüber reichen Verwandten schmeichelnde Person, die sich durch dieses Verhalten ihren Erbteil sichern möchte.

Erbse: Spott- und Scheltname für eine etwas einfältige, törichte Person; Spötter unterstellen, ihr Verstand hätte – aufgeblasen – lediglich die Größe einer Erbse.

Erbsegreet: saarländisch-abfällig für ein weibliches Wesen ohne ausgeprägte Rundungen; eine, die vorn und hinten „flach wie ein Brett" ist.

Erbsenzähler: Spott- und Scheltname für einen kleinkarierten, peniblen Menschen, der sich an Kleinigkeiten stört; vgl. Federfuchserei.

Erdenwurm: abschätzig gemeinte Umschreibung für einen raffgierigen Geizhals.

Erdnuckel: spöttisch für einen kleinwüchsigen, unscheinbaren, unbedeutenden Menschen; vgl. Gartenzwerg.

Erumrollsern: aus dem Hessischen für eine weibliche Person, die sich gern (mit Männern) herumtreibt.

Erzlienert: saarländisches Idiom für Erzlügner; verstärktes Schimpfwort für einen notorischen Lügner.

Esel: eine Beleidigung für das fälschlicherweise als dumm und stur geltende Grautier; universell einsetzbares Scheltwort für einen einfältigen, dummen Zeitgenossen.

Eselskopf: ein Beleidigung für das, vermeintlich als dumm und stur verschrieene Grautier; Alternativform für Dummkopf.

Essiggurke: salopp für einen mürrischen, übellaunigen, miesepetrigen Menschen.

Etegeern: eine so, in Norddeutschland, titulierte Person ißt nicht, sondern frißt: ein Vielfraß oder Allesfresser.

Etigpütt: abschätzige Bezeichnung aus dem Norddeutschen für einen, der immerzu mit einer „Sauren-Gurken-Miene" herumläuft.

Eumel: besonders im jugendlichen Jargon beliebter Spott- und Scheltname für einen dümmlichen, tölpelhaften Menschen.

Ewweletsch: besonders hessisch für einen taktlosen, ungenierten, auch ohne Manieren und Verstand ausgestatteten, Menschen.

Exhibitionist: verächtlich für jemanden, der – einem krankhaften Trieb folgend – sich vor anderen entblöst.

Experte: vorwiegend ironische Bezeichnung für einen, der alles andere als ein Könner seines Faches ist; vielmehr ein Trottel, Nichtskönner, Tolpatsch.

Exzentriker: von lateinisch „ex" (aus) und „centrum" (Mittelpunkt), weicht auch eine so titulierte Person von der Norm ab, gilt als verschrobener, überspannter oder überdrehter Mensch und Sonderling.

F

Fabulant: die schmeichelhafte Umschreibung für jemanden, der viel – und vor allem Unsinn und Unwahrheiten – von sich gibt.

Fachidiot: verächtlich für einen versierten Menschen, dem fälschlicher- oder berechtigterweise einschlägiges, einseitiges Wissen nachgesagt wird.

fade Nock'n: aus dem Österreichischen scherzhaft oder abwertend für ein langweiliges, fades, temperamentloses Mädchen oder Frau. Mit „Nockerl" bezeichnet der Österreicher einen „weichen Kloß".

Faiseur: von französisch „faire" (machen), gilt dieser, mit einem beleidigenden Akzent versehene, Ausdruck einem Angeber, Aufschneider und Großtuer.

Faktotum: von lateinisch „fac totum" („tu alles, mach alles"), eine abschätzige Bezeichnung für jemanden, der bei allen Arbeiten aushilft – als sogenanntes „Mädchen für alles", dabei aber zumeist von einem dominierenden Menschen ausgenutzt und gebraucht wird.

Fallot: abzuleiten von lateinisch „fallere" (betrügen, täuschen), bezeichnet es vorwiegend im österreichischen Sprachraum einen verlogenen, hinterhältigen und betrügerischen Menschen.

Falott: ursprünglich von der französischen Bezeichnung (falot = „lustiger Brusche") abgeleiteter, vorwiegend in Österreich verwendete Bezeichnung für einen kleinen Gauner, Betrüger.

Falschmünzer: mißbilligend für jemanden, der andere täuscht, betrügt, hintergeht.

Fangzahn: saloppe Umschreibung, meist im verächtlichen Sinn, für ein hochnäsiges, arrogantes und überhebliches Frauenzimmer.

Fant: schnippischer oder leicht beleidigender Ausdruck für ein unreifes, unerfahrenes Bürschchen, das noch „grün hinter den Ohren" ist.

Farbenkleckser: derbe Beleidigung für einen Künstler, Kunstmaler.

Farbkasten: spöttische Umschreibung für eine auffällig, meist geschmacklos geschminkte Frau.

Farbkübel: wegen ihres schrillen, auffälligen Make-up und ihrer nicht minder bunten Kleidung wird diese Frau spöttisch belächelt.

Faselfritze: Scheltname für eine männliche Person, die wirr und viel Unsinn redet, unermüdlich plappert; sein weibliches Gegenstück schimpft sich „Faseltante".

Faß: wegen seiner runden, dicklichen Statur dient der Bezeichnete als leichte Zielscheibe des Spotts.

Fassadenklempner: meist Berufsschelte für einen Maurer; verächtlich auch für einen Schönheitschirurg, der die Fassade (abwertend für Gesicht) seiner meist weiblichen Kunden wieder aufpoliert.

Fatalist: abzuleiten von lateinisch „fatum", ein Schimpfname für jemanden, der alles dem Schicksal überläßt, sich untätig seinem Schicksal ergibt.

Fätz: ein abschätziges, bairisches Schimpfwort für eine unordentliche, schlampige weibliche Person.

Fatzke: verächtlich für jemanden, der an maßloser Selbstüberschätzung leidet; Schimpfname für einen eingebildeten, geckenhaften, arroganten Menschen.

Fauche: wenig schmeichelhafte Bezeichnung für eine energische Vorzimmerdame.

fauler Knochen: wie „fauler Strick" tadelnd oder als Schelte für jemanden, der sich gekonnt vor der Arbeit drückt.

Faultier: jemand, der sich regt und pflegt wie das gleichnamige Tier; drückt sich auch als Faulpelz, Faulsack, faules Stück oder faules Aas, vor jeglicher Form von Arbeit.

Faxenmacher: früher häufig auf die Possenmacher der Jahrmärkte gemünzte Bezeichnung; in seiner heutigen Bedeutung jemand, der dumme Späße mit anderen treibt; alberne Person, auch als „Faxenheini" bekannt.

Federfuchser: vgl. Erbsenzähler; herabsetzender Beiname für einen pingeligen, kleinkarierten Menschen und Pedanten; vgl. Korinthenkacker.

Federhalterstemmer: spöttisch für einen Beamten oder Büroangestellten, der sich bei Schreibarbeiten beinahe körperlich verausgabt.

Fegefeuer: scherzhaft-spöttisch für ein wildes, temperamentvolles und hitziges Frauenzimmer, auch „heißer Feger" bedeutend.

Feger: mannigfacher Ausdruck, meist scherzhaft, für ein umtriebiges Kind, für ein Mädchen mit zweifelhaftem Ruf (heißer Feger), oder einen ungestümen Burschen; vgl. Fetz.

Feierzang: saarländisch für „Feuerzange"; Scheltname für ein hitziges, boshaftes, zänkisches Frauenzimmer, an dem man sich im übertragenen Sinne die Finger verbrennen könnte.

Feigling: vgl. Bettbronzer; abwertende Bezeichnung aus „feig(e)", was noch im Mittelhochdeutschen so viel bedeutete wie „dem Tode verfallen", „unselig" und „verdammt"; in seiner heutigen Bedeutung, dient es als Schelte für einen ängstlichen, zögerlichen Menschen; vgl. Hasenfuß.

feiner Pinkel: ironisch-hämisch für eine Person, die sich betont weltgewandt, vornehm und gebildet gibt.

Feir'riebl: sächsischer Berufsspott oder -schelte für einen Kaminkehrer, Schornsteinfeger; wörtlich: Feuerrüpel.

Feld-Wald-und-Wiesen-Doktor: Spott- und Scheltname für einen Allgemeinmediziner, dessen Kompetenz in Frage gestellt wird.

Ferkel: derb für einen, dem Aussehen wie auch dem Benehmen nach, „schweinischen" und schmutzigen Menschen.

Fettarsch: grob abschätzig für einen unsympathischen Menschen, der auch oder gerade wegen seiner opulenten Leibesfülle zur Zielscheibe des Spotts wird.

Fettauge: Schimpfname für einen unförmig, dicken Menschen; Alternativausdrücke mit ebenso abwertender wie gehässiger Bedeutung sind: Fettarsch, Fettsack; Fettkloß, Fettbauch, Fettwanst, Fettsau.

Fettfleck: meist jugendlicher Jargon für einen korpulenten, massigen Erwachsenen.

Fettfunzel: gleichzusetzen mit einer Tranfunzel, einer Öllampe; im abwertenden Sinn für einen Menschen, der körperlich wie geistig nicht ganz auf der Höhe oder langsam ist.

Fetthinnelster: besonders im Nordosten Deutschlands abschätzig verwendete Umschreibung für eine Person mit einem ausladenden Hinterteil.

Fettlumpen: die saloppe Umschreibung für eine unansehnlich dicke, fette Person.

Fetz (oder Fetzeberger): vgl. Feger; so tituliert ein Schwabe ein cleveres und aufgewecktes Bürschchen.

Feuermelder: die scherzhaft-spöttische Umschreibung für einen rothaarigen Menschen, Rotschopf.

Feuermeldergesicht: eng verwandt mit dem „Ohrfeigengesicht"; Spottname für einen Menschen mit dem großen Talent, besonders dumm oder nichtssagend dreinzublicken.

Feuermörser: scherzhaft-spöttisch für eine fleißige, emsige Hausfrau oder auch Haushälterin, die wie ein Feuersturm durch das Haus fegt – ihr Aussehen dabei aber Schaden leidet, weil sie keine Zeit dazu hat, darauf zu achten.

Feuersprötzn: die abwertende Bezeichnung aus Franken für ein fades, temperamentloses und langweiliges Mädchen, auf das kein Funken der Leidenschaft überspringt.

Feverkopp: besonders hanseatisch für einen hitzköpfigen, leicht aufbrausenden, unbeherrschten Menschen.

Fex: ein Bayer tituliert so eine Person, der gern der Schalk im Nacken sitzt und der man nicht unbedenklich über den Weg trauen sollte.

Fibbrling: sächsisch-scherzhaft oder als Schimpfwort für einen, der seinen Kleidern entwachsen ist; vormals auch ein beliebter Spottname für einen Schneider.

Fickfacker: besonders im nordöstlichen Raum Deutschlands gebräuchliche Schelte für einen Prahlhans, Aufschneider.

Fiddeljan: norddeutscher Spottname für einen talentlosen Musikus, der seiner Geige meist nur schräge Töne entlockt.

Fiedeleshänger: Der Spott eines Schwaben ist demjenigen sicher, der stets unordentlich, ja schlampig, herumläuft.

Fiemler: friesisch-abwertend für einen heuchlerischen, schmeichelnden Menschen.

Fienpiss: in Norddeutschland umgangssprachlich für Geck, feiner Pinkel; Schimpfwort für einen eitlen Menschen.

fiese Fent: Scheltname aus dem Friesischen für einen unsympathischen, unangenehmen und hinterhältigen Zeitgenossen.

Fiesel: von niederdeutsch „fieseln" (herumstrolchen), bezeichnet es im abschätzigen Sinn einen nichtsnützigen, faulen Herumtreiber, Stromer oder auch Gassenjungen.

fiese Möpp: besonders im Rheinland ausgeprägte Schelte für einen widerwärtigen, hinterlistigen Zeitgenossen.

Fiesling: Schimpf und Schande über diesen rohen, gemeinen, widerlichen Kerl.

Fiesschnacker: der von einem Hamburger so Beschimpfte ist ein Meister der üblen Nachrede: einer, der an nichts und niemanden ein gutes Haar läßt.

Figaro: derjenige, über den man sich mit diesem Begriff lustig macht, ist ein – zumeist temperamentvoller – Friseur.

Figgediwes: abschätzig verwendete Bezeichnung in der Pfalz für einen Besserwisser, Schlauberger.

Figgrich: sächsische Bezeichnung für einen unruhigen, zappeligen, unsteten und hektischen Menschen.

Filmfritze: dieser Kulturschaffende beim Film erntet wegen seiner Arbeit Spott. Manchmal wird das Wort allerdings auch mit einem leicht neidischen Unterton verwendet.

Filmnutte: derbes Schimpfwort für eine weibliche Person, die sich für eine Statistenrolle in einem Film sogar auf die „Besetzungscouch" des Filmemachers setzen würde.

Filmsternchen: leicht spöttisch für einen „aufgehenden Stern" am Starhimmel des Films, also eine junge, unerfahrene, mehr oder weniger hoffnungsvolle Schauspielerin.

Filou: von französisch „filou" (Gauner), gilt die abschätzig verwendete Bezeichnung einem listigen, mit allen Wassern gewaschenen Burschen, der vor allen in Liebesdingen wenig Hemmungen hat.

Fingerfuggeler: gleichzusetzen mit dem „Fingerlutscher", bezeichnet es wohl einen Menschen, der sich beispielsweise Geschichten aus den Fingern saugt, also erfindet.

Finniger: besonders im Ruhrgebiet anzutreffender, findiger, pfiffiger, gerissener Bursche.

Finzegigges: der von einem Pfälzer solcherart abschätzig Bezeichnete mimt den feinen, weltgewandten Herren.

Fippke: besonders vom Düsseldorfer Dialekt eingefärbte Bezeichnung für einen schmächtigen, schwächlichen Burschen, der sich mancherorts auch als „halbe Portion" bezeichnen lassen muß.

Fips: einer, der wegen seiner unscheinbaren Figur, meist auch kleinwüchsigen Statur, zur Zielscheibe des Spotts wird.

Fischaugade: die bairisch-mundartliche Bezeichnung für eine Frau, die mit ihren großen Augen glotzt.

Fischkopf: meist Spottname für einen Norddeutschen, zuweilen spöttisch über einen glubschäugigen, auch stinkenden Menschen.

Fiselskääl: besonders „kölsch" für jemanden, der sich stets an Kleinigkeiten aufhält und von niemanden so richtig ernst genommen wird.

Fissemadentenmächer: aus dem Hessischen für jemanden, der sich in unnötigen und weitschweifigen Gesten verliert.

Fissematentenmoker: friesisches Idiom für „Fisimatenten", sprich „leere Flausen"; abschätzig für einen, der sich ständig in Ausflüchten versteigt und nie um Ausreden verlegen ist.

Fisswief: wörtlich: Fischweib; Spott- und Scheltname aus dem Friesischen für ein klatschsüchtiges, neugieriges und geschwätziges Frauenzimmer.

Fisternölles: rheinisch für jemanden, der es mit der ehelichen Treue selten genau nimmt.

Fitzelfuchserin: abschätzige Bezeichnung für eine weibliche Person, der man vorwirft putzwütig zu sein; eine, die sich über jeden Fussel und jedes Fitzelchen Papier aufregt.

Flaaderwüüsch: vorwiegend im fränkischen Raum abfällig für ein leichtsinniges, flatterhaftes, junges Mädchen.

Fläärtaske: Spott- und Scheltwort für eine norddeutsche Plaudertasche.

Fläbbe: sächsischer, vor allem von der Mimik abgeleiteter, Ausdruck des

Unmuts; salopp für Schnute, schiefer Mund, Schmollmund.

Flachkopf: der Bezeichnete gilt in Spötterkreisen gemeinhin als hirnloser, stumpfsinniger Zeitgenosse.

Flachlandtiroler: die spöttische Bezeichnung für einen offensichtlich in Landestracht verkleideten Touristen.

Flachredner: saloppes Schimpfwort für einen, der meist nur heiße Luft, sprich wenig Geistreiches, produziert.

Flähds: abschätzige Bezeichnung eines Sachsen über einen flegelhaften, unverschämten, rücksichtslosen Burschen.

Flaneur: abzuleiten von französisch „flaneur" (schlendernder Fußgänger), bezeichnet es meist ohne spöttischen oder beleidigenden Akzent einen genießerischen Spaziergänger; jemand, der auf der Chaussee, in Einkaufsstraßen oder im Park bummelt.

Fläpper: saloppe Umschreibung für ein junges, halbwüchsiges Mädchen, das allmählich „flügge" wird, oder vorgibt, schon selbständig zu sein.

Flappkatte: besonders im norddeutschen Schülerjargon beliebtes Schimpfwort für einen Verräter; eine Petze.

Flappsnuut: plattdeutsch für eine geschwätzige, neugierige Person – ein Tratschmaul.

Flaps: Spott- und Scheltname für einen maulfaulen, ungehobelten, ungezogenen Burschen oder Flegel. Leicht abwertend auch für einen flapsigen, also ungelenken Menschen.

Flarrmaul: verwendbar für die abschätzige Bezeichnung eines breiten und großen Mundwerks ebenso wie eines törichten, dummen oder einfältigen Menschen.

Flasche: im Sinne von „Leergut", die umgangssprachliche Bezeichnung für Dummkopf, Versager oder (sportlich) Niete; landläufig auch als „Flaschenkopf" bezeichnet.

Flaschenzug: eine von Autofahrern spöttisch verwendete Umschreibung für einen Kolonne von Schleichern und Langsamfahrern.

Flatschnickel: verächtlicher Ausdruck in saarländischen Regionen für einen rücksichtslosen, draufgängerischen Kerl.

Flattermann: ein von innerer Unruhe getriebener, zappeliger, nervöser Mensch.

Flausenmacher: jemand, der Flausen (eigentlich loses Fadenende) im Kopf hat, der stets zu Unfug und Späßen aufgelegt ist.

Fledrawisch: ein, im Schwäbischen, als „sprunghaft" verrufenes Mädchen, das seine Gunst vielen, wechselnden Verehrern schenkt.

Flehhutch: hessisches Idiom für Taugenichts, Nichtskönner.

Fleischberg: grobe Umschreibung für einen ausladend dicken, massigen Menschen.

Fleischmütze: salopp oder als Spottname verwendeter Beiname für einen Kahlkopf, Glatzkopf.

Flenna: jemand, der auf bairisch „flennt", weint sich die Augen aus und wird deshalb auch als „Heulsuse" bezeichnet; vgl. Heulkachel.

Flennella: spöttischer Beiname für eine weinerliche, überempfindliche oder schwermütige weibliche Person, die bei der geringsten Kleinigkeit in Tränen ausbricht.

Flenn-Else: im abschätzigen Sinn für eine überempfindliche, bei jeder kleinsten Gelegenheit in Tränen ausbrechende weibliche Person.

Flennmeicherla: fränkisch für eine weinerliche, sensible, bei jeder Kleinigkeit in Tränen ausbrechende Person.

Flenschzieher: dem von einem Saarländer so Bezeichneten steht Unmut oder Trübsal buchstäblich ins Gesicht geschrieben – er zieht einen (Schmoll-)Mund, eine Schnute.

Fletscher: spöttisch für einen, der wörtlich „den Mund breit zieht".

Flez: eng verwandt mit dem Flegel oder Flaps, bezeichnet das Schimpfwort auch einen ungezogenen, großmauligen Kerl, der sich gern dort breit macht, wo er mit Sicherheit unerwünscht ist.

Flickschuster: mißbilligend für jemanden, der nur halbfertige, stümperhafte Arbeit – Pfusch – abliefert.

Fliemstrieker: weit gehässiger als „Schleimer", bezeichnet dieser norddeutsche Spott- und Schimpfname eine kriecherische, schmeichelnde, falsche Person, die anderen „Honig ums Maul" streicht.

Flillerflaller: abschätzig im Nordosten Deutschlands für eine flatterhafte Person.

Flinnerke: in norddeutschen Region genießt eine so titulierte Person wegen ihre unzuverlässigen Art keinen besonders guten Ruf.

Flirtje: gemeinhin gilt dieses weibliche Nordlicht als leicht und liederlich.

Flitscherl: vorwiegend im süddeutschen Raum (Südbayern, Österreich und Allgäu) gebräuchliche Beleidigung für ein „lockeres" Frauenzimmer, deren Männerbekanntschaften häufig wechseln.

Flittchen: wie das österreichische oder bairische „Flitscherl", abschätzig für ein leichtes, verkommenes, liederliches Weibsstück.

Flittsche: saarländischer, abfällig verwendeter Ausdruck für ein leichtes, liederliches Frauenzimmer mit zweifelhaftem Ruf.

Flitzer: saloppe Umgangssprache für einen, der mit entblößtem Hintern oder splitterfasernackt öffentlichen Anstoß erregt. Zuweilen auch salopp für einen schnellen Autofahrer.

Floh: scherzhaft oder als Kosename für ein kleines Kind. Kann auch für eine lästige, aufdringliche Person stehen.

Flohbeidl: von einem Österreicher gebrauchte Personenschelte für einen Schmarotzer, Schnorrer oder Abstauber.

Flohpeter: spöttische und verächtliche Bezeichnung für einen Mann, der im übertragenen Sinn „die Flöhe seiner Frau hüten", sprich stets zu Hause bei seiner Frau sitzen muß.

Floozer: derbes Schimpfwort in pfälzischen Gegenden für einen ebenso derben wie grobschlächtigen Menschen.

Floßtaube: wörtlich: eine Taube, die in der Straßenrinne (Floß) treibt; im abschätzigen Sinn auf ein liederliches, verkommenes Frauenzimmer – eine nahe Verwandte der Bordsteinschwalbe – gemünzt.

Flüchop: abwertender Beiname aus dem Rheinland für einen unsteten, nervösen Menschen, der ständig auf dem Sprung zu sein scheint.

Flunder: „flach wie eine Flunder" lautet die wenig schmeichelhafte Umschreibung für eine flachbrüstige Frau.

Flunkerer: einem so titulierten Menschen wird die eine oder andere harmlose Lüge verziehen.

Flurtje: norddeutsche Schelte für ein liederliches, verkommenes Frauenzimmer.

Fluuskopp: abwertend verwendete Bezeichnung aus dem Norddeutschen für einen unordentlichen Menschen, Schlamper.

Follenschnuut: wegen seiner vielen Falten und Runzeln dient dieses Nordlicht als leichtes Opfer für Spott und Häme.

Fonzel: derart abfällig spricht der Schwabe über eine Frau, die weder mit viel Geist noch mit erfrischendem Temperament ausgestattet ist – kurzum: eine Langweilerin.

Foosn: abschätzige Bezeichnung aus dem Fränkischen für eine Prostituierte.

Förchhas: fränkisches Idiom für einen ängstlichen, feigen Menschen; wörtlich: Angsthase.

Fose: von mittelhochdeutsch „fotze" (sinngleich mit der lateinischen Bezeichnung „vulva" für Gebärmutter), gilt diese verächtliche Bezeichnung einer Dirne oder einem heruntergekommenen Straßenmädchen.

Fossil: spöttisch für einen alten, auch altmodischen Menschen, der auf andere wie ein „Relikt" aus einer längst vergangenen Zeit wirkt.

Föttchesföhler: abschätzig im Rheinland für einen Mann, der Frauen abgreift, begrabscht, befummelt.

Fotterbüx: norddeutsch für jemand, der alles und jeden betatschen muß.

Fragezeichen: spöttisch oder boshaft für einen Menschen mit einer schiefen, gekrümmten Körperhaltung.

Frantbüdel: eine so titulierte Person gilt in norddeutschen Gefilden als besonders mürrisch, übellaunig und chronisch überreizt.

Fratz: tadelnd für ein ungezogenes Kind oder ein freches, schelmisches Mädchen; eher liebevoll oder als Kosename in Verbindung mit Adjektiven wie „süß" oder „klein".

Frätzchen: verniedlichend oder leicht tadelnd für ein freches, ungezogenes Kind.

Fratze: abfällige Bezeichnung für ein verzerrtes, häßliches Gesicht.

Frau am Steuer: ein besonders von männlichen Autofahrern verwendeter, verächtlich gemeinter Ausdruck für eine bedächtige, langsame, oder auch unsichere Autofahrerin.

Frauchen Wusselig: durch die Verkleinerungssilbe „-chen" verstärkter Spitz- und auch Spottname für eine quirlige, temperamentvolle und lebhafte Frau.

Frauenhasser: derbe Schelte für einen Mann, der Frauen als eine Fehlleistung der Schöpfung betrachtet und sie auch dementsprechend herabwürdigend behandelt.

Frauenheld: er bricht die Herzen der stolzesten Frauen – leider zumeist nur in seiner Phantasie.

Frauenzimmer: wenig schmeichelhafte Bezeichnung für eine weibliche, vorwiegend liederliche, Person.

Freak: Bezeichnung aus dem Englischen für einen etwas verrückten, ausgeflippten und fanatischen Menschen.

Frechdachs: scherzhaft oder leicht tadelnd für ein freches Kind, oder – eher selten – für eine vorlaute Person.

Frechschnute: saloppe Umschreibung für einen unverschämten, fürwitzigen, vorlauten oder dreisten Kerl.

Freckert: seine unverschämte und dreiste Art bringen einem so beschimpften Saarländer nur wenig Sympathie ein.

Freeter: friesisch-derbes Schimpfwort für jemand, der unermüdlich alles Eßbare in sich hineinstopft.

Fregatte: ursprünglich ein schnellsegelnder Dreimaster (Kriegsschiff), weisen die körperlichen Ausmaße einer derart bezeichneten, weiblichen Person ähnliche Dimension auf, wie die gleichnamige, mächtige Bootsart.

Freibiergesicht: salopp für einen, der einen ausgeprägten Riecher dafür hat, wo und wann es etwas umsonst zu holen gibt.

Freier: abwertende Bezeichnung für jemanden, der ein Bordell, eine Dirne aufsucht.

Freizeitkapitän: spöttisch für jemanden, der mit seiner kleinen Jolle unbeholfen zwischen prächtigen Segelyachten herumschippert.

Fresse: derbe Bezeichnung für Mund; unter anderem verwendet in der unmißverständlichen Aufforderung: „Halt die Fresse!"

Freßklötsch: rheinischer Scherz- und Spottname für einen Vielfraß.

Freßsack: der Appetit einer so beschimpften Person ist enorm.

Frettchen: eigentlich ein zur Kaninchenjagd abgerichtetes wieselartiges Tier; Schimpfname für ein liederliches Frauenzimmer oder auch eine „Bordsteinschwalbe" (Prostituierte).

Freundchen: meist tadelnd verwendete Diminutivform für eine Person, über die man sich ärgert.

Frevelzunge: Schelte für jemanden, der für sein übermütiges oder auch lästerliches Mundwerk berüchtigt ist.

Frierepitter: Spott- und Scheltname aus dem Ruhrpott für einen kälteempfindlichen, zitternden Menschen.

Frierkatz: eine im hessischen Raum so Bezeichnete gilt als äußerst kälteempfindlich und verkriecht sich am liebsten hinter dem Kachelofen.

Frischfleisch: meist von Männern leicht abschätzig verwendete Bezeichnung für eine junge, attraktive Frau – unschöne Reduzierung einer Frau auf ein Lustobjekt.

Frischling: eigentlich junger Sproß in der Wildschweinfamilie, bezeichnet es als Spottname einen Neuling, Anfänger oder unerfahrenen jungen Menschen.

Frischwassermatrose: besonders in den Küstenregionen Deutschlands spöttisch für einen frisch angeheuerten Seemann; jemanden, der sich schon bei geringem Seegang übergibt.

Frondeur: aus dem Französischen für einen widersetzlichen, aufsässigen Menschen, besonders im politischen Sinn einen Widerständler bedeutend.

Froomschieter: friesisch-abschätzig für einen, der seinen Heiligenschein vor sich her trägt.

Frosch: spöttisch oder abfällig für einen untätigen, trägen Menschen, der es wie der Frosch hält und wartet, bis ihm „die Fliegen in den Mund", sprich: die Gelegenheiten und Chancen zufliegen.

Froschmaul: beleidigend für jemand, der einen breiten Mund hat.

Frostbeule: verbale Grobheit gegen eine leicht fröstelnde, frierende, empfindliche Person.

Frostködel: norddeutsche Bezeichnung für eine Person, die wegen ihrer Überempfindlichkeit gegen Kälte zur Zielscheibe des Spottes wird.

Fröter: vorwiegend friesische Schelte für jemanden, der mit Vorliebe seine Nase in Dinge steckt, die ihn nichts angehen.

Früchtchen: auch in der Verkleinerungsform ist und bleibt der oder die Bezeichnete eine ungezogene, unverschämte, unsympathische Person. Manchmal allerdings kann auch ein anerkennender Unterton mitschwingen – vor allem, wenn derjenige mit seiner Vorgehensweise überraschenden Erfolg hatte. (Beispiel: „Ein ganz schönes Früchtchen.")

Fuchtl: ein bayerischer Pantoffelheld steht bei einer herrischen Gattin „unter dr Fuchtl" – er wird also drangsaliert und kontrolliert. Außerdem: eine abfällige Beschreibung für ein schlampiges Frauenzimmer; vgl. Waschlappen.

Fuchzga: bairischer Fünfzigmarkschein; als Beleidigung ist aber immer ein „foischa Fuchzga", also ein Hochstabler oder hinterhältiger Mensch, gemeint.

Fuddler: saarländisch-mundartlicher Scheltname für jemanden, der mit gezinkten Karten spielt; anders gesagt – ein Falschspieler.

Fuhriche: sächsisches Idiom für Furie; Schimpfwort für ein jähzorniges, zänkisches, aufbrausendes Frauenzimmer.

Fulder: ursprünglich regionaltypische Bezeichnung für einen Bewohner der Stadt Fulda; auch abfällig verwendeter Ausdruck für einen grobschlächtigen, einfältigen Kerl.

Fummel: ein besonders in Österreich derb gemeinter Ausdruck für ein unordentliches, verkommenes Frauenzimmer. In Deutschland auch als Synonym für auffällige Frauenkleidung verwendet, die von Männern (Transvestiten) getragen wird.

Fummeltaske: Schelt- und Schimpfname im Norden Deutschlands für ein unordentliches, ordinäres Weibsstück.

Fünflöcherarzt: salopp oder abwertend verwendeter Berufsspott für einen Hals-Nasen-Ohren-Arzt.

fünfte Jahreszeit: selten verwendete Spottbezeichnung für jemanden, der so unbedeutend, so unwichtig, so überflüssig ist wie eine „fünfte Jahreszeit".

Furchenscheißer: verbale Grobheit und Berufsschelte für einen Landwirt oder einen, der mit Landwirtschaft zu tun hat.

Furie: der Vergleich mit den rasenden Rachegöttinnen (lateinisch „furiae") trifft auf dieses weibliche, leicht aufbrausende, jähzornige oder wild eifersüchtige Wesen durchaus zu.

für'n Arsch: derber Ausdruck, der so viel bedeutet wie: „Außer Spesen nichts gewesen".

Fürwitz: Schimpfname für eine Person, die landläufig auch als „Besserwisser" oder „Naseweis" verrufen ist.

Furz: abfällige Bezeichnung für einen unscheinbaren, unbedeutenden Menschen.

Furzbärbel: spöttisch bis boshaft verwendete Bezeichnung für eine Frau, der entweder häufig Darmwinde entweichen oder die nervös in der Gegend „herumfurzt", spricht herumrennt.

Fürzepüppel: abschätzig, vorwiegend im Ruhrpott, verwendete Bezeichnung für einen lächerlich unbedeutenden Menschen, der von seinen Mitmensch nicht richtig ernst genommen wird.

Furzklemma: vgl. Entaklemma; schwäbisches Schimpfwort für einen Geizhals.

Fuselbigge: friesischer Scheltname für einen, der gerne und oft zu tief ins Glas schaut; vgl. Fuselpümpken.

Fuselpümpken: vgl. Fuselbigge; friesisches Idiom für einen Säufer, Trunkenbold.

Fußgänger: vorwiegend in Autofahrerkreisen verächtlich verwendetes Schimpfwort für langsame, zaghafte Verkehrsteilnehmer.

Fut: derbes Schimpfwort aus dem Österreichischen für eine unsympathische, häßliche oder alte weibliche Person.

Fuulpelz: friesische Entsprechung dessen, was sich allerorten als „Faulpelz" vor ehrlicher Arbeit drückt; vgl. Fuulwams.

Fuulpuup: norddeutsches Schimpfwort für einen, der immer alles besser weiß und kann.

Fuulsnuut: friesischer Scheltname für einen, der gern und oft eine große Lippe riskiert.

Fuulwams: vgl. Fuulpelz; abwertend für einen Nichtsnutz, der sich lieber auf die faule Haut legt, als zu arbeiten.

Fuzzi: eine so titulierte Person wird von keinem so richtig ernst genommen.

G

Gaapsnuut: friesisches Idiom für Gaffhans; Scheltwort für einen neugierigen, glotzenden, starr und einfältig blickenden Menschen.

Gaawatsch: variabel einsetzbares Schimpfwort aus dem Fränkischen für eine männliche Person.

Gack: derbe Schelte für einen leicht verrückten, schwachsinnigen, eigentümlichen Menschen, Idioten.

Gäferer: Schelte aus dem Fränkischen für eine jähzornige, vor Wut aufbrausende Person.

Gaffeesaggse: die regionaltypische Bezeichnung für einen, der aus oder um Dresden oder Leipzig stammt.

Gaffel: die friesische Mundart nennt so eine männliche Person, die mit weit aufgerissenem Mund „gafft", also „Maulaffen feilhält"; scherzhaft oder als Scheltname für einen neugierigen, törichten oder einfältigen Menschen.

Gaffeltang: geringschätzig oder gar abwertend für ein liederliches, geschwätziges Weibsstück.

Gaffer: wie kaum ein anderer, kann dieser Mensch jemand oder etwas (meist mit offenen Mund) verwundert, verdutzt oder neugierig anstarren.

Gaggei: sächsisch für einen, der nur dummes Zeug „gackert", also ein Schwätzer oder Dummkopf.

Gäggischer: besonders saarländisch für einen unbedeutend albernen Menschen, der immer wieder zur Zielscheibe des Spotts und der Belustigung wird.

Gaggr: sächsische, beinahe liebevolle Bezeichnung für einen „(Hosen-)Scheißer".

Galan: selten spöttisch oder abwertend für einen höflichen, zuvorkommenden Mann, der von Frauen als eleganter und aufmerksamer Begleiter geschätzt wird.

Galgenstrick: der Bezeichnete hat es nachweislich faustdick hinter den Ohren; vgl. Strick.

Galgenvogel: Schimpf und Schande über einen, der eigentlich für den Galgen reif ist; ebenso wie „Galgenstrick" oder „Galgenschwengel" ein Schimpfwort für einen Schlingel, kleinen Gauner oder Taugenichts.

Gamin: im eigentlich Sinn die mundartliche Bezeichnung für einen Maurerjungen, gilt es auch als Spitz- und Scheltname für einen Pariser Straßenjungen.

Gammel: die derart abfällig Bezeichnete „gammelt" nicht nur herum – sie ist überdies ein schlampiges, verkommenes Frauenzimmer.

Gammelkopp: spöttisches Gepräge tragender Scheltname aus dem Friesischen für einen dümmlichen, einfältigen und törichten Menschen, der sich auch Hohl- oder Schwachkopf schimpft.

Gammelmacher: im leicht abwertenden Sinn für jemand, der sich anstellt, aus einer „Mücke einen Elefanten" macht; in manchen Fällen gilt es auch einem Possenreißer oder Spaßmacher.

Gammler: Spott- und Scheltname für einen, der durch sein ungepflegtes, unordentliches Äußeres unangenehm auffällt.

Ganew: abzuleiten von jiddisch „gannaw", bezeichnet es im verächtlichen Sinn eine diebische, betrügerische, zwielichtige Person.

Gängelgretsche: spöttisch oder als Schimpfname aus dem Saarländischen für eine aufdringliche, eigenwillige, verwöhnte weibliche Person, bei der alles nach ihrem Kopf gehen muß.

Gangsterbraut: saloppe Umschreibung für eine Frau, deren Freund/Ehemann in zwielichtige, kriminelle Geschäfte verwickelt ist.

Gankal: wer von einem Bayer so beschimpft wird, ist auf gut Deutsch ein „Schlamper".

Gänschen: die liebevoll oder leicht spöttisch verwendete Diminutivform für ein junges, unerfahrenes, naives Mädchen.

Ganter: norddeutsch, das männliche Pendant zur Gans; Schimpfwort für einen „schnatternden", viel und unüberlegt sprechenden Menschen.

Gapenbeck: eng verwandt mit dem „Gaffel", steckt auch diese, in friesischer Mundart beschimpfte Person gern ihre Nase in Angelegenheiten, die sie nichts angehen.

Gardinenpredigerin: saloppe Umschreibung für ein energische Frau, die ihrem Mann hinter der Bettgardine die Leviten ließt, eine Strafpredigt hält.

Gardofflsaggse: regionaltypische Bezeichnung für einen, der aus dem Erzgebirge stammt.

Garrpott: vorwiegend im Norden Deutschlands leicht tadelnd oder abfällig verwendete Bezeichnung für ein Kind, das bei jeder Kleinigkeit in Tränen ausbricht.

Garschdchr: sächsische Bezeichnung für einen „garstigen" (mittelhochdeutsch „garst" im Sinne von „ranzig, verdorben") Menschen; Scheltname für eine widerwärtige, unfreundliche, mürrische Person.

Gartenzwerg: vgl. Erdnuckel; abfällig für eine kleine, unscheinbare, mickrige, alberne Erscheinung.

Gärtlaschicksn: besonders in Oberfranken ausgeprägte Schelte für ein aufgedonnertes, in Kleidung und Verhalten auffälliges Frauenzimmer.

Gassenhauer: eine mißbilligend verwendete Bezeichnung für ein schlecht klingendes Lied.

Gassnbua: die bairisch-abschätzige Bezeichnung, meist für einen jungen Burschen, der, statt zu Hause, lieber auf der Straße herumlungert. Sein weibliches Pendant wird als „Gassndeandl" bezeichnet.

Gatt: scherzhafte bis vulgäre, norddeutsche Bezeichnung für den Allerwertesten.

Gauch: abzuleiten vom Althochdeutschen „gouh" (Kuckuck), bezeichnet das Scheltwort in abfälliger Weise einen armen Schlucker, Tropf oder auch närrischen Menschen.

Gaudeif: Spott- und Scheltname aus der nordöstlichen Region Deutschlands für einen gerissenen, durchtriebenen Menschen; kleiner Gauner, Schlitzohr.

Gaukler: nicht wegen seines hohen Unterhaltungswertes, sondern wegen seiner zumeist täuschenden Absichten wird der Bezeichnete zur Zielscheibe der Beschimpfung.

Gäulsnase: spöttisch bis gehässig für jemanden, dessen Gesicht von einer starken und breiten Nase verunziert wird. Als verstärkendes Element wird hierbei der Vergleich mit einer Pferdenase hergestellt.

Gebärmaschine: saloppe bis abschätzige Umschreibung für eine mit Kinderreichtum gesegnete Frau.

Gebruder Lärmschläger: saloppe Umschreibung für einen lärmenden, lauthals krakeelenden, unangenehmen Menschen, der es zudem geschickt und unüberhörbar versteht, die Werbetrommel in eigener Sache zu rühren.

Geck: seit dem 14. Jahrhundert die Bezeichnung für die Hofnarren der Bischöfe, später auch in Verbindung mit den Narren des rheinischen Karnevals bekannt. Heute gilt ein „eitler Geck" als selbstgefälliger, geltungssüchtiger Mensch.

Gehirnakrobat: zumeist mangels eigener Intelligenz ziehen Spötter gern mit dem vermeintlich abfälligen Begriff über einen klugen, gebildeten Menschen her.

Gehirnamputierter: vorwiegend jugendlicher Jargon für einen geistlosen, stumpfsinnigen Menschen.

Gehörnter: dafür, daß ihm seine Ehefrau Hörner aufgesetzt hat, sprich fremdgegangen ist, erntet der Betroffene mit dieser Bezeichnung auch noch Spott und Häme.

Geiferlappen: im eigentlichen Sinn ein Sabberlätzchen für kleine Kinder; abgeleitet von „Seifer" oder „Seiber", für „ausfließender Speichel"; auf den Menschen übertragen, bezeichnet es spöttisch einen seifernden, kleckernden Menschen.

Geisterfahrer: als Schelte oder spöttisch für einen gedankenlosen, auch rücksichtslosen Autofahrer. Normalerweise ein Fahrer, der sich auf der „falschen" Spur der Autobahn befindet.

geistiger Nichtschwimmer: saloppe Umschreibung für einen ausgesprochen einfältigen, unbedarften oder auch begriffsstutzigen Menschen.

geistiger Tiefflieger: saloppe bis abschätzige Umschreibung für eine ausgesprochen dumme, begriffsstutzige Person.

Geizknochen: salopp oder als Schelte für einen raffgierigen, überaus geizigen Menschen.

Geizkragen: Schimpfname für einen geldgierigen und geizigen Menschen.

gekränkte Unschuld: Spott- und Scheltname für eine männliche oder weibliche Person, die den gekränkten Unschuldigen spielt. Nicht zu verwechseln mit der „beleidigten Leberwurst", die bei jeder Kleinigkeit eingeschnappt ist und sich gekränkt fühlt.

Gekröse: im eigentlichen Sinn das Eingeweide geschlachteten Viehs, bezeichnet es im verächtlichen Sinn eine oder mehrere wertlose, niedere Personen.

Gelbfüaßler: die schwäbische Beschimpfung für jemand, der aus der Kurstadt Baden-Baden stammt. Oftmals auch für alle Bewohner der badischen Region angewendet.

Geldmelker: vorwiegend im Norden Deutschlands verwendete saloppe Umschreibung für einen Steuereintreiber oder Gerichtsvollzieher.

Geldsack: eine so titulierte wohlhabende, aber raffgierige Person sitzt am liebsten auf demselben.

Gelegenheitsmacher: eine altmodische, abschätzig verwendete Bezeichnung für einen Kuppler oder Heiratsvermittler.

Gelersch: hessisches Idiom für Gerümpel, Schund, Krempel.

Gelichter: eine Schimpfbezeichnung für lichtscheues Gesindel, das im Halbdunkel sein Unwesen treibt.

Gemöästrampl: für Unterfranken regionaltypische Beleidigung für einen, der Gemüse anbaut.

Gemüseraupe: Scherz- und Spottname für einen Hobbygärtner oder Gemüsefrau.

Gemütsathlet: leicht anerkennend oder abschätzig für einen, den nichts aus der Ruhe bringen kann.

Gemütskrüppel: derbe Schelte für einen Menschen mit erheblichen Defiziten im Gefühlsbereich.

Genie: ironische Bezeichnung für einen, der alles andere ist, als geistig auf der Höhe.

Gereck: der im Ruhrgebiet so Bezeichnete schimpft sich mancherorts auch „langes Elend".

gerichtsnotorischer Lügner: verächtliche Bezeichnung für einen notorischen Lügner, dessen verwerfliche Eigenschaft bereits aktenkundig ist.

Gerippe: spöttische Umschreibung für einen hageren, ausgemergelten Menschen.

Gernegroß: spöttisch bis mißbilligend für jemanden, der sich selbst sehr wichtig nimmt und in den Vordergrund spielt; auch alternativ für „Angeber, Prahlhans" zu verwenden.

Geschearta: vormals eine Bezeichnung für jemanden, dem das Haupt geschoren wurde, gilt das bairische Schimpfwort heute meist den sogenannten „Neureichen".

Geschmeiß: derbes Schimpfwort für übles Pack, schlechte Gesellschaft, eine zwielichtige Menschengruppe.

Geseiere: besonders schwäbisch für wenig geistreiches, sinnvolles Geschwätz.

gesengte Sau: vulgäre Ausdrucksweise im Straßenverkehr für einen schnellen, rücksichtslosen Autofahrer, Raser.

Gesichtsbaracke: besonders jugendlicher Jargon für einen ausgesprochen häßlichen und abstoßenden Menschen.

Gesindel: mißbilligender Sammelbegriff für übles Pack, Pöbel.

Gesocks: verächtlich, stärker als „Gesindel", einsetzbares Schimpfwort für eine Schar verkommener Menschen, übles Pack, gesellschaftliche Außenseiter.

Gesteck: leicht tadelnd oder mißbilligend für eine freche, unangenehm vorlaute oder auch aufsässige weibliche Person. Nicht selten bezeichnet es auch eine häßliche Frau.

Gestell: umgangssprachlich für „Knochengerüst", bezeichnet es spöttisch ein hageres, hochgewachsenes und wenig attraktives Mädchen.

Gesülzheini: abfällig für jemanden, der mit schönen (aber leeren) Worten und Schmeicheleien Freunde oder Vorteile gewinnen möchte.

Gesundheitsapostel: spöttisch-ironisch für jemanden, der selbst einen übertrieben gesunden Lebensstil pflegt und andere dazu anhalten will.

Gevatter Blunz und Blase: der Ausdruck „Blunz" (griebenfreie Blutwurst) mag darauf hindeuten, daß es sich bei dieser Redensart um Berufsspott gegenüber Metzgern und Vertretern des Fleischerhandwerks handelt.

Gewächs: saloppe Umschreibung für einen absonderlichen, seltsamen, eigenwilligen und unsympathischen Zeitgenossen.

Gewäsch: mißbilligender Ausdruck für leeres, sinnloses und dummes Gerede.

Gewerzel: scherzhaft oder leicht tadelnde Kollektivschelte für eine Schar lauter, aufgeweckter Kinder.

Gewerzelkopp: hessische, spöttisch oder als Schimpfname verwendete Bezeichnung für einen Schlingel, kleinen Bengel, Strolch.

Gewidderoos: pfälzisch für ein aufgewecktes unternehmungslustiges, weibliches Temperamentsbündel.

Gewitterziege: derbes Schimpfwort für ein zänkisches Frauenzimmer mit „Haaren auf den Zähnen".

Gewohnheitstier: ein mäßiges Schimpfwort für eine bequeme, faule, träge, an ihren Gewohnheiten festhaltende Person.

Gewohnheitstrinker: saloppe Umschreibung für Alkoholiker.

Gewohnheitsverbrecher: saloppe Umschreibung für einen gewohnheitsmäßigen Kriminellen.

Gezücht: stark abwertend verwendete Bezeichnung für übles Gesindel, Pack.

Gfeita: bairisches, negativ besetztes Idiom für einen absolut abgebrühten Menschen, der über allen Dingen steht und den so schnell nichts berührt.

Gfrieß: abfällige, bairische Bezeichnung für Gesicht, ein besonders „saubleeds" obendrein.

Gickel: landläufige Bezeichnung für das männliche Federvieh. Der solcherart Bezeichnete stolziert gekkenhaft umher und gibt sich wie der Hahn (Gickel) auf dem Mist.

Giegagatzubercher: fränkische Bezeichnung für einen Stotterer, der diesen Schimpfnamen wohl kaum selbst über die Lippen bringen könnte.

Gierschlund: abschätzig für einen, der Speis und Trank in Unmengen konsumiert.

Giezknuppen: abwertend für einen friesischen Geizkragen.

Giftkröte: boshafte Umschreibung für eine nicht minder gemeine, gehässige Person.

Giftmischer: derbe Berufsschelte für einen Apotheker. Außerdem: saloppe Umschreibung für einen intriganten, infamen Menschen.

Giftnatter: wie ein giftspeiendes Reptil, versprüht eine so titulierte, meist weibliche Person ihre Bosheit gegenüber ihren Mitmenschen.

Giftnudel: mit dem so bezeichneten weiblichen Wesen ist nicht gut Kirschen essen: sie gilt als bösartig und gemein.

Giftschmuser: abfällig für jemanden, der wörtlich „giftigen Schmu" über andere verbreitet, hinter dem Rücken anderer Böses redet.

Giftspritze: verächtlich für eine infame, gehässige Person, die mit böser Zunge – meist hinter dem Rücken anderer – redet.

Giftzwerg: jemand, der zwar klein, aber überaus gehässig, streitsüchtig, scharfzüngig ist.

Gigack: besonders fränkisch ausgeprägtes Idiom für Geck; gemeint ist ein eitler, arroganter, hochnäsiger Mensch.

Gigerl: österreichisch für eine eitle Person (Geck), die modisch stets nach dem neuesten Stand gekleidet ist.

Giggelhannes: Spottname aus dem Saarländischen für eine alberne, kichernde Person, die nichts und niemanden – auch nicht sich selbst – ernst nimmt.

Gigolo: Frauen schmücken sich gern mit diesem gutaussehenden, jungen Mann und öffnen ihm ihr Herz und ihren Geldbeutel. Leider spielen bei ihm echte Gefühle kaum jemals eine Rolle, so daß er als „emotionsloser Romeo" bezeichnet werden darf. Außerdem: junger Mann, der sehr viel Wert auf sein Erscheinungsbild legt.

Gikgak: besonders abfällige Bezeichnung aus dem Hessischen für ein überdurchschnittlich einfältiges, dummes Weibsbild.

Gimmlandres: die sächsische Verbindung von „Kümmel" (Kümmellikör) und dem Vornamen Andreas bezeichnet einen trinkfreudigen Zeitgenossen.

Gimpl: bairisches Idiom für Dummkopf.

Gipskopf: harmlose bis abfällige Umschreibung für einen dummen, törichten Menschen.

Gischpel: eine besonders in Schwaben ausgeprägte Schelte für einen rastlosen, zappeligen Menschen.

Gitsch: wenig schmeichelhafte Bezeichnung für eine alte Jungfer, unverheiratetes Mädchen; leicht abwertend für eine Frau, deren besten Jahre vorbei sind und die immer noch keinen Mann abbekommen hat.

Gittwuam: abwertender Ausdruck im österreichischen Sprachraum gegen einen geld- und raffgierigen Menschen.

Gitzhals: friesisches Idiom für Geizhals; abwertend für einen, der Geld und andere Besitztümer scheffelt und nichts davon an andere abgeben möchte.

Gitzmichel: abzuleiten von mittelhochdeutsch „gît" (Gier, Habgier), gilt die Schelte einem geizigen, geldgierigen und habsüchtigen Menschen.

Giwik: wegen seiner Schielaugen wird der Bezeichnete zu einer Zielscheibe des Spotts.

Gladdschjuhle: ob in einem Dorf im Erzgebirge oder in der Weltstadt Dresden – eine so titulierte, geschwätzige weibliche Person ersetzt gut und gern die Tageszeitung.

Gläggser: sächsisches Idiom für „Zeitungsschmierer"; vorwiegend auf einen Sensationsreporter gemünzt.

Glattsnaker: mißbilligend im Nordosten Deutschlands für einen schöntuenden, schmeichelnden, anderen nach dem Mund redenden Menschen.

glatt wie ein Handtuch: spöttische bis gehässige Bezeichnung für ein flachbrüstiges weibliches Wesen, das „vorn wie hinten" gleich aussieht.

Glatzenmajor: Scherz- und Spottname für einen kahlköpfigen Mann, dem es trotz seiner fliehenden Stirn nicht an gesundem Selbstbewußtsein mangelt.

Glatzkopf: wegen seines spärlichen oder nicht mehr vorhandenen Haupthaares wird diese Person zur Zielscheibe des Spotts.

Gloamta: nicht genug, daß eine solche Person jemand gehörig auf den Leim gegangen ist – dafür wird sie nun auch noch deftig-bairisch verspottet.

Glucke: scherzhaft oder als Schelte für eine Frau, die andere, vor allem Kinder, übertrieben bemuttert und beschützt.

Glufamichel: schwäbisch für jemanden, der gemeinhin als etwas kleinlich oder pedantisch gilt.

Glummbaddsch: in Statur und Masse hat dieser Sachse gewisse Ähnlichkeit mit einem unförmigen Klumpen.

Gluper: ein norddeutsches, derbes Schimpfwort für einen infamen, ekelhaften Menschen.

Gluupsoog: friesisches Idiom für Glupschauge.

Gmoadepp: vgl. Depp; wörtlich: Gemeindedepp; bairisch für jemanden, der im ganzen Dorf als Trottel verschrieen ist.

Gnatterpott: mit seiner immerzu mürrischen, mißlaunigen Art macht sich dieses unsympathische Nordlicht keine Freunde.

Gnatzkopp: norddeutsches Scheltwort für einen mißlaunigen, mürrischen Zeitgenossen.

Gniedeljan: abschätzig gemeinter Beiname aus norddeutschen Regionen für einen notorischen Nörgler, Miesepeter.

Gniesert: norddeutsches Idiom für Geizhals, Knauser.

Gnilch: abschätzig für eine etwas wunderliche oder sonderbare Person.

Gnom: von lateinisch „gnomus" (Erdgeist), spöttische Bezeichnung für einen kleinwüchsigen oder auch häßlichen Zeitgenossen.

Gnooschbeidl: ein besonders in Oberfranken ausgeprägtes, mildes Schimpfwort für einen, der gerne Süßes nascht.

Gnuschderer: besonders in der Pfalz abschätzig für eine unsaubere, schlampige, meist auch übelriechende Person.

Gnuschdergret: pfälzisch-abwertende Bezeichnung für eine ungewaschene, schmutzige, schlampige weibliche Person; ihr männliches Gegenstück schimpft sich „Gnuschderer".

Goaß: eine wenig schmeichelhafte, bairische Bezeichnung für eine entweder dürre, häßliche oder dumme Frau.

Gockeler: verächtlich gebrauchtes, vorwiegend schwäbisches Schimpfwort für eine dumme Person, die wie ein Hahn mit geschwollenem Kamm umher stolziert.

Gof: scherzhaft oder abfällig verwendete Bezeichnung für ein kleines Kind, einen frechen Balg.

Gold-Auguste: Altfrankfurter Spitzname für eine stadtbekannte, halbseidene Frau, die diesen Namen ihren üppig goldfarben geschminkten Wangen verdankte.

Goldfischli: kosend verwendete Bezeichnung für ein kleines Kind; auch auf eine Tochter aus gutem, reichem Haus übertragen, die als „gute Partie" angesehen wird.

Golo: wahrscheinlich von „Goliath" abgeleiteter Schimpfname mit pfälzischer Einfärbung für einen großmäuligen, groben Kerl.

Gommel: spöttisch-schwäbische Bezeichnung für eine Frau, die ein beachtliches Übergewicht auf die Waage bringt.

Goornwicht: wegen seiner winzigen Statur wird der Bezeichnete zur menschlichen Zielscheibe des norddeutschen Spotts.

Goos: friesisches Idiom für Gans; besonders in Verbindung mit dem Adjektiv „dumm" eine viel und oft gebrauchte Beleidigung für eine alberne, törichte, einfältige weibliche Person.

Gootblood: friesisch-derb für einen gutmütigen Trottel.

Göre: scherzhaft oder abfällig verwendete Schelte für ein freches, vorlautes, fürwitziges Mädchen.

Gorilla: mit vergleichbarer Statur eines großen Menschenaffen, sorgt dieses menschliche Kraft- und Muskelpaket z. B. als Leibwächter für Sicherheit.

Gorkes: wegen seiner hochgewachsenen Statur wird ein so Bezeichneter immer wieder zum Opfer des Spotts seiner saarländischen Landsleute.

Görtbeck: ein loses Mundwerk, beziehungsweise eine große Klappe gehört zu den wenig rühmlichen Eigenschaften dieses Nordlichts.

Görtjeteller: in norddeutschen Regionen abwertend für einen pedantischen, kleinkarierten Menschen; in anderen Sprachregionen Deutschlands auch als „Erbsenzähler" bekannt.

Gosch: besonders der Schwabe redet wie ihm die „Gosch" – umgangssprachlich für „Mund" – gewachsen ist. Vor allem demjenigen wird eine große „Gosch" angedichtet, der Sie oft und gerne „weit aufreißt".

Gottverdorri: mannigfach einsetzbarer Ausruf oder Fluch aus dem Norden Deutschlands.

Götzendiener: die verächtliche Bezeichnung für einen, im Hinblick auf seinen Vorteil und seine Karriere berechnenden, devoten, Vorgesetzen schmeichelnden Menschen.

Gourmand: nicht zu verwechseln mit dem Feinschmecker (Gourmet), betitelt es jemanden, der gern und viel ißt.

Gowel: pfälzisch-scherzhaft oder als Schimpfname für einen Possenreißer.

Grabscher: die meist mißbilligende Umschreibung für einen Mann, der seine Finger nicht von Frauen lassen kann; auch jemand, der alles mit seinen Händen betatschen muß.

Gräfin Lila: veraltete, aus dem Frankfurter Raum stammende Bezeichnung für eine Frau mit zweifelhaftem Ruf. Namentlich zurückzuführen auf eine stadtbekannte Halbweltdame, die ihr Gesicht vorwiegend lila schminkte.

Graf Rotz: verächtliche Bezeichnung für einen großspurigen, arroganten, auf großem Fuß lebenden Menschen; existiert als „Gräfin Rotz" auch als weibliche Ausgabe.

Granadedackel: vgl. Dackel; schwäbische Steigerung des allgemein benutzten Schimpfwortes für einen Mann.

Granadelomp: vgl. Lomp; schwäbisches, verstärktes Schimpfwort für einen Mann, der „nichts taugt".

Granadeseckel: vgl. Allmachtssekkel; schwäbische Verstärkung von „Seckel" – ein Schimpfwort für einen Mann; ohne eine bestimmte Bedeutung, allerdings stets abwertend zu verstehen.

Granatpuler: im Norden Deutschlands umgangssprachlich für Krabbenschäler, gilt diese abwertende Bezeichnung einem, der sich vorzugsweise mit Kleinkram aufhält.

Grannpans: Spott- und Scheltwort für einen raffgierigen, geizigen Menschen.

Grantert: aus dem Friesischen für jemanden, der einen argen Grant hat, also recht zornig, aufbrausend oder wütend ist.

Grantlhuaba: bairisches Schimpfwort für einen mißlaunigen, meist älteren Mann.

Grapscher: in dieser Schreibweise vorzugsweise im Norden und Westen der Republik benutzt; vor den flinken Händen dieses Zeitgenossen sollte man sich vorsehen – er vergreift sich vorzugsweise unsittlich an weiblichen wie männlichen Körperpartien.

Grasaffe: saloppe, wenn auch etwas altmodische Umschreibung für einen unerfahrenen, unreifen, auch geckenhaften Menschen.

Grasdackel: vgl. Dackel; schwäbische Verstärkung von „Dackel" – ein mulitfunktionelles Schimpfwort für einen Mann.

Grashüpfer: saloppe Umschreibung für jemanden, der ebenso „grün hinter den Ohren" sprich unerfahren, oder unreif ist, wie der „Grünschnabel" oder „Grasaffe".

Grattelhubere: eine, von einem Schwaben so titulierte Frau gilt als eingebildet und hochnäsig.

Grattler: spöttisch-schwäbische Bezeichnung für einen krummbeinigen Menschen; auch für eine Person, die wegen ihrer mürrischen und verdrießlichen Art nicht sonderlich beliebt ist.

Graublgewiddr: nach sächsischer Mundart ein böses, wie ein Gewitter aufbrausendes, impulsives, streitbares Frauenzimmer, gemeinhin auch als „Gewitterziege" bekannt.

Gräzbeidel: saarländische Beleidigung für einen mürrischen, griesgrämigen, miesepetrigen Menschen.

Greenhorn: aus dem Englischen, wörtlich: „ein Tier, dessen Geweih noch nicht ganz ausgewachsen ist"; Spottname für einen unreifen, unerfahrenen Menschen, auch Anfänger; vgl. Grünschnabel.

Grein-Else: abgeleitet von „greinen", in der Umgangssprache ein Ausdruck für „weinen", dient es als Scheltname zur abschätzigen Bezeichnung einer weinerlichen, jammernden und bei jeder Kleinigkeit in Tränen ausbrechenden weiblichen Person.

Greinmeicherla: die fränkische Bezeichnung für ein überempfindliches, wehleidiges, jammerndes, weinerliches Kind.

Greis: als Spott- und Scheltname verfehlt es seine Wirkung nicht, wenn es einem jüngeren Menschen gilt, der körperlich und geistig unbeweglich oder altmodisch ist.

Greizhalleluja: bairischer Ausdruck von Zorn und Wut.

Grienbüdel: als Schelte oder spöttisch aus dem Norddeutschen für einen immerzu dümmlich grinsenden Menschen.

Grienhans: von „grienen" (umgangssprachl. für „grinsen"); Spottname für einen, der ständig (dümmlich) grinst.

Griesgram: eine seit dem 18. Jahrhundert bekannte Bezeichnung für einen mürrischen Menschen.

Griesmors: wörtlich: norddeutsch für „Grauarsch"; umgangssprachlich: abwertend für einen mißlaunigen Nörgler.

Griewahdsch: sächsisch für ein schwächliches, schmächtiges Kind.

Griffelspitzer: verächtlich für einen kleinkarierten, peniblen Menschen, Erbsenzähler; auch abfällige Bezeichnung für einen Vertreter der schreibenden Zunft, beispielsweise einen Journalisten.

Grimmelpott: norddeutsch für einen schmuddeligen, ungewaschenen, schlampigen Menschen.

Grimmelwiedischer: saarländisch für einen, der schon bei der geringsten Kleinigkeit, beispielsweise einem Krümel (Grimmel) in Rage gerät.

Grischbl: spöttisch oder abwertend in Franken für ein kleines, schwächliches, schmächtiges, mickriges Männchen.

Grisette: ursprünglich die wegen ihres grauen Kittels so titulierten Pariser Näherinnen, dient es zur spöttischen oder leicht abschätzigen Bezeichnung eines Pariser Mädchens, das auf leichtem Fuß lebt.

Griwwler: pfälzisches Idiom für Grübler; abschätzig für einen, der sich über jede Kleinigkeit den Kopf zerbricht.

Griwwlgrawwelgrieper: im östlichen Norddeutschland ausgeprägte

Schelte für einen überaus sparsamen, geizigen Menschen.

Grobian: diese Beschimpfung gilt einem rohen, unsensiblen, rücksichtslosen Zeitgenossen – die alternative Schelte wäre „Grobsack".

Grönschnuut: norddeutsches Idiom für Grünschnabel; abfällig für eine vorlaute Person, auch für einen Dilettanten oder Neuling.

Groot-Hans: auf gut norddeutsch – ein Großmaul, Angeber.

Größenwahnsinniger: ein derber Schimpfname für jemanden, der an maßloser Selbstüberschätzung und beinahe krankhafter Geltungssucht leidet.

Großkopfata: jeder, der mächtig, reich und deswegen auch eingebildet ist – meist eine hochrangige Persönlichkeit des öffentlichen Lebens – wird von einem Bayern gerne so beschimpft.

Großkotz: derber Schimpfname für einen großtuerischen, selbstgefälligen, widerwärtigen Menschen.

Großkotzeder: schwäbisch-abfällig für eine großspurige, wichtigtuerische, hochrangige oder wohlhabende Person.

Großmaul: eine so titulierte Person riskiert gern und oft eine „dicke Lippe", sprich übertreibt, gibt an, trumpft auf – ein Angeber, Wichtigtuer; auch verrufen als „Großschnauze" oder „Großtuer".

Grotsnacker: norddeutsches Idiom für Aufschneider, Großmaul.

Groupie: von englisch „group" (Gruppe), bezeichnet es spöttisch eine, meist weibliche, Person, die sich an die Fersen eines Prominenten heftet.

Grubber: norddeutsches Idiom für Geizhals, Raffhans.

Grufti: meist im jugendlichen Jargon verwendeter Spottname für einen älteren Erwachsenen oder einen alten Menschen.

Grünschnabel: vgl. Greenhorn; ein Spottname für einen jungen, unerfahrenen, unreifen Menschen.

Grünspecht: die saloppe Umschreibung für jemanden in einer grünen Uniform oder Tracht. Außerdem: ein Spottname für einen unreifen Menschen, der im übertragenen Sinne noch „grün hinter den Ohren ist".

Grüntischler: Scherz- und Scheltname für einen Beamten oder Angestellten, der von seinem Schreibtisch aus agiert.

Grunzeler: despektierlicher Ausdruck für jemanden, dem man vorwirft, im schlimmsten Fall „wie ein Schwein" zu grunzen. Es kann aber auch einen Menschen bezeichnen, der mürrisch vor sich hin brummt, spricht oder schimpft.

Grunzkistla: besonders fränkisch-mundartlich für einen zaghaften, unsicheren, schüchternen Menschen.

Grüßaugust: Scherz- und Spottname für den Empfangschef in einem Hotel oder einem Restaurant.

Grüttkopp: nach norddeutscher Redensart hat eine solche Person nur „Grütze" im Kopf; scherzhaft bis abfällig für einen Dummkopf.

Gruwestrolle: saarländische Beleidigung für einen Bergmann, Grubenarbeiter.

Gsälzbär: ohne Häme bezeichnet damit ein Schwabe jemanden, zu dessen Leib- und Magenspeise Marmeladenbrote zählen; oftmals auch liebevolle Umschreibung für einem Dummkopf oder ein „Dummerle".

Gschaftlhuaba: bairisches Schimpfwort für einen, der sich unheimlich „geschäftigt", also wichtig, nimmt und ständig unter akutem Handlungszwang zu leiden scheint.

Gscheidle: eine im schwäbischen Volksmund so beschimpfte Person verwechselt Einbildung mit Intelligenz – das „Obergscheidle" übertreibt noch ein wenig mehr.

Gschteckla: besonders fränkisch für eine, hinsichtlich ihrer Kleidung und ihres Benehmens, auffällige, schrille Frau.

Gschweeß: pfälzisch-mundartliches Kollektivschimpfwort für Gesindel, Bagage.

Gschwuf: verächtlicher Ausdruck aus dem Österreichischen für den Freund, den „Gschpusi" eines Mädchens.

Gspusi: besonders im süddeutschen Raum (auch Österreich) ausgeprägte, zuweilen auch abfällige, Bezeichnung für eine heimliche Geliebte.

Gstinkata: bairische Schelte für einen, dessen Faulheit sprichwörtlich „schon zum Himmel stinkt".

Guatedel: die schwäbisch-schnippische Bezeichnung für einen Taugenichts.

Guckindieluft: eine besonders auf unachtsame, über ihre eigenen Füße stolpernden Kinder gemünzte Schelte.

Gullyhocker: die saloppe Umschreibung für einen Landstreicher oder Taugenichts.

Gummafresser: saarländische, vom französischen Wort „concombre" (Gurke) abgeleitete, abwertende Bezeichnung für eine erbärmliche, ärmliche Person.

Günsmichel: norddeutsch für jemanden, der anderen gegenüber mit seiner griesgrämigen, mürrischen, verdrießlichen Art nicht hinterm Berg hält.

Gurgelschwenker: wie der „Schoppenbläser" weiß eine so titulierte Person ihre Gurgel mit einem guten Tropfen Wein „auszuschwenken", beziehungsweise ihre Kehle damit auszuspülen. Folgerichtig gilt dieser Spitz- und Scheltname einem geübten Weingenießer.

Gurgl: vorwiegend bairisch-mundartliche Schelte für ein zänkisches Frauenzimmer.

Gurke: Spott- und Schimpfname für einen erfolglosen, naiven, einfältigen Menschen oder auch ein derber Scherz über die alberne, komische Figur eines Mitmenschen.

Gusche: sächsische, abfällige Bezeichnung für Mund; wörtlich: Maul (schwäbisch: Gosch).

Güttje: norddeutscher Neck- und Spottname für einen albernen, schelmischen Zeitgenossen.

H

Haalgans: die Kombination von groß und dumm macht die Bezeichnete in den Augen eines Pfälzers zum Objekt der Belustigung.

Haamlischduher: hessisch-abfällig für einen Vertreter der Sorte „Geheimniskrämer"; Informationen gibt er nur flüsternd und hinter vorgehaltener Hand weiter.

Haare auf den Zähnen: bezeichnend für jemanden, der schlagkräftig ist, ein freches, spitzes oder scharfes Mundwerk hat.

Haarklauber: verwandt mit dem „Haarspalter", erntet eine so titulierte, kleinkarierte, penible Person nur Spott.

Haarspalter: mißbilligender Ausdruck für einen kleinlichen, peniblen oder auch engstirnigen Menschen, der jeder Sache genau auf den Grund. Dabei läuft er in Gefahr, sich in Nichtigkeiten oder auch unsinnigen Arbeiten zu verlieren.

Habangaaß: abfällig verwendete Bezeichnung aus dem Österreichischen für eine Frau, zu deutsch: Alte.

Habberla: nach fränkischer Mundart spöttisch oder als Schimpfname für einen geistlosen, dummen Mann.

Häbenkieker: besonders im Nordosten Deutschlands beheimatete Bezeichnung für einen hochnäsigen, arroganten, eingebildeten Menschen.

Habergoiß: schwäbische Bezeichnung für eine Spinne (Weberknecht); abschätzig verwendeter Schimpfname für eine dürre, meist zugeknöpfte Frau.

Hachdl: vorwiegend von einem Oberfranken abschätzig verwendete Bezeichnung für eine großgewachsene, spindeldürre Frau, die durchaus Ähnlichkeiten mit einer Bohnenstange hat.

Hackelpackel: saloppe Umschreibung für Gesindel oder Lumpenpack, das sich nach dem Motto „Pack schlägt sich, Pack verträgt sich" benimmt.

Hackenbieter: norddeutsch für die menschliche Ausgabe eines Wadenbeißers; ähnlich bissig und hinterlistig wie ein kleiner Kläffer, jedoch um einiges harmloser.

Hackenfuchs: verächtlich für jemanden, der sich an die „Hacken" (Fersen) anderer heftet, um nichts zu verpassen. Er gehört demnach zu der unbeliebten Spezies aufdringlich neugieriger und klatschsüchtiger Menschen.

Hacker: bei Computerfreunden gefürchteter Störenfried im Netz, der Geheimcodes entschlüsselt und zuweilen auch sogenannte Viren in die Datennetze einschleust.

Hackklotz: derbe Schelte für einen rohen, grobschlächtigen, ungeschliffenen Zeitgenossen.

Hacksch: insbesondere im Osten Deutschlands ausgeprägte Schelte für einen triebstarken Mann, der mit seiner Potenz prahlt.

Haddekucheknabberer: insbesondere für die Mainzer Gegend typische und verächtlich verwendete Bezeichnung für einen Geizhals; wörtlich: Hundekuchenbeißer.

Haderlomp: vgl. Lomp; verächtliches, schwäbisches Schimpfwort für eine liederliche Person.

Hadermetze: besonders im Nordosten Deutschlands derbe Schelte für ein zänkisches, boshaftes Eheweib.

Häfelesgucker: dieser schwäbische „Topfgucker" steckt seine Nase gerne in Angelegenheiten, die ihn nichts angehen; vgl. Topfgucker.

Hafen: bairisches Idiom für Topf oder Tiegel; Schimpfwort für ein häßliches weibliches Wesen.

Hafenschlampe: derbes Schimpfwort für ein leichtes Mädchen oder eine Prostituierte; vorwiegend natürlich in Hafen- und Hansestädten anzutreffendes Frauenzimmer.

Haftlesmacher: fränkisch für einen kleinlichen, übergenauen, peniblen Menschen.

Hagestolz: altmodischer Spott- und Scheltname für einen eingefleischten und eigenbrötlerischen Junggesellen.

Hahn: salopp oder als Schimpfname für das männliche Wesen an sich, auch umgangssprachlich für Ehemann oder Liebhaber.

Hahnepampel: die im Ruhrgebiet so titulierte Person gilt als der lebende Beweis für handwerkliche Ungeschicklichkeit.

Hahn im Korb: im Gegensatz zum „Hahnrei" kann sich diese männliche Person nicht über die ungeteilte Aufmerksamkeit von Frauen beklagen – sie umschwärmen ihn wie Motten das Licht.

Hahnrei: ursprünglich eine spöttisch-hämische Bezeichnung für einen Mann, der seinen ehelichen Pflichten nicht nachkommt; in seiner heutigen Bedeutung schlichtweg ein „gehörnter, betrogener" Ehemann.

haidanei!: besonders im schwäbischen Raum ausgeprägter Ausruf des Unmuts; vgl. haideblech!

haideblech!: mit Ausrufen wie „haidanei!" oder „hailix Blechle!" macht der Schwabe seinem Ärger oder Unmut Luft.

Haifischverein: im abwertenden Sinn mag diese Bezeichnung beispielsweise einem Unternehmen gelten, das sich besonders durch Wucherpreise einen schlechten Ruf erworben hat.

Halbdackel: vgl. Dackel; spöttisch oder als Schelte für einen dummen, unbeholfenen, auch krummbeinigen Menschen.

halbe Portion: spöttisch für einen kleinen, hageren und schwächlichen oder auch schüchternen Menschen.

Halbgebaggener: abschätzig für einen unreifen, unerfahrenen, jungen Pfälzer.

Halbgescheiter: saloppe Umschreibung für einen einfältigen, dümmlichen Menschen.

Halbidiot: zu einem „Volltrottel" reicht es bei dem Bezeichneten noch nicht ganz – seine dümmliche, stupide Art macht ihn dennoch zur beliebten Zielscheibe des Spotts.

Halbseidener: Spott- und Scheltname für einen (wörtlich: „der Halbwelt angehörenden") zwielichtigen Kerl.

Halbstarker: Umgangssprachliche Bezeichnung für einen ungezogenen, ungestümen, rebellischen Burschen.

Halbweltdame: eigentlich eine ganz gewöhnliche Dirne oder ein Mädchen von zweifelhaftem Ruf, macht eine so titulierte Frauensperson gern auf „feine Dame", um entsprechend betuchte Kunden anzulocken.

Halfjehangs: besonders rheinisch und abschätzig für einen trägen, antriebs- und kraftlosen Menschen, der nicht selten auch noch eine „halbe Portion" ist.

Hallawachl: Spott- und Scheltname aus dem Österreichischen für einen tölpelhaften, dämlichen oder geistig minderbemittelten Menschen, auch bekannt als „Armleuchter".

Hallelujaschwester: spöttisch bis leicht abwertend für eine Angehörige der Heilsarmee.

Hallelujaziege: derbe Bezeichnung für ein frömmlerisches Mädchen oder Frau.

Hallodri: wahrscheinlich an „Allotria" (griechisch: Unfug, Albernheit) angelehnt, tituliert ein Bayer so einen lebenslustigen, sprunghaften und unzuverlässigen Mann.

Halsabschneider: abfällige Bezeichnung für einen Wucherer und Betrüger, der redliche Kunden über den Tisch zieht.

Halunke: Schimpfname für einen spitzbübischen, gerissenen Menschen; Gauner, Schlitzohr.

Hamballe: nett gemeinte, schwäbische Bezeichnung für einen etwas ungeschickten oder schusseligen Menschen.

Hämeken: in den Augen des norddeutschen und des Berliner Spötters ein unscheinbares, kümmerliches, schmächtiges, schwächliches oder auch schüchternes, zaghaftes Persönchen.

Hammel: die Bezeichnung für einen „verschnittenen Schafbock" wird als Scheltname auf einen dummen, ungehobelten, auch sturen Menschen übertragen.

Hammelherde: mißbilligend verwendeter Sammelbegriff für eine zügellose, ungeordnete Gruppe von Menschen.

Hampelmann: Spottname für einen, der, weil ohne eigenen Willen und Antrieb, alles mit sich machen läßt; auch Einfaltspinsel, Waschlappen.

Hamster: dem fleißigen Nager gleichtuend, versucht es eine so titulierte Person ebenfalls mit der Vorratshaltung. Im leicht abwertenden Sinn für jemanden, der nicht nur in Notzeiten alles zusammenrafft, was er in die Hände bekommen kann.

Handavidchen: durch Verkleinerung von „Handavid", das sich wiederum aus den Vornamen Johannes David zusammensetzt, wird im alten Frankfurt aus dem bekannten Zeitgenossen ein lächerlicher Unname.

Handkässtemmer: besonders im hessischen Raum anzutreffende Beleidigung für einen Aufschneider, Prahlhans, Großtuer.

Handlanger: abfällig für einen, der bereitwillig Arbeiten und Dienste für andere ausführt.

Hänfling: eigentlich der Name eines Vogels, der sich hauptsächlich von

Hanfsamen ernährt; menschliche, weil schwächlich und unscheinbar wirkende, Zielscheibe des Spotts; vgl. Hanske.

Hanndolle: vorwiegend in der Pfalz ausgeprägter Spott- und Scheltname für einen unbeschreiblich dummen, einfältigen Menschen.

Hannefatzke: norddeutsch für jemanden, der sich enorm wichtig nimmt, aufspielt, angibt.

Hännelstifter: Schimpfname aus dem Pfälzischen für einen streitsüchtigen, jähzornigen Zeitgenossen.

Hannemann: saloppe Umschreibung für einen einfältigen, dummen Menschen, Einfaltspinsel.

Hannewaggel: scherzhaft oder leicht abwertend verwendete Bezeichnung für einen albernen, närrischen Pfälzer.

Hannhambes: der von einem Pfälzer so Bezeichnete gilt anderen gegenüber als überaus geschwätzig und redselig.

Hannlappes: spöttisches oder leicht abwertendes Gepräge tragender Spitzname für einen trägen, schlaffen, schwächlichen oder auch kraft- und energielosen Menschen, der sich durch ein Temperament wie eine Schlaftablette auszeichnet.

Hannrabores: pfälzisch für einen närrischen, albernen Zeitgenossen, der häufig zur Zielscheibe des Spotts wird.

Hansdampf: ein „Hansdampf in allen Gassen" tanzt auf vielen Hochzeiten – auf keiner jedoch wird er richtig ernst genommen. Außerdem gilt dieser Begriff als Synonym für einen überaus geschäftigen, umtriebigen Menschen, der glaubt, beinahe alles zu können und hinter jeder Sache mächtig Dampf machen und sie vorantreiben zu müssen.

Hans Dappes: scherzhaft-spöttisch für einen ungeschickten, linkischen oder täppischen Menschen.

Hansguckindieluft: verwandt mit der gleichnamigen Figur aus „Struwwelpeter", gilt eine so titulierte Person als ungeschickt und tölpelhaft.

Hanskasper: besonders in Süddeutschland beheimateter Spott- und Schimpfname für einen herumalbernden, närrischen Menschen; Spaßmacher.

Hanske: vgl. Hänfling; abfälliger Spott- und Scheltname für einen weichlichen, schwächlichen, empfindlichen Menschen.

Hans-Wind: Spottname aus dem Norden Deutschlands für einen, der nur „heiße Luft" von sich gibt, also nur dummes Zeug redet.

Hanswurst: bekannt ist der Schelt- und Spottname für einen dicken unbeholfenen Menschen (Dickwanst) seit Anfang des 16. Jahrhunderts; in seiner heutigen Bedeutung wird er meist für eine lächerliche Person oder einen Tölpel gebraucht.

Happert: norddeutsch-geringschätzig für einen Vielfraß.

Harlekin: scherzhaft oder leicht tadelnd für einen albernen Menschen, der allerlei Unsinn und Spaß mit anderen macht und Possen reißt.

Hartriggel: Schimpfname für ein besonders starrsinniges, dickköpfiges, stures Exemplar von Pfälzer.

Härüffl: Schimpfwort aus dem Fränkischen für einen derben, grobschlächtigen, ungelenken Menschen.

Harzbacke: Schimpfwort aus dem Saarländischen für eine, gemeinhin als unzuverlässig und unstet bekannte Person.

Hasardeur: abzuleiten von französisch „hasard" (Zufall), wird es als abwertender Ausdruck gegen einen Menschen verwendet, der beispielsweise „auf gut Glück" Roulette oder Karten spielt; jemand, der alles dem Zufall überläßt, weshalb er auch als unzuverlässig gilt.

Hascherl: mundartliche Diminutivform von „Hascher" (für eine bemitleidenswerte Person) vorwiegend für ein schwächliches, kränkelndes Kind.

Hasenfuß: vgl. Feigling; auch als „Angsthase" oder „Hasenherz" verspottet, wird einer solchen Person die Furchtsamkeit von Meister Lampe nachgesagt.

Haspelmichel: saloppe Umschreibung für einen rastlosen, unruhigen, nervösen Menschen, der immer auf dem Sprung ist.

Hassart: Schimpfname aus dem Hessischen für einen infamen, boshaften, rücksichtslosen Unsympath.

häßliches Entlein: eine, dem gleichnamigen Märchen von Hans Christian Anders entliehene, spöttische Bezeichnung für ein unattraktives, unscheinbares Mädchen.

Hätschelbiebche: hessisches Idiom für Muttersöhnchen; abschätzige Bezeichnung für einen verzogenen, verwöhnten Mann, der noch am Rockzipfel seiner Mutter hängt.

Hätscherklaas: mit dieser abfällig verwendeten Bezeichnung macht sich ein Franke über Nikolaus oder Knecht Ruprecht lustig.

Haubenstock: aus der Mode gekommene Bezeichnung für ein stockartiges Gestell, das als Halterung und Aufbewahrung von Hauben (Hüten) benutzt wurde. Das Bild dieser schmalen, hohen Konstruktion kann auch auf eine Frau übertragen werden, die dürr, hager und hinsichtlich weiblicher Formen „flach wie ein Brett" ist.

Haudegen: mit leichter Anerkennung oder abfällig verwendet für einen tollkühnen, draufgängerischen Kerl.

Hauruckfußballer: derbe Schelte auf den Fußballplatz für einen ziellos auf den Ball tretenden Möchtegern-Kicker.

Hausdrachen: besonders vom Ehemann gefürchtetes zänkisches, herrisches, Nudelholz schwingendes Frauenzimmer; vgl. Hellhake.

Hauskreuz: meist liebevolle, manchmal aber auch spöttische Bezeichnung für den Ehepartner.

Hausmütterchen: spöttisch-boshaft für eine leidenschaftliche Hausfrau und Mutter.

Haustyrann: Scheltname für das männliche Pendant eines Hausdrachens – ebenso gehässig wie rechthaberisch.

Hawebraddler: Spott- und Scheltname aus dem Saarland für einen Großsprecher oder Dummschwätzer; ursprünglich steht der mundartliche Begriff „Hawe" für „Nachttopf".

Häwengaaß: seltene, aus dem Altfrankfurter Fundus der Spitz- und Schimpfnamen stammende Bezeichnung für eine lächerlich alberne, bei jeder Gelegenheit in lautes, aufdringliches Lachen ausbrechende weibliche Person.

Hawwergeeß: verächtlich im pfälzischen Raum für eine dürre, hochgewachsene Frau; mancherorts auch als „Bohnenstange" verspottet.

Hebfl: fränkisches Idiom für Dummkopf.

Hecht: mit dem entsprechendem Adjektiv („toll") verknüpft, meist ironisch, auch leicht anerkennend, für einen jungen Burschen, der Überraschendes geleistet hat.

Heester: norddeutscher Spottname für eine männliche Bohnenstange, sprich einen schlacksigen, hochgewachsenen Burschen.

Hefe des Volkes: im abwertenden Sinn für die unterste Volksschicht, sinngleich mit „Bodensatz".

Hefekloß: Spottname für ein Kind, zumeist ein Mädchen, das körperlich „aufgegangen ist wie ein Hefekloß", also dicklich und rund ist.

Heftlesmacher: gelten die Schwaben im Volksmund auch gemeinhin als fleißige „Schaffer" – ein „Heftlesmacher" arbeitet besonders akribisch und exakt.

Hehler: jemand, der aus seiner Tätigkeit „keinen Hehl macht", hat auch nichts zu verbergen. Anders verhält es sich mit dem „Hehler", der mit „heißer", also gestohlener Ware handelt, sich zum Mittelsmann und Mitwisser eines Verbrechens macht.

Heidekuckuck: schwäbischer, universell einsetzbarer Ausdruck des Unmuts, der auch in der Variation „Heidesakrament" verwendet wird.

Heidenpack: verächtliche Bezeichnung für all jene, die ohne christlichen Glauben, Moral und Ehre leben.

Heimchen: ursprünglich die Bezeichnung für eine Hausgrille; abwertend für eine anspruchslose, unscheinbare, langweilige Frau, die als „Heimchen am Herd" aber durchaus ihre Erfüllung als Hausfrau und Mutter finden mag.

Heimwerker: ironisch für einen ungeschickten, unpraktischen, meist mit zwei linken Händen ausgestatteten Menschen.

Heini: Kurz- und Koseform von „Heinrich"; Spottname für einen etwas dümmlichen, albernen, einfältigen Menschen.

Heiopei: Spott und Schelte im Ruhrpott für eine unzuverlässige Person.

Heißsporn: saloppe Umschreibung für einen hitzköpfigen, leicht aufbrausenden, jähzornigen Kerl.

Heizefeiz: besonders in Köln beheimateter Spaßmacher und Possenreißer, der über alles und jeden in Lachen ausbricht; selbst beliebte Zielscheibe des Spotts und der Belustigung.

Held: als Ausdrucks des Spotts und der Ironie eine Beleidigung für einen feigen, zaghaften, unsicheren Menschen; eben genau das Gegenteil von Richard Löwenherz.

Helfershelfer: im gutmütigen Sinn ein Mitstreiter, aber mißbilligend für jemanden, der sich an einer Straftat mitschuldig macht, beispielsweise durch Schmierestehen oder Fluchtbegünstigung.

Hellerspatz: veraltete Bezeichnung für einen mittellosen, ärmlichen oder auch heruntergekommenen Menschen.

Hellhake: vgl. Hausdrachen; friesische Ausgabe eines zänkischen, herrischen, tyrannischen Weibstücks; vgl. Huusdüvel.

Hemd: ein beispielsweise als „dünnes Hemd" bezeichneter Mann gilt gemeinhin als schwächlich – ein „nervöses Hemd" ist ein zappliger, unruhiger Zeitgenosse.

Henker: wer „fährt wie ein Henker", gilt als besonders rücksichtsloser Rowdie im Straßenverkehr.

Henn: nach schwäbischer Mundart lassen sich Federvieh und eine etwas einfältige Frau durchaus vergleichen.

Hennengreifer: saloppe Umschreibung für einen peniblen, kleinkarierten, engstirnigen Zeitgenossen.

Herdentier: im eigentlichen Sinn für Tiere (Pferde, Rinder, Schafe), die in einem Herdenverband leben; auf den Menschen übertragen, bezeichnet es jemanden, der sich nur einer Gruppe, in einer Gemeinschaft, in einer Menschenmasse wohlfühlt.

Herglaffana: abfälliges, bairisches Schimpfwort für einen, dessen Herkunft und Ruf zweifelhaft sind; auch gebräuchlich für einen dubiosen Fremden.

Hering: Spottname für eine dürre, schmächtige Person.

Heringsbändiger: scherzhaft oder leicht abschätzig verwendete Bezeichnung für einen Fischverkäufer.

Hernsteeßer: wörtlich für einen, der sich das Hirn stößt; pfälzisches Idiom für Dickschädel.

Herostrat: der Grieche Herostratos stand Pate für diesen Scheltnamen, der auf einen geltungssüchtigen Menschen gemünzt ist, dem es um Ruhm, Ehre und gesellschaftliches Ansehen geht.

Herrgottstrendler: pfälzisches Idiom für Taugenichts, Tagedieb.

Herrgott von Bentheim: seltener, weil veralteter, scherzhafter Ausruf der Verblüffung, der Verwunderung.

Herrschaftzeitn: universell einsetzbarer, bairischer Ausruf von Unmut, Unzufriedenheit oder Ärger.

Herschbreifritzla: wörtlich: Hirsebreifriedlichlein; vorwiegend in Unterfranken verwendeter Spottname für eine schwächliche, kraft- und mutlose Person.

Herumtreiber: salopp oder als Schimpfname für einen unsteten, rastlosen, auch vergnügungssüchtigen Menschen; sein weibliches Gegenstück wird als „Herumtreiberin" beschimpft.

Herzensbrecher: abwertend für einen Mann, der erst die Frauen verführt, seine Eroberung dann wie eine „heiße Kartoffel" fallen läßt und ihnen damit das „Herz bricht". Im spöttisch-ironischen Sinn auch für einen Möchtegern-Casanova.

Herzken: besonders im Ruhrgebiet ausgeprägte, liebevoll verwendete Koseform für einen einfältigen, naiven Dummian.

Hetzer: mißbilligend für jemanden, der andere antreibt, selbst kaum zur Ruhe kommt oder gegen andere „hetzt", spricht aufwiegelt.

Heuchler: verächtlich für einen Menschen, der seine Freundlichkeit nur vortäuscht, in Wirklichkeit aber ein kaltherziger, berechnender, hinterhältiger und verlogener Mensch ist.

Heugeige: besonders in ländlichen Gegenden beliebte, spöttisch verwendete Bezeichnung für einen hageren Menschen, meist weiblichen Geschlechts.

Heuhibber: nur ein Bewohner einer hessischen Stadt kann sich derart über einen Menschen vom Land (Landei) lustig machen; vgl. Hibber.

Heulboje: abschätzig für eine Person, die sprichwörtlich „nah am Wasser" gebaut hat – die kleinste Aufregung verursacht bei ihr bereits einen Weinkrampf; vgl. Plärrhafe.

Heulersch: saarländisch für ein weinerliches, sensibles, überempfindliches Mädchen, das immerzu in Tränen ausbricht.

Heulkachel: vgl. Flenna; abschätzig verwendete Bezeichnung für ein zartbesaitetes weibliches Wesen, das bei jeder Kleinigkeit weint, jammert.

Hewwel: ursprünglich saarländisch für „Hebel", wird es gern und oft auch als Schimpfwort für einen ungehobelten, groben, unverschämten Kerl verwendet.

Hewweler: hessisch für einen unsteten, unruhigen, zappeligen Zeitgenossen.

Hiasl: bairischer Neck- und Spottname für einen grobschlächtigen, einfältigen Burschen; ursprünglich die Koseform von Matthias.

Hibbel: harmlose, beinahe liebevolle Bezeichnung für eine unruhige, nervöse, unstete Person.

Hibbelmoors: die von einem Hamburger so titulierte, unruhige, nervöse Person kann nicht stillsitzen; allerorts auch als „Zappelphilipp" bekannt.

Hibber: vgl. Heuhibber; hessische, spöttische Bezeichnung für einen noch etwas unreifen, unerfahrenen Burschen.

Hilfsudl: vorwiegend im norddeutschen Sprachraum ausgeprägte, abfällig verwendete Bezeichnung und Berufsschelte für eine Politesse.

Himbeer-Heini: Scherz- und Spottname für ein verweichlichtes, verwöhntes oder auch schüchternes Persönchen, das noch am Rockzipfel seiner Mutter hängt. Himbeere, vielmehr „Himbeersaft", ist eine Anspielung auf die Unerfahrenheit mit Alkohol.

Himmelskutscher: saloppe Umschreibung für einen Piloten.

Hingst: norddeutsch-abfällig für eine männliche Person, die anmaßend ihre Lendenkraft mit der eines Hengstes vergleicht.

Hinkepinke: umgangssprachliches Hinkebein; Spottname für eine humpelnde, hinkende Person.

Hinnedruffhänger: in einer Gruppe von Hessen gilt der Bezeichnete gemeinhin als „einer zu viel".

Hinnerk: Schimpfwort in norddeutschen Gefilden für einen plumpen, steifen Menschen.

Hinpamp: scherzhafte Bemerkung eines Hamburgers über eine täppische, linkische oder schusselige Person.

Hintafotz: im bairischen übliche Bezeichnung für einen niederträchtigen, hinterhältigen Menschen.

Hinternputzer: abschätzig für einen devoten, duckmäuserischen und vor allem bei Vorgesetzten schmeichelnden Menschen.

Hinterwälder: von englisch „backwoodsman" – dereinst eine Bezeichnung für die ersten Siedler im Westen Nordamerikas jenseits des Alleghenygebirges – entliehene Beleidigung für einen weltfremden, verschrobenen, altmodischen Menschen.

Hinz und Kunz: die abgekürzte Form der beiden Vornamen „Heinrich" und „Konrad", im leicht abwertenden Sinn für irgendeine, auch unbedeutende, Person.

Hippe: Spötter finden durchaus eine Ähnlichkeit zwischen einer Ziege, so die eigentliche Bedeutung dieses Wortes, und der Bezeichneten; Schelte für eine häßliche, auch streitsüchtige Frau.

Hirnbläher: derbe Bezeichnung für jemanden, der am Arbeitsplatz seine Kollegen und Vorgesetzten mit unsinnigen Vorschlägen nervt.

Hirni: ein im jugendlichen Jargon beliebter Spottname für einen dummen Menschen ohne Geist und Verstand.

Hitzablitz: besonders in Unterfranken ausgebildeter Scheltname für einen jähzornigen, schnell aufbrausenden Mann, einen Hitzkopf.

Hitzgickel: Spott- und Scheltname für einen besonders hitzköpfigen, leicht aufbrausenden Hessen.

Hiwi: umgangssprachlich für Hilfsarbeiter; abfällig verwendete Bezeichnung für einen, der sich für niedere und schlecht bezahlte Arbeiten hergibt.

Hoarspaller: saarländisches Idiom für „Haarspalter"; Spott über einen kleinkarierten, peniblen Menschen.

Hobbdiddel: Scheltname aus der Pfalz für einen sprunghaften, unzuverlässigen Menschen.

Hohlgasseknaller: jemand, der wider allen Anscheins doch nur „heiße Luft" produziert, gilt bei den Schwaben als ein solcher Angeber.

Hohlkopf: salopp oder als Schimpfname für einen dummen, stumpfsinnigen Menschen.

Hohlwechlauerer: (ober-)fränkisches Idiom für Straßenräuber; auch Scherz- und Kosename für einen Finanzbeamten.

Höhnerdeev: norddeutsches Idiom für Hühnerdieb; nicht im großen Stil, aber trotzdem ein Schlingel oder kleiner Gauner.

Höhnerneers: friesisches Schimpfwort für einen neugierigen Menschen. Wörtlich: Hühnerarsch.

Hökerer: eine so titulierte Person hat eine kleinkrämerische Seele und verdient ihre Brötchen damit, alles, was ihr in die Hände kommt, zu verschachern (verhökern).

Holefernes: von der tragischen Gestalt, dem babylonischen Feldherrn Holofernes, abgeleitete Bezeichnung für einen leicht zu überrumpelnden, weil einfältigen Mann. Das historische Vorbild fiel dereinst der List einer Frau anheim und bezahlte dies mit seinem Leben.

Hollabauzn: (unter-)fränkisches Idiom für Vogelscheuche; scherzhaft oder abfällig für eine häßliche, widerwärtige Person.

Hollebobbel: der Bezeichnete gilt in der Pfalz gemeinhin als ausgesprochen einfältig und dämlich.

Höllenhund: beinahe anerkennend für einen draufgängerischen, mutigen, aber auch rücksichtslosen Menschen, der vor nichts zurückschreckt.

Hollerboller: Spottname aus dem Hessischen für jemanden, der stets auf dem Sprung ist, eilt und folgerichtig auch zu überstürzten Handlungen neigt.

Holtkopp: von einem solchen norddeutschen Holzkopf sind keine geistigen Höhenflüge zu erwarten.

Holzkopf: Starrsinn und Einfältigkeit verbinden sich bei einer so titulierten Person auf harmonische Weise.

hommeldomm: schwäbischer Ausdruck der Superlative – dümmer geht's nimmer. Wörtlich: Hummeldumm, dumm wie eine Hummel; vgl. riegeldomm.

Honigscheißer: mißbilligend verwendete Bezeichnung für einen schöntuerischen, schmeichelnden, devoten Menschen, der anderen gern „Honig ums Maul schmiert".

Hoor: norddeutsches Schimpfwort für ein leichtes, liederliches Frauenzimmer.

Hooreil: wörtlich: Haareule; abschätzige Bezeichnung für ein unordentliches, weibliches Wesen mit zerzausten Haaren.

Hoorenbuck: wörtlich: Hurenbock; friesisch-abfällig für einen, der jedem Mädchen nachsteigt.

Hoorkind: ein in Norddeutschland so beleidigter Mensch fällt nicht nur durch seine Dreistigkeit, sondern auch durch seine ungehobelte Art unangenehm auf.

Hopfezitz: scherzhaft oder tadelnd für ein temperamentvolles, ungestümes und nur schwerlich zum Stillsitzen zu bewegendes Kind.

Höppelepöppel: rheinischer Spottname für einen ungeschickten, leicht hinkenden, nicht selten über die eigenen Füße stolpernden Menschen.

Horchlappen: (unter-)fränkische, abwertend oder scherzhaft verwendete Bezeichnung für ein großes Ohr.

Horde: meist abschätzig für eine wilde, ungestüme Horde ungezogener Jugendlicher, junger Burschen.

Hornochse: derbe Schelte für jemanden, gegen dessen Dummheit noch kein Kraut gewachsen ist.

Hosenhapper: aus dem Hessischen Raum stammende Bezeichnung für einen übertrieben zaghaften, vorsichtigen oder auch umständlichen Mann. Das Festhalten an Nichtigkeiten zählt ebenso zu seinen unliebsamen Eigenschaften wie seine übertrieben pedantische, kleinkarierte Art.

Hosenpauker: altmodische Umschreibung für einen Lehrer.

Hosenscheißer: weit gehässiger als Feigling, bezeichnet es einen zaghaften, ängstlichen Menschen – zuweilen allerdings auch nur ein kleines Kind.

Hosentrompeter: scherzhaft oder als derbe Schelte für einen, der ungeniert und unüberhörbar seine Darmwinde entweichen läßt.

Hossebacheler: wörtlich: Hosenseicher; wie „Hosseschisser" gilt der von einem Pfälzer so Beschimpfte als feige und ängstlich.

Houlzapfl: (unter-)fränkische Beleidigung für eine fade, langweilige, träge Person.

Houselootz: wörtlich: Hosenlatz; fränkisch-spöttisch oder tadelnd für einen frechen, ungezogenen Bengel.

Huatsempel: schwäbische Bezeichnung für eine einfältige, alberne Person; in abgeschwächter Version als „Sempel" verspottet; vgl. Quadratsempel.

Huddel: abwertende, schwäbische Bezeichnung für eine ungepflegte, unordentliche, weibliche Person.

Hudler: schwäbische Schelte für eine Person, die alles schnell und deshalb meist auch sehr schlampig erledigt.

Hühnerficker: vulgärsprachlich für einen widerwärtigen, infamen Menschen.

Hülemüle: eine, in diesem speziellen Fall im Ruhrpott beheimatete, mürrische, griesgrämige Person.

Hund: derbes Schimpfwort für ein menschliches Prachtexemplar negativer Eigenschaften: infam, verlogen, charakterlos, dumm, blöd, falsch, hinterlistig, usw.; vgl. Hundesohn, Hundsfott.

Hundesohn: vgl. Hund; Schimpfwort für einen infamen Menschen.

Hundling: derbe Schelte für einen niederträchtigen, gerissenen, trügerischen Menschen.

Hundsfott: vgl. Hund; ordinäres und derbes Schimpfwort für einen Schurken, Schuft.

Hundskrüppel: besonders im Süden Deutschlands ausgeprägte Schelte für einen widerwärtigen, infamen Kerl.

Hungerlatte: jugendlicher Jargon für einen dürren, hochgewachsenen Menschen.

Hungerleider: einer, der in ärmlichen Verhältnissen lebt; eine erbärmliche Erscheinung.

Hungerturm: scherzhaft bis boshaft verwendeter Beiname für eine hagere, hochgewachsene Gestalt.

Hunne: Scheltnamen für einen wilden, destruktiven, zerstörungswütigen Burschen.

Hunnenblomenbieter: wörtlich: Hundeblumenbeißer (Hundeblumen sind nichts anderes als „Löwenzahn"); norddeutscher Spott- und Scheltname für einen unbeschreiblich dummen, hirnlosen Mensch.

Hupfdohle: eine so titulierte Tänzerin (Ballett oder Show) gibt auf der Bühne zwar ihr Bestes, wird aber aufgrund der Dubiosität ihres Berufsstandes dennoch zur Zielscheibe mißlauniger Kommentare.

Hure: mit Ehebruch (wie in der althochdeutschen Bedeutung des Wortes „huor") hat eine so titulierte Frau (Prostituierte) nicht viel im Sinn. Außerdem: derbes Schimpfwort für ein liederliches, verkommenes Frauenzimmer.

Hurenmensch: abwertende Umschreibung für ein leichtes, liederliches, verkommenes Frauenzimmer.

Hurensohn: ein übler Zeitgenosse, der nicht zuletzt wegen seiner hinterhältigen, fiesen, verdorbenen Art einen überaus schlechten Ruf genießt.

Hurgler: Die typische schwäbische Gründlichkeit, sei es im Haushalt oder bei der Lebensplanung, ist für diese Person ein Fremdwort. Mit diesem Begriff beschimpft der Schwabe einen Schlamper oder Taugenichts.

Hurwlherrla: von fränkisch für Rausch (Hurwl), blickt der so Bezeichnete gern und oft zu tief ins Glas.

Huschel: pfälzisch und abfällig für ein mannstolles Frauenzimmer.

Hüttenmadam: ein im alten Frankfurt weithin geläufiger Spottname für eine Frau, die eine Schau- oder Theaterbude besaß.

Hutzel: „Hutzel" bedeutet im eigentlichen Sinn „Tannenzapfen" oder auch „Dörrobstschnitte". Übertragen auf einen Menschen bezeichnet es auch eine alte Frau, ein gutmütiges altes Weiblein, deren Haut schon „hutzelig", also dürr und welk ist.

Hutzelmännchen: bekannt als „Heinzelmännchen", wird eine so titulierte männliche Person auch mit dem Bild eines alten, verknöcherten Männleins in Verbindung gebracht.

Huusdüvel: ein in norddeutschen Haushalten und Wohngemeinschaften gefürchteter „Hausteufel", ein unverträglicher, nervender Mitbewohner; auch zänkisches, tyrannisches Frauenzimmer; vgl. Hellhake.

Hyazinth: namentlich der Liebling Apollos und ein schöner Jüngling obendrein, kann es im ironischen Sinn auch genau das Gegenteil bedeuten.

Hypochonder: verächtlich für jemanden, dem man vorwirft, ein „eingebildeter Kranker" zu sein; jemand, der die Krankheiten buchstäblich herbeiredet.

Hysteriker: Schimpfname für einen Menschen, dem – krankhaft oder eingebildet – die Nerven durchgehen.

I

Idi: jugendlicher Jargon für Idiot.

Idiot: aus der griechischen Bezeichnung „idiotes" (Privatmann; einfacher Mensch) entwickelte Schelte für eine Person, die gemeinhin als hochgradig dumm, tölpelhaft oder als schwachsinnig gilt.

Idiotenanwärter: bedenkliche Vorstufe zum Idioten, ein herausragend törichter, alberner oder trotteliger Mensch.

i-Dipfeles-Scheißer: in Schwaben ist so jemand, der alles penibel genau nimmt und als äußert kleinlich gilt, alles andere als „gut" angesehen.

I-Dötzje: „kölsches" Idiom für einen Schulanfänger, umgangssprachlich auch als „ABC-Schütze" bekannt.

Iedelmors: abschätzige Bezeichnung aus dem Norden Deutschlands für einen eitlen, geschniegelten und gebügelten Menschen, dessen bester Freund sein eigenes Spiegelbild ist.

Iepekrätzer: besonders im Rheinland beheimateter, immerzu übelgelaunter, mürrischer, auch streitsüchtiger Zeitgenosse.

Iesenbieter: ein, im Norddeutschen wörtlich als „Eisenbeißer" verrufenes Individuum, das mit seiner prahlerischen, draufgängerischen Art bei seinen Mitmenschen aneckt.

Igel: wie das gleichnamige Tier zeigt der so Bezeichnete seinen Mitmenschen gegenüber die Stacheln. Außerdem: Schimpf- und Scheltwort für ein widerborstiges Kind.

Ignorant: abschätzig verwendete Bezeichnung für einen unwissenden, sich dumm stellenden oder überheblichen Menschen, der über seine eigenen Schwächen hinwegsieht. Eine so titulierte Person gibt sich auch viel Mühe, andere Menschen, deren Fähigkeiten zu übersehen, nicht zu beachten.

Illerpiller: besonders im Nordosten Deutschlands abfällig verwendete Bezeichnung für einen albernen, kindischen Menschen.

Ilmeddritsch: hessisch für einen schusseligen, ungeschickten, linkischen Menschen.

Indianer: saloppe Umschreibung eines Autofahrers, der mit der Straßenverkehrsordnung „auf Kriegsfuß" steht, sprich: alle Regeln mißachtet.

Individuum: abzuleiten von lateinisch „individuus" (unteilbar), im Verhältnis zur Gemeinschaft das Einzelwesen bedeutend; in der Umgangssprache verächtlich für einen Sonderling, Einzelgänger.

Inkacheler: norddeutsch für jemanden, der andere (beispielsweise Mitarbeiter) ständig antreibt, hetzt und zu mehr Leistung zwingen will.

Inkubus: ein bereits von den alten Römern gefürchteter, Alpträume verursachender Dämon; im Mittelalter bezeichnete es einen mit einer Hexe buhlenden Teufel. Demnach vereint eine so titulierte Person alle diabolischen, bösen Eigenschaft in sich.

Insuser: besonders im Nordosten Deutschlands ausgeprägte Schelte für einen Bettnässer.

Intellektueller: die abwertende Bezeichnung für einen Menschen mit höherer geistiger Bildung, oder im ironischen Sinn genau das krasse Gegenstück bedeutend: ein geistloser, einfältiger Mensch. Boshaft kann es aber auch einen hochgeistigen

Menschen bezeichnen, der weltfremd ist.

Intelligenzbestie: ein überaus kluger und begabter Mensch; mit ironischem Anstrich mag es auch das Gegenteil bedeuten.

Intrigant: verächtlich für einen unangenehmen Zeitgenossen, der sich nicht allein damit zufrieden gibt, Unfrieden zu stiften, sondern hinter dem Rücken anderer Ränke schmiedet und Zwist sät.

Invalide: in Hinblick auf rein geistige Defizite spöttisch für einen Dummkopf; auch boshaft verwendete Bezeichnung für jemanden, der umstandshalber krankgeschrieben ist.

Ipschek: Spott und Schimpf aus dem Ruhrpott für ein kleines, häßliches, schmächtiges Männchen.

Irrer: ein geistig verwirrter Mensch oder gar Geisteskranker; bezeichnend auch für einen unberechenbaren, unvernünftigen, ziellosen Menschen.

Irrwisch: meist scherzhaft oder leicht tadelnd für ein kleines, umtriebiges, ungestümes Kind.

Ische: Spott- und Schimpfname mit pfälzischem Einschlag für ein altes Weib, eine alte Schachtel.

Ischelskopp: der von einem Hessen als „Igelkopf" Bezeichnete trägt seine Haare gern kurz und stoppelkurz.

Itaker: herabwürdigende Bezeichnung für einen Italiener.

Itzeblitz: abfälliger Beiname aus dem Hessischen für einen hitzköpfigen, leicht aufbrausenden, bei jeder Kleinigkeit wütenden, Menschen.

Iwweldran: abschätzige Bezeichnung für einen unsicheren, stets mit Zweifeln behafteten Saarländer.

Iwwermiedischer: saarländische Bezeichnung für einen, wörtlich „übermütigen", leichtsinnigen Menschen, der gern und oft zur Selbstüberschätzung neigt.

Iwwezwercher: pfälzisch-mundartlich für ein absonderliches, verschrobenes Individuum.

J

Jabruder: eng verwandt mit dem „Jasager" gehört eine so titulierte Person in die Schublade der rückgratlosen, angepaßten und niemals aufmuckenden Menschen.

Jäckel: in der Verkleinerungsform von „Jakob" wird aus dem Bezeichneten eine Witzfigur, nämlich ein dummer, ungeschickter und lächerlicher Mensch.

Jackelmoors: wie der allerorts bekannte „Zappelphilipp" ein besonders unruhiger und nervöser Zeitgenosse.

Jackhals: norddeutsche Schimpfalternative für Geizhals, Geizkragen, Raffhans.

Jahnspatt: besonders im Nordosten Deutschlands abfällige Bezeichnung für einen lahmen, trägen Kerl.

Jammerbild: spöttisch oder mitleidig für eine erbärmliche Gestalt.

Jammerlappen: spöttisch für eine Person, die ebenso weich ist wie das gleichnamige Tuch, mit dem man seine Tränen abwischt. Außerdem: abfällig für einen mutlosen, weichlichen Menschen.

Jammersack: derbe Schelte für einen empfindlichen, wegen jeder Kleinigkeit jammernden, nörgelnden Menschen.

Jammertante: ausschließlich auf eine überempfindliche, wehleidige, weinerliche, weibliche Person gemünzte Schelte.

Jan-Bangbüx: friesischer Spottname für einen ängstlichen, übersensiblen, feigen Kerl.

Jandduff: pfälzischer Ausdruck für einen gerissenen Kerl, ein Schlitzohr, einen kleinen Gauner.

Jan-Düvel: im Friesischen ein, wegen seiner unfeinen Manieren, unliebsamer Zeitgenosse.

Janhagel: besonders norddeutsche, wenn auch altmodische Bezeichnung für übles Pack, Gesindel.

Jan Moike: für einen dergestalt eingebildeten, selbstgefälligen Schönling hat ein Norddeutscher nur Spott und diesen Spitzname übrig.

Jan Sachtjes: Jan, die scherzhafte Verkürzung des Vornamens Johannes, steht auch hier für eine menschliche Zielscheibe des Spotts, für einen, der „sachte", also leise auftritt – Schmittchen Schleicher oder auch Schmeichler genannt.

Jappante: eine so titulierte weibliche Person kann ihren Mund beachtlich weit aufsperren, um Luft oder besser: Gerüchte aufzuschnappen und diese wieder schnell weiterzutragen. Die friesische Mundart kennt es neben „Drüppelwief" als beliebte Schelte für ein Klatschweib.

Jappert: im Norden Deutschlands gilt eine solche Person als verweichlichter Kerl oder Jammerlappen; übertroffen in Spott und Häme nur noch von Jauelmors; vgl. Jauelmors.

Japs: abfällig verwendete Bezeichnung für einen Japaner.

Järche: gelegentlich von einem Sachsen als Schimpfwort gebrauchte, aber veraltete, Bezeichnung für einen wehleidigen und erbärmlichen Menschen.

Jauel: nicht nur Hunde können jaulen, sondern auch wehleidige, übertrieben empfindliche oder nicht beachtete Personen.

Jauelmors: vgl. Jappert; verstärkt abfällige Bezeichnung für einen jammernden, verweichlichten, auch als

„Jammerlappen" titulierten, Menschen.

Jaulsuse: vgl. Heulkachel; meist jugendlicher Jargon für eine weinerliche, empfindliche weibliche Person.

Jaust: spöttisch oder tadelnd im Ruhrgebiet für ein vorlautes, ungezogenes, freches Kind.

Jeck: besonders in den Karnevalshochburgen im Rheinland gebräuchliche Bezeichnung für einen Narren.

Jemietsmensch: in Berliner Mundart humoristisches Gepräge tragender Spitzname für einen gemütlichen, gefühlvollen, rührseligen oder auch empfindsamen Menschen.

Jeschdesmacher: pfälzisches Idiom für Sprücheklopfer, auch Possenreißer.

Jette: besonders in Norddeutschland ausgeprägte, abfällige Bezeichnung für eine einfache, einfältige weibliche Person.

Jibbsche: saarländische Verkleinerungsform für „Jäckchen" (Jüpchen), ist es als Spottname für eine mickrige, schmächtige Person bezeichnend.

Jieperkopp: vor allem norddeutsch für einen unflätigen, unzufriedenen, auch ungeduldigen Zeitgenossen.

Jochen: ein allgemein anerkanntes Spottpseudonym für einen langweiligen, durchschnittlichen Menschen; besonders beliebt und abfällig in Zusammensetzungen wie Dummer-, Baller- oder Schusseljochen.

Jodl: ursprünglich die bairische Kurzform für Jakob, ist mit dieser Schelte ein derber, grobschlächtiger Mensch gemeint.

Jokus: abzuleiten von lateinisch „iocus" (Scherz), bezeichnet es kurzweiligen Spaß. Aus der deutschen Verkürzung „Jux", wird aus einem, der immer zu Späßen aufgelegt ist, ein „Juxmacher".

Jöljapp: besonders im Nordosten Deutschlands ausgeprägte Schelte für einen lautstarken, schreienden Menschen.

Jörgel: Ableitungsform des Vornamens „Jörg", der wiederum die

Kurzform von „Georg" ist, bezeichnet „Jörgel" im vergröbernden Sinn einen bäuerlichen, also einfachen und rustikalen Menschen.

Journaille: verächtliche Bezeichnung für die sensationsgierige, rücksichtslose Zunft der Journalisten, auch derb als „Zeitungs- oder Zeilenschmierer" bezeichnet.

Jrielächer: besonders im Kölner und Düsseldorfer Raum bezeichnend für jemanden, der sich auf Kosten anderer lustig macht und gern und oft Schadenfreude demonstriert.

Juffer: im Rheinland abschätzig verwendete Bezeichnung für eine alte Jungfer.

Jüngelsche: leicht spöttische Bezeichnung aus dem Saarland für einen unreifen, auch unerfahrenen Burschen.

junger Hüpfer: saloppe Umschreibung für einen unreifen, unerfahrenen Jugendlichen oder jungen Erwachsenen.

junges Gemüse: salopper Sammelbegriff für Kinder, Jugendliche oder junge Mädchen.

Jungfer Pritschenbreit: die saloppe Umschreibung für eine Frau, die auf einer Bank oder auf einem Stuhl nicht eben damenhaft Platz genommen hat – nämlich breitbeinig und gewichtig.

Jungfer Schlurig: scherzhaft bis boshaft verwendete Bezeichnung für ein unordentliches, schlampiges Frauenzimmer.

Jungfer Schmiesi: abgeleitet von französisch „chemisette" („Mieder, Vorhemdchen"), gilt diese Spottbezeichnung also einer (alten) Junger, einer alten Frau, die eben ein solches „Schmiesi" trug.

Jungfer Zart: spöttisch oder leicht abwertend für eine gezierte, empfindliche oder mimosenhafte weibliche Person.

Jungspund: spöttisch für einen jungen Burschen, der noch unerfahren, noch „grün hinter den Ohren" ist.

Junkie: eigentlich ein Ausdruck aus dem Englischen für einen Drogensüchtigen, gilt diese Bezeichnung auch einer Person, für die eine Beschäftigung oder ein Hobby gewissermaßen zur „Sucht" geworden ist.

Jütte: friesische Bezeichnung mit abfälligem Unterton für ein altes, dummes Weibsstück; auch als „alte Schachtel" bekannt.

Juwelenkästchen: spöttische bis gehässige Bezeichnung für „Buckel", also eine Beleidigung für ein buckeliges Männchen.

K

Kaasloaberl: bairischer Spottname für eine auffallend blasse Person.

Käässchmier: saarländischer Spottname für einen blassen, (käse-)bleichen Menschen.

Käbbelfott: Spottname aus dem Ruhrgebiet für eine alberne, gern und oft zu Streichen aufgelegte Person.

Kabbes: in süd- oder westdeutschen Sprachregionen eigentlich ein Kohlkopf. übertragen auf einen Menschen, bezeichnet es wohl einen einfältigen, dämlichen oder törichten Menschen.

Kachel: wenig schmeichelhafte Bezeichnung für eine wenig liebenswürdige, zänkische, alte Frau.

Kackmeier: verbale Grobheit gegen einen Mann, ohne bestimmte Bedeutung.

Kackstefel: friesisches Idiom für „Stinkstiefel"; abfällig gegenüber einer Person gebraucht, die entweder tatsächlich stinkt wie eine Morchel oder auch den Mitmenschen wegen ihres unangenehmen Wesens im übertragenen Sinne „stinkt".

Käfer: in der Verbindung mit dem entsprechenden Adjektiv, wie etwa „hübsch", „süß" oder „flott", gilt dieser Kosename einem jungen, liebreizenden und lebhaften Mädchen.

Kaffbewohner: abfällig für Bewohner eines Dorfes oder einer Kleinstadt, die selten über ihren eigen Tellerrand schauen und deshalb als provinziell und einfach gelten.

Kaffeeschnuddelern: häufig im hessischen Raum abfällig für ein Tratschweib, das beim Kaffeekränzchen ihre Geschichten und Gerüchte in Umlauf bringt.

Kaffeeschwester: salopp-spöttische Umschreibung für eine Frau, die viel Kaffee trinkt und ständig mit einer Kaffeetasse in der Hand gesehen wird.

Kaffeetante: dieses weibliche Wesen verbindet einen gemütlichen Nachmittag bei (viel) Kaffee und Kuchen gerne mit Tratsch aus der Nachbarschaft.

Kaffer: im spöttischen oder abschätzigen Sinn für jemanden, der aus einem „Kaff", sprich: aus einem kleinen Provinznest kommt, demzufolge auch nicht weltmännisch gewandt und besonders gebildet sein kann. Spottname für einen Dummkopf oder Hinterwäldler.

Kahljager: abfällige Bezeichnung für einen Habenichts im Nordosten Deutschlands.

Kakelmors: aus dem Niederdeutschen in den Schimpfwörterfundus übernommene Bezeichnung für einen redseligen, schwatzhaften Menschen. Lautmalend für das anhaltende, eindringliche Gegackere dieser Quasselstrippe.

Käkelsnutt: ein immerzu nörgelndes Nordlicht.

Kakerlak: derbe Schelte für einen unliebsamen, widerwärtigen Zeitgenossen, der ebenso unerwünscht und unbeliebt ist wie die gemeine Küchenschabe; vgl. Küchenschabe.

Kalb: wie sich ein Kalb zum Rindvieh auswächst, hat ein so titulierter, unreifer Bursche gute Chancen, ein Hornochse zu werden.

Kalberkopp: der Bezeichnete gilt besonders im Ruhrgebiet als lächerlich unbedeutender, nicht ernst zu nehmender Mensch.

Kalbmoses: besonders im pfälzischen Raum ausgeprägter Spott- und Schimpfname für eine ausgesprochen dämliche Person.

Kaleikermaker: ein besonders im Nordosten Deutschlands ausgeprägter Spottname für jemanden, der nur Unfug im Sinn hat.

Kalle: von einem Berliner neckisch verwendete Bezeichnung für seine Freundin oder Braut.

Kaloomers: fränkisch für einen gerissenen, mit allen Wassern gewaschenen, durchtriebenen Menschen.

Kalorienbomber: die Bezeichnete ist gewissermaßen eine Beleidigung fürs Auge – dick und unförmig.

Kamel: eine Beleidigung für das „Wüstenschiff", aber dennoch eine gebräuchliche Bezeichnung für einen ausgewachsenen Dummkopf.

Kameltreiber: spöttisch oder als Schelte für jemanden, der andere antreibt und schikaniert.

Kamikaze: entweder anerkennend oder abwertend für einen, der kein Risiko scheut und alles auf eine Karte setzt.

Kamillebeudel: hessisch-mundartliche Bezeichnung für einen dümmlichen, einfältigen Menschen.

Kamuffel: in der Summe negativer Eigenschaften eines „Kamels" und eines „Muffels" eine saloppe Umschreibung für einen einfältigen, ungeschickten, dummen Menschen.

Kanaille: der italienischen Bezeichnung „cangalia" (Hundepack) entlehnt, gilt es als derbes Schimpfwort für einen schurkischen, gemeinen Menschen.

Kanake: abschätzige Bezeichnung für einen Ausländer; Gastarbeiter, meist für einen Türken.

Kanalratte: derbes Schimpfwort für eine widerwärtigen, infamen, charakterlosen Menschen.

Kanäschte: schwäbisch-abfällig für ein böses, boshaftes Frauenzimmer mit „Haaren auf den Zähnen".

Kannegießer: spöttisch für jemanden, dem unterstellt wird, „hohl wie eine Gieß- oder Zinnkanne" zu sein. Ungeachtet dessen vermag eine so titulierte Person, hauptsächlich am Stammtisch, große, wenngleich nichtssagende Reden zu schwingen.

Kannibale: mit einem, seinesgleichen fressenden Ungetüm hat diese beschimpfte Person heute nur noch eines gemein: seine rohe, barbarische und primitive Art.

Kanone: respektierliche Bezeichnung für einen tollen Kerl, jemand, der im Sport oder auf einem anderen Fachgebiet Großartiges leistet.

Kanonenstöppel: aus dem Altfrankfurter Spitznamen-Fundus für einen dicken, kurzbeinigen und gedrungenen Menschen.

Kantüffelkopp: der von einem Nordlicht so Bezeichnete hat nicht etwa einen kartoffelähnlichen Kopf, sondern gilt gemeinhin als einfältig und dämlich.

Kanzelschwalbe: Spottname für eine frömmelnde Frau und fleißige Kirchgängerin.

Kappesproduzent: saloppe Umschreibung für jemanden, der mit seinem unsinnigen Geschwätz unnötig viel Luft und die Zeit der anderen verbraucht.

Käpsele: meist anerkennend verwendete, schwäbische Bezeichnung für eine geschickte, pfiffige Person.

Kaputtnik: vorwiegend jugendlicher Jargon für einen kranken (geistig behinderten oder auch nur desorientierten) Menschen.

Kapuzinerpredigt: saloppe Umschreibung für eine kräftige Standpauke, die entweder einem betroffenen Ehemann oder Schüler gehalten wird.

Karbolmäuschen: in Anspielung auf Desinfektionsmittel, spöttisch-salopp oder als Spitzname für eine Krankenschwester.

Karfreitagsratschn: abschätzig gemeinte Bezeichnung für eine geschwätzige Frau.

Karikatur: scherzhaft bis boshaft verwendete Bezeichnung für eine lächerliche Person, die von niemandem ernst genommen wird; auch als „Witzfigur" verspottet.

Karnickel: mundartlich für „Hase", ist es als Spott- und Scheltname für jemanden zu verstehen, dem – ungeachtet dessen, ob er nun beteiligt ist oder nicht – der schwarze Peter zugeschoben wird. Ein Sünden- oder Prellbock im klassischen Sinn.

Karremensch: besonders im Schwäbischen mißbilligend für eine Frau, bei der Männer leichtes Spiel haben.

Karrieremacher: verächtlich für eine nach Erfolg, Aufstieg und gesellschaftlicher Anerkennung gierende Person; stark abschätzig für einen unangenehmen Streber, der seine Karriere mit allen Mittel vorantreibt.

Kartoffelkopf: umgangssprachlich für Dummkopf.

Karwenzelmann: spöttisch oder als Schelte für einen Mann, der jedem Rockzipfel nachjagt.

Käsbauch: schwäbischer Neck- und Spottnamen für einen dickleibigen Menschen; Dickwanst.

Käsblättle: schwäbisch-abfällige Umschreibung für eine niveaulose Lokalzeitung.

Kaschemme: im abwertenden Sinn für ein übles Wirtshaus oder Kneipe, die man der Laufkundschaft sicher nicht empfehlen kann.

Käsekopf: vgl. Dummkopf; Spottname für einen, der nur „Käse", sprich Unsinn, von sich gibt.

Käsemauken: wörtlich: Käsefüße; wer im Ruhrgebiet als deren Träger ausgemacht wird, sollte seine Schuhe besser anbehalten.

Kasernenbraut: veralteter Scheltname für ein Mädchen oder eine junge Frau, die in einer Kaserne, sprich bei den Soldaten, ein und aus geht.

käserner Engel: spöttisch oder gehässig für ein Mädchen mit einer blassen, bleichen oder ungesunden Gesichtsfarbe.

Kasper: wie gleichnamige, besonders bei Kindern beliebte Figur aus dem Puppentheater, dient auch eine so titulierte Person der Volksbelustigung.

Kastrat: boshaft für einen energielosen, schüchternen oder zaghaften Liebhaber; auch spöttisch für einen impotenten, nicht mehr zeugungsfähigen oder gar entmannten Mann.

Katömmelchesnas: wörtlich: Aprikosennase; Spott und Häme im Rheinland für jemanden, dessen Gesicht dergestalt beschrieben wird.

Kattunprinzeß: Spottname für eine Dame, die nicht fein in Samt und Seide, sondern in billigeren, dünnen Baumwollstoff gekleidet ist.

Katzbuckel: umgangssprachlicher Spottname für einen liebesdienerischen, schmeichelnden Menschen.

Katzbuckler: ähnlich dem „Götzendiener" oder „Jasager", gilt diese Beleidigung einer überaus unterwürfigen Person.

Katzlmacher: Scheltname aus dem Österreichischen für den italienischen Nachbarn.

Katzuff: pfälzisch ausgesprochene Berufsschelte für einen Vertreter der Fleischerinnung.

Kauderwelscher: scherzhaft-spöttisch für jemanden, der sich undeutlich oder schwerfällig artikuliert, unverständliches oder verworrenes Deutsch (oder eine andere Muttersprache) spricht.

Kaueldöse: aus dem Niederdeutschen für eine unermüdlich „kaudernde", also schwatzhafte weibliche Person.

käufliches Subjekt: derbe Beleidigung für jemanden, dem vorgeworfen wird, Bestechungsgelder eingesteckt zu haben.

Kauz: mit dem treffenden Adjektiven wie „komisch" oder „sonderbar" ergänzt ist dieser Begriff spöttisch für einen absonderlichen Menschen gemeint, der aus dem Rahmen fällt.

Kebsweib: abzuleiten von altdeutsch „kebisa" (Beischläferin), bezeichnet es im abschätzigen Sinn ein liederliches Frauenzimmer oder eine Geliebte von zweifelhaftem Ruf.

Keerlfru: besonders norddeutsch, abfällig verwendete Bezeichnung für ein „Mannweib", eine Frau mit burschikosem Auftreten.

Kehrbirscht: die im Saarland so Bezeichnete (zu hochdeutsch: Kehrbürste) wird als emsige Hausfrau zur Zielscheibe des nachbarschaftlichen oder männlichen Spotts.

Kehrschelhannes: wie sein weibliches Gegenstück, die „Kehrschel-Katherine", nimmt es diese männliche Person mit der Sauberkeit nicht so genau. Demnach paßt auf ihn auch der Begriff „Schmutzfink".

Kehrschel-Katherine: seltene, aus dem Hessischen stammende, spöttische oder abwertende Bezeichnung für eine schmutzige, unordentliche weibliche Person.

Keib: aus dem Mittelhochdeutschen „keibe" (Aas) auf einen Menschen übertragene Schelte, die seine infame, hinterhältige Art bezeichnet.

Keifzange: besonders im süddeutschen Raum abfällig verwendete Bezeichnung für ein keifendes, zänkisches, boshaftes Weibsstück.

Kennelbrunsern: scherzhaft bis spöttische Bezeichnung aus dem Hessischen für ein schlacksiges Mädchen.

Keppelweib: Spott- und Scheltname für ein unsympathisches, unfreundliches und unverträgliches Frauenzimmer.

Kereleske: die saloppe Umschreibung aus dem Niederdeutschen für ein energisches, resolutes oder gar gewalttätiges Weibsstück, das sich oft auch den Schimpfnamen „Mannweib" gefallen lassen muß.

Kerschelbauer: hessisch („Kerschel" bedeutet Krempel) für einen Landwirt mit einem schlampigen, unaufgeräumten Hof; auch Berufsschelte für einen Müllmann.

Kessmichel: norddeutsch für ein dummdreisten und einfältigen Menschen.

Kibbelsnuut: friesischer Spott- und Scheltname für einen kleinkarierten, engstirnigen Menschen.

Kichererbse: die saloppe Umschreibung für eine junges, albernes, oftmals grundlos kicherndes Mädchen.

Kieberer: gaunersprachlich für jemanden, der beim Kartenspiel anderen neugierig über die Schulter in die Karten spitzelt, auch schummelt.

Kiebitz: eigentlich eine Vogelart, bezeichnet es im scherzhaften oder auch abwertenden Sinn einen Menschen, dessen Blick scheel und schief oder seine Augen schlecht sind.

Kiekindiewelt: scherzhaft oder leicht tadelnd für ein kleines Kind, in manchen Fällen gilt es auch einem unerfahrenen, unreifen Menschen.

Kiekut: dem wachsamen, neugierigen Auge dieser, meist in Hansestädten beheimateten, Spezies der „Fenstergucker" entgeht nichts und niemand.

Kielschwein: in der Seemannssprache für jemanden, der mangels freier Sitzplätze im Ruder- oder Segelboot mit einem Platz auf dem Boden, also über dem Kiel, vorliebnehmen muß.

Kiesat: mißbilligend konstatiert der Berliner einen „schleckigen", sprich: wählerischen oder pingeligen Esser, der im Teller nach „Eßbarem" herumstochert oder eine Mahlzeit wieder zurückgehen läßt.

Kiffer: im jugendlichen Jargon einer, der in der einschlägigen Szene als Haschischraucher bekannt ist.

Kiffke: wer im Niederdeutschen wie ein Hund „kiffken", also bellen kann, gilt in den Augen eines Spötter als Großmaul oder Vielschwätzer. Treffend für eine so titulierte Person: „Hunde, die bellen, beißen nicht".

Killefitt: wie „Kokolores" oder „Kinkerlitzchen" universell einsetzbarer Ausdruck im Ruhrgebiet für allerlei belangloses, dummes Zeug.

Killer: aus dem Englischen übernommene Bezeichnung für einen kaltblütigen, mordlüsternden Menschen. Als Spottname kann es auch das Gegenteil, einen lächerlich harmlosen, schwächlichen Kerl, bezeichnen.

Kilometerfresser: unter Autofahrern saloppe Umschreibung für einen, der schnell und lange Strecken fährt.

Kimmichspalter: „Haarspalterei" gehört zu den hervorstechenden Eigenschaften dieser im Schwäbischen als Geizhals verrufenen Person.

Kinderschreck: Spott- und Scheltname für eine häßliche, widerwärtige Person, deren Aussehen und Verhalten Kindern einen Schrecken einjagt; auch für jemand, der eine Abneigung gegen Kinder hat.

Kindskopf: saloppe Umschreibung für einen albernen, kindischen Menschen.

Kind und Kegel: saloppe Umschreibung, manchmal auch im abfälligen Sinn, für die gesamte Familie, die Verwandtschaft.

Kipf: eher liebevolle, meist von Eltern für Kinder verwendete Bezeichnung aus dem Schwäbischen für „Dummerchen".

Kippenjäger: jemand, der es nötig hat, jeder Kippe auf der Straße nachzujagen, kann getrost auf die gleiche Stufe mit dem Lumpensammler gestellt werden. Im abschätzigen Sinn für einen armen Schlucker, Tropf.

Kippenquäler: saloppe Umschreibung für einen gierigen, verbissenen Raucher.

Kirchenlicht: jemand, dem unterstellt wird, er sei kein großes Kirchenlicht, ist demzufolge kein heller, sondern vielmehr ein Dummkopf.

Kirschenhaken: eine früher geläufige Bezeichnung für einen speziell zum Kirschenpflücken zurechtgeschnittenen Ast, bezeichnet es, auf den Menschen übertragen, wohl eine stark ausgeprägte, hervorspringende Nase, die ihrem Träger kaum zur Zierde gereichen dürfte.

Kitschier: was eine so titulierte Person unter dem Deckmantel der künstlerischen Arbeit auch anfaßt – es kann bestenfalls mit dem Prädikat „wertlos" oder „minderwertig" ausgezeichnet werden.

Kiwweler: besonders saarländisch für einen unsympathischen, streitsüchtigen, reizbaren Mann.

Klabauter: wie der sprichwörtliche Elefant im Porzellanladen poltert eine derart bezeichnete, ungehobelte, rücksichtslose Person auf Gefühl und Nerven anderer herum.

Klachmudder: die abschätzige Bezeichnung aus dem Frankenland für ein jammerndes, klagendes Weibsstück.

Klacks: besonders in Norddeutschland ausgeprägter Spottname für eine schmächtige, hagere – gemeinhin auch als „halbe Portion" bezeichnete – Person.

Klaffte: mißbilligend aus dem Niederdeutschen für eine heimtückische Person, die anderen übel nachredet, hinter dem Rücken anderer lästert und verleumderische Reden schwingt.

Klammeraffe: scherzhaft bis abwertend verwendet für einen Menschen, der sich an andere, vorzugsweise an den Partner, festklammert; abfälliger Beiname im Sinne von „jemanden einengen".

Klamottenrat: scherzhafte bis boshafte Berufsschelte für einen Beamten oder Büroangestellten.

Klapperfeldgeschworener: saloppe Umschreibung aus einem Altfrankfurter Fundus der Spitz- und Schimpfnamen für einen Verbrecher, Gauner, Schlitzohr. Das sogenannte „Klapperfeld" bezeichnet außerdem den Standort eines Untersuchungsgefängnisses.

Klappergestell: weit gehässiger als „Bohnenstange" bezeichnet dieser Spottname eine hagere, dürre Gestalt.

Klapperschlange: derbe Schelte für ein geschwätziges, hinterhältiges, boshaftes Frauenzimmer.

Klapskalli: beinahe liebevolle, selten spöttisch gemeinte Bezeichnung für einen leicht verrückten, einfältigen, aber harmlosen Menschen.

Klapsmühlenkandidat: saloppe Umschreibung für jemanden, der wegen seiner leicht verrückten, ungewöhnlichen oder weltfremden Art gute Chancen hat, als unzurechnungsfähig zu gelten.

Klassenkasper: vorwiegend im Schülerjargon einer, der sich vor der ganzen Klasse zum Narren macht, oder permanent als Spaßmacher den Unterricht stört.

Klatschbase: Schelte für eine geschwätzige, neugierige weibliche Person; vgl. Rätsch.

Klätschmiebes: rheinisches Idiom für Triefauge; als Spottname für einen Menschen mit triefenden Augen, ebenso wie für einen ausgesprochenen Langweiler.

Klatte: abzuleiten von mittelhochdeutsch „klette", bezeichnet es im abschätzigen Sinn eine aufdringliche, primitive weibliche Person, die – anhänglich wie eine Klette – kaum mehr abzuschütteln ist.

Klau-Ede: wie sein weibliches Gegenstück, die „Klau-Else", läßt diese Person mit flinken Fingern alles mitgehen, was nicht niet- und nagelfest ist.

Klawatsch: Scheltname aus dem Hessischen für eine neugierige, geschwätzige weibliche Person, die alles ihr Zugetragene ausplaudert, breittritt und prompt weitererzählt.

Klebscheibe: eng verwandt mit der „Klette", gilt auch eine so titulierte Person als unangenehm anhänglich, aufdringlich und mit gutem Sitzfleisch ausgestattet.

Kleckerfritze: wie sein weibliches Pendant, die „Kleckerliese", eine unmanierliche, ungeschickte Person, die beim Essen kleckert.

Kleeskopp: hessisches Idiom für Dummkopf.

Klefflescheißer: besonders im schwäbischen Raum ausgeprägter Spott- und Scheltname für einen Großredner, Wichtigtuer.

Kleiderständer: saloppe Umschreibung für eine magere, hochgewachsene Person; auch abschätzig für einen auffällig zurecht gemachten, geckenhaften Menschen, der modisch immer „up to date" ist.

kleiner Fisch: eine, besonders im Beruf, ohne Kompetenzen und Einfluß ausgestattete, lächerlich unbedeutende Person.

kleiner Knoddel: die kosende oder neckende Bezeichnung für ein kleines Kind männlichen oder weiblichen Geschlechts.

Kleinigkeitskrämer: abwertend für einen kleinlichen, kleinkarierten, pedantischen oder auch engstirnigen Menschen, der sich nur allzu oft in Nebensächlichkeiten verliert.

Kleinstädter: spöttisch bis abwertend für jemanden, der als kleinbürgerlich und provinziell angesehen wird.

Kleipott: der von einem Hamburger so Bezeichnete wird wegen seines schmuddeligen, schmutzigen und schlampigen Äußeren meist im großen Bogen umgangen.

Kleisterkopf: saloppe Umschreibung für einen Dummkopf.

Klemmi: ausschließlich jugendlicher Jargon für einen verbissenen, verklemmten, schüchternen Menschen.

Klepper: spöttisch bis boshaft für jemanden, der alles andere ist, als eine robuste „Roßnatur" – nämlich alt und gebrechlich.

Kleptomane: einem meist krankhaften Trieb folgend, muß eine so titulierte Person einfach Dinge mitgehen lassen, die ihr nicht gehören.

Klette: saloppe Umschreibung für eine lästige, aufdringliche Person, die man nur schwerlich wieder los wird.

Klinkenputzer: verächtlich für einen Vertreter oder eine ärmliche Person, die an der Haustüre um ein Almosen bettelt.

Klitschkopp: Schimpfname oder spöttisch im Ruhrgebiet für einen ungekämmten, schlampigen Zeitgenossen.

Klitzke: verächtlich aus dem Mund eines Friesen über eine putzwütige Frau.

Klob: abgeleitet vom schwäbischen „Kloben" (grober Holzscheit), bezeichnet das Schimpfwort einen rauhen, ungehobelten Menschen.

Klockerflicker: norddeutsche Berufsschelte für einen Uhrmacher.

Kloifel: derbe Schelte eines Bayern für einen flegelhaften, ungezogenen oder auch vorlauten Burschen, der nicht selten auch eine Meinungsverschiedenheit mit der Faust regelt.

Klopper: umgangssprachlich „verkloppen" bedeutet, jemanden windelweich zu hauen; gebräuchliche Bezeichnung für einen brutalen und bedenkenlosen Schläger.

Kloppfischer: „Kloppfische" ist ein beinahe in Vergessenheit geratener Ausdruck für „Schläge, Haue". Immer noch in Gebrauch ist der „Kloppfischer", eine saloppe Umschreibung für jemanden, der Schläge oder Ohrfeigen austeilt, also andere „verkloppt".

Klops: Spottname für eine Person, die wegen ihrer üppigen Körperfülle einem Fleischbällchen ähnelt.

Klöterbüx: besonders im Norden Deutschlands ausgeprägte Schelte für einen unsteten, unruhigen, nervösen Menschen. Vergleichbar mit dem Begriff: „Zappelphilipp".

Klugschieter: ein norddeutsches Schimpfwort für einen, der meint, alles besser zu wissen und andere oberlehrerhaft bevormundet; auch Klugsnacker genannt; vgl. auch Klugschwätzer.

Klugschwätzer: vgl. Klugschieter; eine solche Person redet nicht nur vermeintlich klug daher – sie hält sich auch für besonders schlau und gebildet. Als noch derberes Schimpfwort ist auch „Klugscheißer" gebräuchlich.

Klüngel: dem Zusammenhalt einer „Clique" nicht unähnlich, bezeichnet „Klüngel" doch eher die unsichtbaren und verschworenen Bande, die Gleichgesinnte miteinander verbinden.

Klüngelganove: die eigene Unzulänglichkeit zwingt diese Person, sich an die Fersen anderer, einflußreicher und erfolgreicher Menschen zu heften, um es im Leben zu etwas zu bringen.

Klunthacke: Spottname aus dem Niederdeutschen für einen plumpen, ungeschickten und unbeholfenen Menschen, dem auch unterstellt wird, er habe zwei linke Hände.

Kluntje: die norddeutsche Schelte für einen tolpatschigen, (besonders handwerklich) ungeschickten Menschen.

Knaatschühl: „kölsch" für eine weinerliche Frau.

Knackbüdel: norddeutsches Idiom für Schlafmütze; abfällig für eine (auch geistig) träge Person.

Knakenbrääker: vorwiegend in nordöstlichen Gegenden Deutschlands mißbilligend für jemanden, der Meinungsverschiedenheit mit den Fäusten austrägt. Wörtlich: Knochenbrecher.

Knallfrosch: beim Silvesterfeuerwerk sorgt dieser kleine Feuerwerkskörper für Knalleffekte – umgangssprachlich steht er auch als Schimpfwort für eine „durchgeknallte", sprich verrückte, Person.

Knallkopf: Spottname für jemanden, dem vorgeworfen wird, er habe „einen Knall", also als leicht verrückt oder durchgedreht angesehen wird.

Knallprotz: verächtlich verwendetete Bezeichnung für einen unangenehmen, widerlichen, weil mit seinem Erfolg, seinem Geld und seiner „Unsterblichkeit" protzenden, Zeitgenossen, der damit anderen Menschen gehörig auf die Nerven geht.

Knalltüte: saloppe Umschreibung für eine etwas verrückte, verschrobene, überdrehte Person.

Knastvogel: saloppe Umschreibung für jemanden, der hinter Gittern sitzt.

Knauserer: Scheltname für einen geizigen, überaus sparsamen Menschen, der sich selbst noch das Brot vom Mund abspart. Im abschätzigen Sinn für einen Geizkragen.

Kneifer: spöttisch oder als Schelte für eine feige Person.

Kneisterpott: Schimpfname im Ruhrgebiet für jemanden, der es sich mit seiner ewigen Nörgelei und miesepetrigen Laune mit seinen Mitmenschen verscherzt hat.

Knelfn: fränkisch-abschätzig für jemanden, der die ihm anvertrauten Neuigkeiten unter dem Deckmantel des Schweigens anderen anvertraut, besser gesagt: ausposaunt.

Kneppdräher: ein im Saarland als „Knöpfedreher" beschimpfter Geschäftsmann genießt einen überaus zweifelhaften Ruf.

Knewwersack: besonders in der Pfalz abschätzig verwendete Bezeichnung für einen notorischen Nörgler, Miesepeter.

Knickata: ein bairisches Idiom für Geizkragen, Raffhals, Knauserer.

Kniebohrer: seine Säbelbeine machen den Bezeichneten zu einer beliebten Zielscheibe des Spotts.

Kniebstiebel: seine geizige und sparsame Art machen den Bezeichneten im Ruhrgebiet in der Regel äußerst unbeliebt.

Knieker: norddeutsches Idiom für Geizhals; Schimpfwort für einen knickerigen, sprich übertrieben sparsamen Menschen.

Knieper: norddeutsch für „Kneifer", sprich einen, der sich gerne vor Arbeit oder kitzligen Situationen drückt.

Knieptang: norddeutsch für jemanden, der sich gern und oft mit Kleinigkeiten aufhält; bei seinen Mitmenschen ebenso unbeliebt wie der ähnlich kleinkarierte „Klötenhannes".

Knierutscher: im spöttischen oder auch verächtlichen Sinn für einen devoten, unterwürfigen, rückgratlosen Menschen, der sich selbst verleugnet. Harmlos tadelnd auch für einen liebestrunkenen, selbstvergessenen Mann oder auch als boshafte Anspielung auf einen frömmelnden Katholiken zu verstehen.

Kniesbüggel: das besonders geizige, sparsame Exemplar eines Rheinländers.

Knieserkopp: norddeutsches Idiom für Geizhals, Knauser; ebenfalls mit dem „Knickerhannes" verwandt.

Knilch: spöttisch oder als Spitzname für einen kleinen, schmächtigen, albernen oder schrulligen Kerl.

Knirps: kosend oder leicht tadelnd für einen kleinen, lebhaften Jungen, oder bezeichnend für einen Mann mit zwergenhaftem Wuchs. Letzteres hat keinerlei boshaften oder hämischen Akzent.

Knisterfister: besonders im Düsseldorfer Raum abfällige Umschreibung für einen Geizkragen.

Knöärer: ein fränkisches Idiom für Nörgler; einer, der über alles und jeden meckert.

Knoblauchfresser: derbe Schelte für einen, unangenehm nach Knoblauch riechenden Menschen. Von dumpfen Rassisten heute leider auch gerne für südländische Ausländer verwendet.

Knochenklempner: Berufsspott für einen Chirurgen; auch als „Knochenschuster" oder „Knochenschlosser" verrufen.

Knodderbicks: hessisch für ein nörgelndes, zeterndes Eheweib.

Knodderer: dieser unsympathische Pfälzer läßt an nichts und niemanden ein gutes Haar.

Knökenjan: Spottname für eine dürre Person, bei der man nach Ansicht eines Hamburgers die Knochen (Rippen) zählen kann.

Knolle: scherzhafte Bezeichnung für eine kleine, dralle, plumpe Person.

Knollfink: abwertend verwendete Bezeichnung für einen Schlamper, Schmierfink oder auch jemanden, der nur Pfusch, also schlechte Handarbeit abliefert.

Knollmichel: grobe Bezeichnung, vorwiegend in ländlichen Regionen anzusiedeln, für eine einfache, einfältige oder grobschlächtige männliche Person.

Knorweler: Scherz- und Spottname aus dem Hessischen, abgeleitet von der volkstümlichen Bezeichnung „Knorwel" für Branntwein, für einen Schnapstrinker.

Knorzer: neben dem mundartlichen Wort „knorzen" für „abmühen" oder „knausern" kennt der Schimpfende noch den Scheltnamen „Knorzer", mit dem er einen lächerlich kleinen, knorrigen Kerl bezeichnet.

Knotterpott: Schelte in der Rheinmetropole Köln für einen notorischen Nörgler.

Knubbel: meist scherzhafte, verniedlichende Bezeichnung für eine kleine, mollige, untersetzte Person.

Knuffer: mißbilligend verwendete Bezeichnung für eine unsanfte Person, die gegen andere Knüffe, Stöße oder Hiebe austeilt.

Knurrhahn: mißbilligend für einen miesepetrigen, mürrischen, griesgrämigen Zeitgenossen.

Knüsel: Spott- und Scheltname für einen unsauberen Menschen, der nur wenig von Hygiene und Ordnung hält.

Knutscher: scherzhaft-spöttisch oder leicht abwertend verwendete, umgangsprachliche Bezeichnung für eine Person männlichen oder weiblichen Geschlechts, die ihren Partner heftig liebkost.

Knuutfüsterer: der von einem Hamburger so Bezeichnete gibt sich nach außen hin knallhart und schlagkräftig – in Wirklichkeit macht er sich bei „Gefahr in Verzug" aus dem Staub.

Kodderschnauze: verächtliche Bezeichnung für jemanden, der hinter dem Rücken anderer immer über seine Mitmenschen lästert und zu Intrigen anstiftet.

Ködelkacker: derbe Schelte für ein penibles, engstirniges, kleinkariertes Nordlicht.

Koetelstöter: die friesische Mundart nennt diesen lächerlich unbedeutenden, feigen und schwächlichen Menschen in einem Atemzug mit

„kötel", im Mittelhochdeutschen unter anderem auch Schafsmist bedeutend. In den Augen eines Spötters kann eine so titulierte Person, die sich an Schwächeren vergreift, nicht bestehen.

Kokoloresheini: außer mit Schaumschlagen und großspurigem Gehabe kann sich der Beschimpfte mit keinen weiteren nennenswerten Qualitäten brüsten.

Kokotte: abzuleiten vom französischen Hühnchen (cocotte); eine Halbweltdame, eine bessere Dirne, die sich mit der Attitude einer feinen Dame, mit Luxus und einer vorgetäuschten Kultiviertheit schmückt.

Kollerer: Scheltname für jemanden, der zu lautstarken und jähzornigen Wutanfällen oder Wutausbrüchen neigt.

Komiteewanze: Spottname für jemanden, der aus Profilierungssucht und Eigennutz in Vorstandsgremien von Vereinen sitzt.

Kömmbruder: der hanseatische „Kümmelbruder" schimpft sich in anderen Sprachregionen „Trunkenbold" oder „Saufnase".

Kommißstiefel: veralteter Spott- und Scheltname aus der Soldatensprache für einen grobschlächtigen, ungehobelten oder unmanierlichen Kerl, Klotz.

Komposti: besonders von Jugendlichen bevorzugter Spottname für einen Erwachsenen oder betagten Menschen.

Konfusi: jugendlicher Jargon für eine verworrene, wirrköpfige Person.

Konfusionsrat: scherzhaft-saloppe Umschreibung für einen verwirrten, zerstreuten Menschen, der überall eine Spur von Chaos und Unordnung nach sich zieht.

Konixl: in diesem bairischen Spott- und Schimpfnamen steckt ein hochdeutscher „Nichtskönner" und Taugenichts.

Konsorten: abzuleiten von den lateinischen Schicksalsgenossen „consortes"; besonders Redner greifen gern auf diese Bezeichnung zurück, wenn es gilt, unwichtige oder unsympathische Menschen nicht direkt anzusprechen, in die Rede einzubinden, sondern geschickt zu übergehen.

Konsumscheißer: derbe Schelte für einen rein materialistisch denkenden, eingestellten Menschen.

Koofmich: Spottname für einen Berliner Kaufmann.

Körbsennoors: ein kleiner, dicker und gemütlicher Mensch auf Plattdeutsch.

Korinthenkacker: vgl. Federfuchser, Nudldrugga; ob nun Krümel (Krümelkacker) oder Rosinen – ein solcher Mensch ist bei seinen Kollegen und Mitmenschen wegen seiner kleinkarierten und pedantischen Art unbeliebt.

Körnerfresser: Spottname für einen, auf dessen Speiseplan Müsli und Vollkornprodukte stehen.

Kosmopolit: respektierliche, teils auch leicht abwertende, Bezeichnung für eine weltmännische, vielgereiste, gebildete Person. Auch kann ein Schwärmer oder politischer Traumtänzer gemeint sein.

Köter: verächtliche Bezeichnung für Hund; Kläffer.

Kotzbrocken: in den Augen seiner Mitmenschen gilt diese, mit einer Vielzahl negativer Eigenschaften ausgestattete, Person, als überaus widerlich und abstoßend.

Krabbe: beinahe liebevolle, auch leicht spöttische Bezeichnung aus Hamburg und Umgebung für ein etwas einfältiges, aber attraktives und liebreizendes Mädchen.

Krackel: ursprünglich ein gabelförmiger Ast zur Stütze von Obstbäumen, gilt der Ausspruch „der hat eine Krackel im Kopf" einem, der einen „Schuß" oder einen „Sparren" hat. Jemand, der sich jedoch Krackel schimpft, gilt als eingebildet, hochnäsig oder arrogant.

Krädscher: Schimpfname im hessischen Raum für einen, der immerzu über alles und jeden meckert.

Kraftlackel: besonders im bairischen ausgeprägte Schelte für einen gleichermaßen kräftigen wie einfältigen Mann, der mit seiner körperlichen Stärke angibt.

Kraftprotz: spöttisch für einen Mann, der vor Kraft strotzt, auch mit seinen körperlichen Kräften prahlt.

Krakeeler: abgeleitet von Krakeel, der umgangssprachlichen Bezeichnung für Lärm, Unruhe; Schimpfwort für eine vorlaute, schreiende oder streitende Person.

Krämer: vormals ein Kleinwarenhändler oder Besitzer eines „Tante-Emma-Ladens", gilt in seiner heutigen Bedeutung einem kleinkarierten, engstirnigen, peniblen Menschen, der zuweilen auch verächtlich „Krämerseele" genannt wird.

Krampe: in den Augen einer Sportskanone aus dem Ruhrgebiet gilt der Beschimpfte als Versager auf der ganzen Linie.

Krampfadergeschwader: in der Jugendsprache spöttisch für eine Gruppe älterer Frauen (oder Seniorinnen) auf Sonntagsausflug.

Krampfbolle: vorwiegend in Franken und in Schwaben ausgeprägter Spott- und Scheltname für einen Großtuer, Großredner, Aufschneider.

Krampfhenne: derbe Schelte für eine verbissene, auch verkrampfte weibliche Person.

Kramser: Spitz- und Scheltname für jemanden, der stets etwas in Schubladen oder Regalen zu suchen oder herumzuräumen hat. Nicht selten wird einer so verspotteten Person ein übertriebener, wenngleich unsystematischer Ordnungsfimmel oder der Hang zu nutzloser Tätigkeit nachgesagt.

Krapfen: besonders in Verbindung mit dem Adjektiv „häßlich", ein derbes Schimpfowrt für ein unattraktives Frauenzimmer.

Krätscher: Scheltname für eine Person männlichen Geschlechts, die ständig vor sich hin schimpft und meckert.

Krattler: mundartlich-bairisch für einen ziehenden Händler, für fahrende Leute.

Kratzbürste: wenig schmeichelhafte Umschreibung für ein widerborstiges, boshaftes Frauenzimmer.

Krauter: im eigentlichen Sinn scherzhaft-spöttisch für einen Landwirt oder einen Gärtner, der Unkraut bejätet. Als Scheltname gilt es einem absonderlichen, verschlossenen oder alten Menschen.

Krautstampfer: nicht zu verwechseln mit stählernen Fußballerbeinen, sind so titulierte Waden nicht gerade eine Augenweide; vgl. Stampfa.

Krawallbotz: rheinisch (kölsch) für einen hitzigen, zänkischen, provokanten, streitsüchtigen Menschen.

Krawallo: vorwiegend jugendlicher Jargon für einen streitsüchtigen, randalierenden, lärmenden Zeitgenossen; genießt auch als Krawallbruder, Krawallmacher, Krawalltüte oder Krawallkopf einen überaus schlechten Ruf; vgl. weibliches Pendant „Krawallschachtel".

Krawallschachtel: vgl. Krawallo; Schimpfwort für ein zeterndes, lärmendes, streitsüchtiges Weibsstück, das einem „Krawallbruder" kaum nachsteht.

Kraweler: abwertend oder mißbilligend für jemanden, der gern an Mädchen oder Frauen herumtatscht, fummelt oder sie aufdringlich begrabscht.

Kreatur: im eigentlichen Sinn ein Geschöpf, ein Lebewesen bezeichnend, dient es heute auch der abschätzigen Bezeichnung eines Menschen, der sich durch eine Vielzahl schlechter Eigenschaften auszeichnet.

Krebser: spöttische bis boshafte Bezeichnung für einen, der sich abmüht.

Kredithai: eine solche Person gewährt anderen Kredit, jedoch zu haarsträubenden Bedingungen.

Kreih: wörtlich: Krähe; die von einem Hamburger so Bezeichnete genießt als streitsüchtiges, zänkisches, boshaftes Weibsstück bei ihren Mitmenschen einen schlechten Ruf.

Krenreißa: im Österreichischen verächtlich für einen Aufschneider und Wichtigtuer.

Krethi und Plethi: humoristisches Gepräge tragende Zusammenstellung, die eine bunte, willkürlich zusammengewürfelte Schar Menschen bezeichnet, die auf den ersten Blick überhaupt nicht harmonieren.

Kretin: abwertend oder als Schimpfname für eine Person, die einem Dummkopf oder Tölpel gut und gern das Wasser reichen kann.

Kribbscher: abzuleiten vom mundartlichen „gribbschen" (greifen), gilt diese Schelte im abschätzigen Sinn einem Langfinger oder Dieb.

Krickvolk: eine früher geläufige Berufsschelte aus dem Hessischen für „das Volk der Krugleute", also den Verkäufern von steinernen Krügen und irdenem Geschirr. Als derbes Schimpfwort bezeichnet es, gemünzt auf den einzelnen oder die gesamte Gruppe, rohes oder gar niederes Pack, Gesindel.

Krinthenschieter: ein „Korinthenkacker" auf Plattdeutsch; zu hochdeutsch: ein kleinlicher, penibler Mensch; siehe auch „Erbsenzähler".

Krippenbeißer: im eigentlichen Sinn ein störrisches Pferd, gilt es als grobe Schelte einem zänkischen, streitsüchtigen oder fiesen Menschen.

Krischer: ein pfälzisches Idiom für Schreihals.

Krischperl: ein besonders in Süddeutschland beliebter Spottname für einen schwächlichen, schmächtigen oder kleinen Menschen.

Kritikaster: mißbilligend für jemanden, der ungefragt und haltlos an allem und jedem herumkrittelt, also ständig nörgelt und alles in den Schmutz zieht.

Kropptüch: in Norddeutschland abschätzig für wertlosen Plunder verwendete Bezeichnung, die auch als Schimpfname für das „einfache Volk" (lateinisch: „plebs") einsetzbar ist.

Krösus: eine auf einen reichen und glücklichen Menschen gemünzte Bezeichnung, die den Schimpfer oder Spötter in einem schlechten, weil von Neid erfüllten, Licht erscheinen läßt.

Kröte: Schimpfwort für einen, der nicht nur widerlich aussieht, sondern auch noch überaus unsympathisch ist; auch abfällig für ein unmögliches Mädchen.

Krott: eher verniedlichend aus dem Schwäbischen für ein freches, keckes Kind.

Krottepetzer: rheinisch für ein schmuddeliges Gassenkind.

Krötzen: vorwiegend im Ruhrgebiet verwendeter Kosename für ein kleines Kind.

Krücke: auf eine so titulierte Person stützt sich sicher niemand – sie gilt gemeinhin als Niete, Versager und Nichtskönner. Auch ein Spott- und Scheltname für einen schmächtigen, gebrechlichen Menschen.

Krümel: als winzig, unscheinbar oder unbedeutend wie ein Brotkrümel bezeichnet zu werden, trifft einen kleinwüchsigen Menschen empfindlich. Ein Kind dagegen wird es eher als Kosename verstehen.

Krümelmonster: tadelnd oder als Spottname für ein kleines, vorlautes, freches Kind.

Krümelsucher: wer ständig „in Krümeln sucht", gilt in den Augen des Spötters als kleinlicher, pedantischer Mensch, der sich auch gern in nichtsnutzigen oder sinnlosen Tätigkeiten verliert.

Krummnase: spöttisch für eine Person mit einer schiefen, krumm gewachsenen, häßlichen Nase.

Krupsch: abgeleitet von „Kropf", Spott- und Scheltname aus dem Hessischen für einen häßlichen, verunstalteten Menschen.

Kruzifix: unter bairischem Himmel einer der meistgebrauchten, variabel einsetzbaren Flüche.

Küchenfee: wohlwollende, anerkennende Bezeichnung für eine fleißige Köchin, die „gute Seele" der Küche. Ihr unangenehmes Gegenstück schimpft sich „Küchendragoner" und führt ein strenges Regiment über die Bediensteten.

Küchenschabe: vgl. Kakerlak; wie gleichnamiges Krabbeltier und Störenfried in der Küche, wird auch eine so titulierte Person als unliebsamer Zeitgenosse empfunden.

Kuddebrunzer: derbes Schimpfwort mit pfälzischer Einfärbung für einen Geistlichen – vorzugsweise einen Mönch.

Kuddelmuddel: nennt der Spötter ein wildes Durcheinander, für das er sich ausnahmsweise nicht verantwortlich zeichnet.

Kuh: in erster Linie eine Beleidigung für den Milchlieferanten, in zweiter Instanz abwertend für eine alte, häßliche oder mit anderen negativen Eigenschaften ausgestattete weibliche Person, mit der man keinen Staat machen kann.

Küken: verniedlichend für den jüngsten Sproß (Nesthäkchen) in der Familie; leicht spöttisch auch für ein junges, unerfahrenes Mädchen.

Kuli: in Fernost ein Lastenträger, bezeichnet es in unseren Landen einen anspruchslosen, ungelernten Hilfsarbeiter, der nur einfache, meist auch schlecht bezahlte Tätigkeiten ausführt.

kulinarische Wildsau: derbe Schelte für jemanden, der ein gutes Essen nicht zu schätzen weiß; einer, der kreuz und quer ißt.

Kümmelspalter: abwertend verwendete Umschreibung für einen pedantischen, kleinlichen, auch geizigen Menschen.

Kümmeltürke: Scherz- und Spitzname für jemanden, der sich gern und oft ein Schlückchen Kümmel genehmigt. In seiner heutigen Bedeutung auch abfällig verwendeter Ausdruck für einen Gastarbeiter, Ausländer oder Türken.

Kümmerling: boshaft für ein mickriges, schwächliches Männchen.

Kumpan: salopp für einen Weggefährten, Genossen oder auch Kameraden. Selten im abschätzigen Sinn gebraucht.

Kungeler: umgangssprachlich bezeichnet „Kungelei" („kungeln") Heimlichtuerei oder auch heimliche, unlautere Geschäfte. Ein Kungeler ist demnach einer, der heimlich tut oder ein Ränkeschmied. Nicht zu verwechseln mit „der Kunkel", die in süd- und westdeutschen Sprachregionen „Spindel, Spinnrocken" bedeutet.

Kunkelpott: ein norddeutsches Schimpfwort für eine geschwätzige Person.

Kunkelwief: norddeutsch-verächtlich für ein Tratschweib, das vertrauliche Information in Windeseile im ganzen Dorf herumerzählt.

Kunstbanause: mißbilligend für einen unkultivierten, groben Menschen, der keinerlei Sinn für Ästhetik und Kunst hat.

Kunstseicher: abfällig für einen übertrieben wirkenden Kunst- und Kulturbeflissenen.

Kunterbunt: im Sinne von „willkürlich zusammengewürfelt", bedeutet es, auf eine Gruppe bezogen, Durcheinander und Gegensätzlichkeit.

Kupferschlange: ebenso wie ihr männliches Gegenstück, der „Kupferindianer", verfügt eine so titulierte, arme Frau nur über Heller und Pfennige.

Kuppelmutter: abfällige Bezeichnung für eine Zuhälterin oder Puffmutter, die dafür Sorge trägt, daß die Mädchen fleißig, die Gäste zufrieden und die Kassen gefüllt sind.

Kurfatt: wörtlich: Schnapsfaß; ein Schimpfname aus dem Niederdeutschen für einen, der gewohnheitsmäßig zu tief ins Schnapsglas schaut. Es kann aber auch der Schnapsbrenner mit Spitznamen gemeint sein.

Kurpfuscher: verächtlich für jemanden, der sich als Arzt ausgibt oder als schlechter Arzt sich selbst Mißerfolge attestieren muß.

Kurtisane: dereinst die Geliebte eines Fürsten, haftete ihr später der Ruf einer eleganten und vornehmen Frau am Reifrock.

Kuttel: schwäbische Schelte für eine dumme, blöde Frau.

Kutterer: mißbilligend im Schwäbischen für jemanden, der über alles und jeden etwas zu nörgeln hat.

Kuttnschlurfer: in Franken scherzhaft verwendete Bezeichnung für einen Mönch.

L

Laanzeler: aus dem Hessischen stammende, meist spöttisch oder leicht abwertend gemeinte Schelte für einen trägen und bequemen Menschen, der sich faul in den Stühlen, Sesseln oder auf dem Sofa reckelt.

Labammel: eine so titulierte Person hat gut, „Füße baumeln"; in den Augen eines Spötters macht dieser lange, schlaksige Mensch eine komische Figur

Laban: spöttisch für einen hochgewachsenen, dünnen, ungelenken Menschen.

Labatsch: schlampig und ungepflegt in der Erscheinung, bräuchte eine mit diesem schwäbischen Schimpfwort behaftete Person dringend eine Kleiderberatung.

Labbe: saarländische, abwertend verwendete Bezeichnung für einen willenlosen, trägen Menschen.

Labberhannes: eine Beleidigung für einen schwächlichen, schmächtigen, etwas kraftlos wirkenden Hanseaten.

Labbndiddrich: spöttisch oder als Schimpfwort aus Sachsen für einen erbärmlichen, ärmlichen Menschen.

Laberarsch: derbe Umschreibung für jemanden, der viel leere Worthülsen von sich gibt.

Laberer: abschätzig für jemanden, der viel und dummes Zeug von sich gibt.

Labersack: besonders jugendlicher Jargon für jemanden, dessen Redefluß kaum gebremst werden kann; vgl. Prootersack.

Labertasche: vgl. Laberer, Labersack; das weibliche Gegenstück zum „Laberer" trägt natürliche eine Handtasche.

Lachgoschn: vor allem in Unterfranken anzusiedelnde Schelte für einen albernen Menschen, der schon über Kleinigkeiten in schallendes Gelächter ausbricht.

Lachmarie: die scherzhaft-spöttisch verwendete Bezeichnung für eine alberne, über jede Kleinigkeit kichernde weibliche Person.

Lachtaube: die scherzhafte Umschreibung für ein albernes, oftmals ohne erkennbaren Grund loslachendes Mädchen.

Lachuder: veralteter, verächtlich gemeinter Begriff aus dem Ostpreußischen für einen rüden, ruppigen und unwirschen Kerl.

Lackaffe: spöttisch für einen, der stets großen Wert auf sein geschniegeltes und gebügeltes Äußeres legt.

Lackel: ein vor allem in Süddeutschland beliebtes Schimpfwort für einen tölpel- oder flegelhaften Menschen.

Ladenhüter: nicht selten abschätzig verwendete Bezeichnung für einen langjährigen Mitarbeiter oder Angestellten, der fast schon zum Firmen- oder Behördeninventar zählt.

Ladenschwengel: abfällig für einen kleinkrämerischen, peniblen Menschen; häufig auch als „Krämerseele" oder „Erbsenzähler" betitelt.

Ladykiller: wörtlich: Frauentöter; aus dem Englischen übernommene, leicht abfällige Bezeichnung für einen umschwärmten Frauenliebling, der leichtes Spiel mit der holden Weiblichkeit hat.

Laffe: verächtlich für jemanden, der sich anderen gegenüber aufspielt, großtut oder angibt. Spötter kennen ihn auch unter dem Beinamen „Prahler".

Laffert: auf seine Mitmenschen wirkt eine, besonders in Norddeutschland so titulierte, Person wie eine Schlaftablette; Synoym für „Langweiler".

Lahmarsch: derber Kraftausdruck für einen Kerl, der nicht nur körperlich wie geistig langsam, sondern auch noch langweilig ist.

lahme Ente: Spott und Häme eines Autofahrers an die Adresse eines anderen, langsameren.

lahmer Verein: Kollektivschelte für eine fade Gesellschaft, eine unmotivierte Gruppe oder ein energieloses Team.

Lahmsieder: die vorwiegend fränkische Bezeichnung für einen geistig trägen oder geistig minderbemittelten Menschen.

Läiting: ein vorwiegend oberfränkisches Idiom für Feigling.

Laiwams: Schelte für eine tatenlose, faule und auch arbeitsscheue Person, die lieber träge auf ihrem Wams liegen bleibt und den Herrgott einen guten Mann sein läßt.

Lakai: vormals einer, der im herrschaftlichen Haus diente – in seiner heutigen Bedeutung macht eine solche, zur Unterwürfigkeit neigende Person vor jedermann einen Diener.

Lällbeck: besonders in westlichen Regionen Deutschlands spöttisch oder als Schelte für einen unreifen, unerfahrenen Burschen; einen, der noch „grün hinter den Ohren ist".

Lällebäbbel: saloppe, schwäbische Umschreibung für einen, der nur Unsinn redet.

Lallkopf: Scheltwort für jemanden, der nur dummes Zeug redet.

Lally: lautmalend für jemanden, der nur dummes Zeug daherlallt; Spottname für einen geistig minderbemittelten, einfältigen oder albernen Menschen.

Lamech: der Bezeichnete gilt im Kreis seiner (unter-)fränkischen Arbeitskollegen als der langsamste und ungeschickteste.

Lammerl: die besonders bairisch-mundartliche Diminutivform von „Lamm", in seiner Bedeutung abfällig für einen sanftmütigen, naiven Menschen.

Landei: geringschätzig für einen, der von ländlicher Herkunft ist; ein naiver, einfacher Mensch (meist Mädchen) vom Lande.

Landpomeranze: ursprünglich der Name einer bitteren Apfelsinenart, gilt „Pomeranze" auch als spöttische bis abschätzige Bezeichnung für ein Mädchen vom Land.

Landpommeranzengardist: veralteter Scheltname für einen Soldaten, der lieber mit einem Mädchen vom Land – und nicht von der Stadt – ausgeht.

Landratte: seemännisch für jemanden, den nichts mit Meer oder Schiffen verbindet; auch abfällig für jemand, der fern der Küste lebt.

Landstreicher: abfällig für einen wohnsitz- und arbeitslosen Menschen, der einem Klischee nach unter Brücken schläft, in Fußgängerzonen herumlungert und sich mit Almosen über Wasser hält.

langes Laster: saloppe Umschreibung für einen hochwüchsigen, hageren, schlaksigen Kerl, der sich für die Arbeit nicht gerade ein Bein ausreißt.

Langfotzada: ein verächtliches Schimpfwort aus Bayern für jemanden mit einem ausgesprochen langen und dümmlichen Gesicht.

Langhaxade: leicht spöttisch, keinesfalls aber verächtlich für eine Frau, die lange Beine „bis zum Hals" hat.

Langschläfer: Spott- und Scheltname für jemanden, der morgens nur schwerlich aus den Federn steigt.

Langsleber: abfällig verwendeter, vorwiegend im nordöstlichen Raum Deutschlands gebräuchlicher Ausdruck für einen faulen, trägen Menschen, Taugenichts, Nichtstuer.

Langweiler: vgl. Laffert; allgemein anerkannte Bezeichnung für einen langweiligen, faden, schlaffen Menschen.

Langzodada: die Österreicher und die Bayern erkennen dieses Individuum an seinen langen, zotteligen Haaren, was ihm auch diesen Spitz- und Spottnamen eingebracht hat.

lang' Silz: Spitz- und Spottname aus dem Hessischen für eine „Bohnenstange", also einen hageren, dürren und langen Menschen.

Lapparsch: vorwiegend im Westen Deutschlands scherzhaft bis abwertend verwendete Bezeichnung für einen kraft- und saftlosen Menschen.

Lappert: aus dem Friesischen für einen mickrigen, schwächlichen und einfältigen Kerl, den seine Mitmenschen manchmal auch „läppisch", also recht albern, erleben.

Lappezaut: veralteter, aus dem Hessischen stammende Beleidigung für ein lumpiges (von Lappen) Mensch oder liederliches Weibsbild.

Lappjochen: besonders im Nordosten Deutschlands mißbilligend für eine ungeschliffene Person ohne jegliche Tischmanieren; eine, die womöglich laut schmatzt oder rülpst.

Lappsack: eine solche, wohl geistig träge Person schaut besonders dumm aus der Wäsche.

Läppschbüdel: bei dem von einem Rheinländer dergestalt Bezeichneten, verbinden sich Gutmütigkeit und Dummheit in harmonischer Weise.

Lärge: aus dem Schlesischen stammender, meist im gutmütigen Sinn gebrauchter Beiname für einen komischen, schrägen Vogel.

Larifari: Schwäbische Bezeichnung für dummes, leeres oder sinnloses Geschwätz.

Lärmmacher: verwandt mit dem „Krawallbruder", sorgt der so Beschimpfte immer für eine unüberhörbare Geräuschkulisse.

Laschder: pfälzisch-mundartlich für ein boshaftes Weibsbild.

Laschi: vorwiegend jugendlicher Jargon für einen faden, schlaffen, trägen Menschen.

Lästermaul: Scheltname für eine schwatzhafte Person, die vorzugsweise über andere Bosheiten verbreitet, schimpft und tratscht; genießt auch als „Lästerer" oder „Lästerzunge" einen schlechten Ruf.

Lästerschwein: derbe Schelte für eine lästerliche, boshafte Person.

Latrinenparole: veralteter Begriff für unhaltbares Gerede oder Gerüchte, wie sie nur am stillen Örtchen ausgetauscht werden können.

Latsch: wörtlich: ein langsamer Schaffer, bezeichnet es im spöttischen oder leicht abwertenden Sinn einen trögen, schlaffen und energielosen Menschen, der geistig wie körperlich – sein Gang ist ausgesprochen langsam und schlürfend – träge scheint oder ist.

lätschat: abfällig-bairisch über ein geschmackloses Essen oder abschätzig für einen faden, schlaffen, energielosen Menschen.

Latschmichel: Scherz- und Spottname für jemanden, der sich plump, schwerfällig und ungelenk bewegt.

Lätschn: wer in Bayern „a Lätschn ziahgt", macht, anders gesagt, ein ziemlich dummes Gesicht.

Latte: wegen seiner hochgewachsenen, dürren Statur erntet der Bezeichnete häufig Spott und Häme.

Latzjestell: rheinischer Spottname für eine magere, ausgemergelte Person, bei der man buchstäblich die Rippen zählen kann.

Laubenpieper: besonders im Berliner Jargon ausgeprägter Spottname für einen Schrebergärtner.

Laudmaiada: in Österreich und in Bayern gern gebrauchtes Schimpfwort für jemanden, der großmaulig und lauthals in der Gegend herumkrakeelt.

Laufbursche: so abgewertet wird jemand, der für andere niedere Hilfsdienste und Botengänge verrichtet.

laufender Meter: scherzhaft verwendete Bezeichnung für ein Kind oder einen kleinwüchsigen Erwachsenen.

läufige Hündin: derbe Beleidigung für ein mannstolles, unternehmungslustiges Frauenzimmer.

Laumalocher: saloppe Umschreibung für jemanden, der jede Form von Arbeit in weitem Bogen umgeht.

Laus: spöttisch bis abschätzig für eine unscheinbare, lächerlich unbedeutende, aber auch lästige Person.

Lausbua: Schimpfname auf Schwäbisch für einen frechen, ungezogenen, unartigen Burschen.

Lausebengel: meist leicht tadelnd für einen ungezogenen, frechen Jungen.

Läuseknicker: Spott- und Scheltname für einen Geizhals.

Lauselümmel: der so bezeichnete junge Mann wird wegen seiner flegelhaften, ungezogenen Art gerügt.

Lausepack: Kollektivschelte für Gesindel, Pack.

Läushutch: hessisches Idiom für Taugenichts, Tagedieb, Nichtskönner.

Lauskappe: mißbilligend für einen verwahrlosten, schmutzigen und unordentlichen Menschen.

Lauskrott: ein im schwäbischen Sprachraum so tituliertes Mädchen steht einem spitzbübischen und ungezogenen Jungen in nichts nach.

Lausmensch: universell einsetzbares Schimpfwort ohne eine bestimmte Bedeutung; auch mißbilligend für ein liederliches Frauenzimmer.

Lauwendreyer: pfälzisch für einen unwilligen, unmotivierten, trägen Menschen.

Lebedame: wie ihr männliches Gegenstück, der „Lebemann", führt die leicht abschätzig Bezeichnete ein ausschweifendes und verschwenderisches Leben.

lebendige Nachricht: scherzhaft-spöttisch für jemanden, der alle Neuigkeiten einer Stadt oder in einem Dorf kennt wie das hiesige Tagesblatt.

Leberwurst: besonders eine mit „beleidigte Leberwurst" titulierte Person gilt als überaus mimosenhaft, zartbesaitet und sehr empfindlich.

Leckarsch: ordinäres, variabel einsetzbares Schimpfwort ohne bestimmte Bedeutung.

Leckerbeck: eng verwandt mit dem „(Sch-)Leckermaul", Spitzname für einen begeisterten Esser, einen verwöhnten Gaumen und Genießer.

Leckermuul: scherzhaft oder als Kosename für einen, der gerne Süßes nascht.

Leger: norddeutsch für einen, dem die Wahrheit nur schwer oder gar nicht über die Lippen kommt.

Leiche: vorwiegend in Zusammensetzungen gebrauchte morbide Bezeichnung für eine schwache, kränkliche Person; bekannter Vertreter dieser Spezies – die Alkohol- oder Bierleiche.

Leiche auf Urlaub: leicht spöttisch für einen Menschen, mit einer ungesunden, blassen und bleichen Gesichtsfarbe; einer, der schon lange keine Sonne mehr gesehen hat.

Leichenbitter: in ursprünglicher Bedeutung ein Mensch, der die Trauergesellschaft einlud; leicht abfällig für jemanden, der Tag aus, Tag ein, mit einem miesepetrigen, melchancholischen Gesicht herumläuft.

leichtes Mädchen: ein euphemistischer Ausdruck für ein Mädchen oder eine junge Frau mit einem unsteten, unsoliden Lebenswandel.

Leichtfuß: jemand, der „auf leichtem Fuß lebt", gilt gemeinhin als leichtsinnig, oberflächlich.

Leichtgewicht: weniger das geringe Körpergewicht dieser Person zieht die Aufmerksamkeit der Spötter auf sich, als deren fehlender Einfluß oder mangelnde Kompetenz.

leichtsinniges Huhn: eine besonders auf ein leichtlebiges, unvorsichtiges Frauenzimmer gemünzte Bezeichnung.

Leigendräger: eine im Nordosten Deutschlands ausgeprägte Schelte für einen notorischen Lügner.

Leinwandschmierer: abschätzig verwendete Bezeichnung für einen Künstler, Maler.

Leisetreter: Spottname für einen ängstlichen, unterwürfigen Menschen, der auf leisen Sohlen um andere herumschleicht.

Leithammel: Bezeichnung für ein männliches Wesen mit gewissen Führungsqualitäten, dem andere bedingungslos folgen, wie Schafe ihrem Leittier.

Leithirsch: spöttisch bis abwertend verwendete Bezeichnung für eine männliche Person in leitender Funktion, beispielsweise einen Vorgesetzten oder auch Vereinsvorsitzenden.

Lensaträppler: schwäbischer Neck- und Spottname für einen ungeschickten, unbeholfenen Menschen.

Lenz: nicht im Sinne der dichterischen Bezeichnung für Frühling, sondern von dem Vornamen „Lorenz" abgeleiteter Spottname für einen trägen, arbeitsscheuen Menschen, der sich gern und oft einen „faulen Lenz" macht.

Lesbierin: bezeichnend für eine Frau, welche die gleichgeschlechtliche Liebe, also zwischen Frauen, auslebt.

Lettegschwätz: schwäbischer, abfällig verwendeter Ausdruck für ein sinnloses oder dummes Gerede, das landläufig auch „Lällagschwätz" genannt wird.

Leuchte: ironisch verwendete Bezeichnung für jemanden, der alles andere ist als ein „heller", sprich kluger Kopf – ein Dummian oder Trottel; auch mißbilligend für einen altklugen, besserwisserischen Menschen.

Leusert: hessische, scherzhaft oder leicht tadelnd verwendete Bezeichnung für einen ungezogenen, frechen Bengel.

Leuteschinder: derbe Schelte für einen (meist Arbeitgeber, Vorgesetzten), der andere schikaniert, quält, hetzt, ausnutzt.

Levantiner: abschätzig für einen Kaufmann oder Händler, der im schlechten Ruf steht, Kunden übers Ohr zu hauen.

Libertin: von französisch „liberté" (Freiheit) abgeleitet, steht es im leicht abwertenden Sinn für die Ungebundenheit oder auch Zügellosigkeit eines Menschen, genauer: seinen Freigeist.

Liebchen: scherzhaft oder abwertend verwendete Anrede für eine Geliebte.

Liebediener: derbe Bezeichnung für einen, der einem als „Arschkriecher" Bezeichneten in nichts nachsteht.

Liederjan: wie auch „Liedrian" stammt der Ausdruck (zusammengesetzt aus „liederlich" und Kurzform des Vornamens Johannes) für einen liederlichen Menschen aus dem ostmitteldeutschen Sprachraum.

Lieschen Müller: salopp-spöttische Umschreibung für eine überaus unauffällige, durchschnittliche, weibliche Person; Durchschnittsbürgerin, Spießerin.

Liliputaner: scherzhaft oder als Spottname für einen kleinwüchsigen Menschen, auch Zwerg, der wegen seiner Statur gern übersehen oder mit einem Kind verwechselt wird.

linker Vogel: derbe Schelte für einen infamen, verlogenen, hinterhältigen Zeitgenossen.

Linkpott: im Norden Deutschlands spöttisch oder als Schelte für einen ungeschickten, unpraktischen, linkischen Menschen – als Handwerker mit zwei linken Händen ausgestattet.

Linksanwalt: boshaft für einen Rechtsverdreher, einen schlechten oder nicht zugelassenen Rechtsanwalt.

Linsespalter: der Bezeichnete aus der Pfalz hat wegen seiner geizigen, raffgierigen Art nur wenig oder keine Freunde.

Lobhudler: der abfällig Bezeichnete streicht anderen gern „Honig ums Maul", will sich mit Komplimenten und Lob einschmeicheln.

Lochschwager: Scherz- und Spottname für jemanden, der sich mit einem Geschlechtsgenossen ein und dieselbe Frau „teilt".

lockerer Zeisig: saloppe Umschreibung für einen schlaffen, leichtfertigen, oberflächlichen Menschen.

Lockküker: vorwiegend im Nordosten Deutschlands für einen leichtsinnigen, unvorsichtigen, unbedarften Menschen – auch „Hansguckindieluft" genannt.

Loddel: Schimpfwort aus dem Pfälzischen für einen liederlichen, durchtriebenen, verkommenen Zeitgenossen.

Lodderjahn: der Beschimpfte gilt besonders im Rheinland als ausgesprochen unordentlich und schlampig.

Löffel: meist in der Zusammensetzung wie „Rotzlöffel" für einen unverschämten, tölpelhaften, dummen Menschen.

Lögenfatt: aus dem Niederdeutschen für jemanden, der es gewohnheitsmäßig mit der Wahrheit nicht so genau nimmt: dummdreiste Lügner oder Märchenerzähler gehören zu dieser Spezies unbeliebter Menschen.

Lögensnuut: abschätzig im Norden Deutschlands für einen unliebsamen Zeitgenossen, der, wenn er den Mund aufmacht, lügt.

Lögmuul: norddeutsches Idiom für Lügenmaul; derbe Schelte für jemanden, der aus Gewohnheit nicht bei der Wahrheit bleiben kann.

Lohle: schwäbisch für einen schlaffen, trägen, unmotivierten, kraft- und saftlosen Menschen.

Lokalpatriot: mißbilligend für jemanden, der kaum über den Tellerrand hinaus blickt, also einen eingeschränkten, geistigen Horizont hat; ein Kleingeist vom Lande.

Lömmertsjahn: rheinisches Idiom für Trauerkloß; Spott- und Scheltname für einen wehleidigen, mißmutigen, auch langweiligen Menschen.

Lomp: vgl. Haderlomp; in den Augen eines Schwaben taugt diese Person nicht viel – außer zum „Lompeseggel" oder „Mordslomp".

Lompemensch: ein abwertend verwendetes, schwäbisches Schimpfwort für ein unzuverlässiges, liederliches Frauenzimmer.

Lompeseckel: vgl. Allmachtsseckel; universelles Schimpfwort aus dem Schwäbischen, maßgeschneidert auf eine männliche Person.

Loofkeule: wörtlich: Laufkeule; original Berliner Schnautze für einen, der sich mit Botengängen seine Brötchen verdient, also ein Laufbursche oder auch ein Laufmädchen.

Looser: vom englischen „loser" (Verlierer); vorwiegend jugendlicher Jargon für Versager, Niete, Null.

Lootschntreter: dieser fränkisch-mundartlich geprägte Ausdruck gilt einem schlurfenden, schwerfällig gehenden Menschen.

Lorbaß: abfällig für einen faulen, liederlichen Menschen, Nichtsnutz und Taugenichts, der seine Zeit mit Rumsitzen totschlägt.

Lord Blumenkohl: Spottname für eine ausgesprochen lächerliche, tragisch-komische Figur, die niemand ernst nimmt.

Lottel: ein abfälliges, schwäbisches Schimpfwort für jemanden, der wegen seiner gleichgültigen und nachlässigen Art wenig Freunde hat.

Lotter: Spott und Häme für einen leichtfertigen, schlaffen und trägen Menschen.

Luag'nschippl: dem von einem Österreicher so Beschimpften wird unterstellt, zu lügen, wenn er nur das Maul aufmacht.

Luagabeidel: mißbilligend-schwäbisch für jemanden, der lügt, daß sich die Balken biegen.

Lüchpitter: Scheltname aus dem Rheinischen für einen Menschen, der es mit der Wahrheit nicht so genau nimmt.

Lüchting: vorwiegend im Nordosten Deutschlands abfällig verwendetes Idiom für Taugenichts, Nichtskönner; auch Schlingel.

Luckebömmel: Spott- und Scheltname im Ruhrgebiet für einen handwerklich ungeschickten, unpraktischen und mit zwei linken Händen ausgestatteten „Möchtegern-Heimwerker".

Lückenbüßer: saloppe bis abwertende Umschreibung für jemanden, der als (schlechter) Ersatz für einen anderen einspringt.

Lude: der Vorname „Ludwig" in Kurzform dient als Umschreibung für eine üblen, infamen Kerl, auch einen Zuhälter. Außerdem: schwäbische Schelte für einen unordentlichen Menschen oder „Schmutzfinken".

Luder: universell einsetzbare Beleidigung – entweder für eine niederträchtige, gerissene und verschlagene Person – oder ein liederliches Frauenzimmer.

Luftikus: ein, der Studentensprache entsprungener, Begriff für einen leichtsinnigen, oberflächlichen Burschen.

Luftpumpe: saloppe Umschreibung für einen laschen, trägen Menschen; Spottname für jemanden, der nur „heiße Luft" produziert.

Lügenaas: aus „Lügner" und „Aas" zusammengesetzte, derbe Schelte für eine widerwärtige, verlogene Person.

Lügenbold: schlicht ein notorischer Lügner.

Lügenpeter: mißbilligend für jemand, der lügt oder verlogen und hinterhältig ist.

Lügenpräzeptor: die saloppe Umschreibung, meist im abwertenden Sinn gebraucht, für jemanden, der im Lügen und Flunkern Meister ist, genauer: ein Lügenlehrmeister.

Lulatsch: landläufig macht man sich über einen „langen Lulatsch" wegen dessen hochgewachsener, dünner, schlaksiger Statur lustig.

Lulle: angelehnt an „lullen" („einschläfernd singen"), abfällige Bezeichnung für einen langweiligen, schläfrigen Menschen.

Lumbekrämer: spöttisch oder abschätzige Bezeichnung eines Saarländers für einen, der sein tägliches Brot mit Lumpen- oder Schrotteinsammeln verdient.

Lümmel: vom veralteten Adjektiv „lumm" (schlaff, locker) abgeleitet, heute meist abschätzig für einen flegelhaften, unanständigen Kerl.

Lummich: spöttisch verwendete Bezeichnung für einen schlaffen, energielosen und langweiligen Menschen.

Lumpazius: Spottname für einen schlitzohrigen, gerissenen, betrügerischen Kerl, Gauner, Spitzbube.

Lumpazivagabundus: lateinisch anmutende, scherzhafte Zusammensetzung von „Lump" und „Vagabund", gemünzt auf einen „Landstreicher" oder „Pennbruder".

Lumpenfrauchen: wirkt die Verkleinerungssilbe „-chen" auch verharmlosend – eine so titulierte weibliche Person ist und bleibt eine Lumpensammlerin, eine schlampige, unaufgeräumte oder auch heruntergekommene Frau.

Lumpenhamsterer: Spottname für jemanden, der Lumpen sammelt.

Lumpenhund: mißbilligend für einen gemeinen, gerissenen durchtriebenen Kerl.

Lumpenpack: abwertender Sammelbegriff für eine Gruppe heruntergekommener Menschen; Abschaum.

Lumpensack: das hervorstechende Merkmal des Bezeichneten ist sein schäbiges, schmuddeliges Äußeres; vgl. Plünnbüdel.

Lumpentasche: mit einer weiblichen „Lumpentasche" an seiner Seite, also einer schlampigen, unordentlichen und schlurigen Weibsperson, kann man sicher keinen Staat machen.

Luribahm: die beinahe eingestaubte Bezeichnung für einen unordentlichen, zerstreuten Sachsen.

Lurrendreiher: eine vorwiegend im Nordosten Deutschland abfällig verwendete Bezeichnung für einen gerissenen, betrügerischen, verlogenen Zeitgenossen.

Lürrhans: besonders im Nordosten Deutschlands abschätzig für einen überempfindlichen und wehleidigen

Menschen; auch als „Jammersack oder -beutel" verrufen.

Lusche: meist jugendlicher Jargon für einen Langweiler, der auf andere wie eine Schlaftablette wirkt; auch Schimpfwort für einen Feigling.

Lusknicker: mißbilligend für einen, meist im Nordosten Deutschlands beheimateten, Geizkragen.

Lüsterjan: besonders norddeutsche, abwertend verwendete Bezeichnung für einen weibstollen Mann.

Lüstling: Spott- und Scheltname für einen triebstarken Mann.

Lustmatratze: die abschätzige Umschreibung für eine Frau; auch mißbilligend für eine gefälliges, mannstolles Frauenzimmer.

Lustmolch: dieser Mann ist für seinen Hang zu sexuellen Ausschweifungen bekannt und berüchtigt.

Lüttje: von niederdeutsch „lütt" (klein), meint es im eher harmlosen, gutmütigen Sinn ein kleines, junges und unerfahrenes Mädchen.

Luurkopp: Neugierde ist der Zweitname dieser, von einem Hamburger abschätzig bezeichneten, Person.

Lüürschinner: norddeutsches Idiom für Leuteschinder, Ausbeuter – Mitarbeiter, die unter einem solchen Chef arbeiten, haben ein schweres Los.

Luusbüdel: scherzhaft oder leicht tadelnd für einen frechen, gewitzten, immer zu Streichen aufgelegten Burschen.

Luusenfreter: friesisch für Läusefresser; Spottname für einen Hungerleider.

Luxaugada: jemand, der Augen wie ein Luchs hat, also bestens sieht, dem entgeht – meint der spottende Bayer oder Österreicher – so schnell nichts und niemand.

Luxusnutte: mißbilligend für eine teure, luxuriös ausgestattete, auch als „Edelnutte" beschimpfte Prostituierte.

Luxuspuppe: abschätzig für eine verwöhnte, auf Wohlstand und Prestige fixierte Frau.

M

Macker: saloppe Umschreibung für den Freund eines Mädchens oder für einen angeberischen, prahlerischen Mann, der sich selbst zu wichtig nimmt.

Mackla: der Österreicher oder der Bayer kennen ihn als ständig mekkernden, jammernden und unzufriedenen Menschen und meiden deshalb auch seine Gesellschaft.

Mädcheschmegger: bei seinen Pfälzer Mitmenschen genießt dieser, auf jeden Rockzipfel fixierte Mann keinen besonders guten Ruf.

Madensack: eher selten verwendeter Spott- und Scheltname für einen schlaffen, trägen, faulen Menschen.

Mädlesfitzler: Abfällige schwäbische Bezeichnung für einen Mann, der ständig nach jungen Mädchen Ausschau hält.

Mädlesschmecker: schwäbisches, abfälliges Schimpfwort für einen Mann, der ständig Röcken hinterher starrt.

magere Strinte: wörtlich: ein magerer Streifen; Spottnamen aus dem Niederdeutschen für eine hochgewachsene, hagere und dürre Person männlichen oder weiblichen Geschlechts, der auch der Spitznamen „Bohnenstange" auf den Leib geschnitten ist.

Maggihengst: vorwiegend jugendlicher Jargon für einen Kaufmann, der in diesen Kreisen unter anderem auch „Nudelhuber" oder „Marmeladenfritze" gerufen wird.

Mäggrfriddse: sächsisch-mundartlich für einen Menschen, der immerzu herumnörgelt, an nichts und niemanden ein gutes Haar läßt und gemeinhin als unangenehmer Zeitgenosse gilt. Eng verwandt mit Begriffen wie „Mähglfriddse" oder „Närchlfriddse".

Mähdrescherfahrer: saloppe Umschreibung für einen unachtsamen, rücksichtslosen Autofahrer.

Mähre: beleidigend für ein liederliches Mädchen oder für ein boshaftes, altes „Weibsstück".

Mährlaflunkerer: (ober-)fränkische Schelte für einen „Märchenonkel"; einer, der übertreibt und Lügengeschichten verbreitet.

Mährliese: Spott oder Tadel für ein langsam sprechendes oder geistig träges, auch umständliches Mädchen.

Mährsagg: sächsische Bezeichnung für einen langsamen, trägen, behäbigen, auch faulen Menschen.

Mainbengel: früher weithin geläufiger Spitz- und Scheltname aus dem Hessischen für die Hafenarbeiter am Main, die Sackträger, die Auf- und Ablader von Frachtgütern, die als Inbegriff von Stärke ebenso wie Grobheit galten.

Makepranger: Schelte aus dem Nordosten Deutschlands für einen Quertreiber und Unruhestifter.

Mäkler: der Bezeichnete hat an jeder Kleinigkeit etwas auszusetzen; auch Schelte für eine kleinliche Person.

Makulatur: abzuleiten von lateinisch „macula" (Fleck), steht es als Ausdruck im ärgerlichen Sinn für wertloses Zeug. In seiner früheren Bedeutung deutete es auch auf Zeitungen oder Zeitschriften, die, weil man sie nicht an den Mann bringen konnte, wieder eingestampft wurden.

Maljan: wörtlich: ein schlechter Jan (Johannes); Schelte aus dem Friesischen für einen üblen Zeitgenossen, einen durchtriebenen, mit allen Wassern gewaschenen, wenn auch nicht gerade geistig hellen Kerl.

Mallerkopp: ein besonders in Norddeutschland ausgeprägter Spott- und Scheltname für einen törichten, albernen Zeitgenossen.

Mallöre: dem gleichbedeutenden französischen Wort „malheur" (Unglück) entlehnt, gilt die schwäbische Schimpfform einem ungeschickten Menschen; vgl. Pechvogel.

Malocher: meist jugendlicher Jargon für die „arbeitende Bevölkerung"; Spottname für jemanden, der mit schwerer, körperlicher Arbeit seine Brötchen verdient.

Malweib: altmodische Geisteshaltung und Scheltbezeichnung für eine künstlerisch wirkende Frau. Der abfällige Ton rührt daher, daß die „Künstlerin" sogleich in die Schublade der Bohème gesteckt wird.

Mamakind: Spottname für ein verzärteltes, ständig am Rockzipfel seiner Mutter hängendes Kind; verwöhnter Balg.

Mameluck: eher selten verwendetes Schimpfwort für einen niederträchtigen und heimtückischen Menschen.

Mamme: selten abwertende Bezeichnung für eine dicke Frau oder Mutter.

Mamsell: meist scherzhaft-spöttisch verwendete Anrede oder Bezeichnung für eine mollige, etwas schrullige Frau.

Manderl: mundartlich-bairischer Spottname für ein kleines, lächerlich unbedeutendes Männchen.

Männchen: Spott und Hohn für einen unscheinbaren, nicht ernst zu nehmenden, schmächtigen Mann.

Männchen Piep: scherzhaft-spöttisch für einen lächerlich unbedeutenden, zaghaften oder auch schüchternen Mann, der vor anderen kaum einen „Piep", einen Laut, von sich gibt.

Männeken: auf Norddeutsch ein schmächtiges „Männchen".

Männerschreck: die saloppe Umschreibung für ein häßliches, aufdringliches oder mannstolles Frauenzimmer.

Mannsbild: spöttisch-scherzhaft, anerkennend oder abschätzig für einen „ganzen" oder „halben" Kerl.

Mannsdoordisches: saarländisch für eine als „mannstoll" verschrieene Frau.

Mannweib: die so Beschimpfte steht im übertragenen Sinn in Beruf und Privatleben „ihren Mann".

Manschgal: bairisches Diminutiv für eine Person, die zwar körperlich klein, aber mit dem Mundwerk ganz groß ist.

Märchenonkel: erzählerisches Talent und eine blühende Phantasie verbinden sich bei diesem Lebenskünstler auf eindrucksvolle Weise; auch ein Schimpfwort für einen Schwindler; weibliches Pendant wird als „Märchentante" abgestempelt.

Marder: eher selten verwendete Schelte für einen Dieb.

Marionette: für eine solche willensschwache, unsichere, unselbstständige Person ziehen andere die Fäden im Hintergrund.

Marke: scherzhaft oder als Schelte für einen eigenwilligen, absonderlichen Menschen.

Marodeur: veraltete, vom Französischen übernommene Bezeichnung für die Nachhut oder Nachzügler, die in Kriegszeiten auch eine Spur der Plünderei hinterließen.

Marotte: jemand, der eine Marotte pflegt, zeigt damit, daß er sich für eine Sache, ein Hobby oder auch einen Menschen, stark und anhaltend interessieren kann. Er neigt auch dazu, ins Schrullige abzurutschen.

Maschenreiter: saloppe Umschreibung für jemanden, auf dessen „Masche" (Trick) immer wieder andere Menschen hereinfallen.

Masochist: eigentlich jemand, der sexuelle Lust durch Schmerz empfindet; spöttisch oder als Schimpfname für einen Menschen mit selbstquälerischer Veranlagung.

Masslade: in Bayern ebenso wie in Österreich geläufige Bezeichnung für eine ewig nörgelnde, stänkernde Frauensperson.

Massler: mundartlich-bairisch für einen notorischen Nörgler, Quengler.

Mastaffe: früher Spitzname für Matrosen, die sich „nach Affenart" mit Beinen und Ärmen den Mast hocharbeiten.

Mastdarmakrobat: saloppe Umschreibung für einen kriecherischen, schmeichelnden Menschen, der sich dadurch die Gunst anderer Menschen oder Vorteile in seinem Beruf erschleichen möchte.

Mastdarm-Tourist: sinngleich mit dem „Arschkriecher", einem devoten, schmeichelnden Menschen, schwingt bei dieser saloppen Umschreibung ein böser Unterton mit.

Mastochse: derber Schimpfname für einen ausgesprochen dummen, einfältigen Menschen.

Matka: besonders im Ruhrgebiet abschätzig verwendete Bezeichnung (ursprünglich aus dem Polnischen) für eine matronenhafte, dicke Frau.

Matratze: Schimpfname für Prostituierte; verkommenes Frauenzimmer; aus der Sicht eines Mannes auch eine potentielle Bettgespielin.

Mätresse: abfällig für die Geliebte eines verheirateten Mannes, früher die Gespielin eines Adligen, eines Fürsten.

Matschauge: der Bezeichnete muß nicht zwangsweise ein blaues Auge haben, um bei Spöttern als dümmlich oder einfältig zu gelten.

Matschbirne: meist jugendlicher Jargon für einen lädierten Kopf; auch Spottname für Dummkopf, Trottel.

Matschbuckes: mundartliche Verunglimpfung des Begriffs „Mischpoke" (von hebräisch „mischpachah" für Familie), dient es auch zur abschätzigen Bezeichnung von Familie, Sippschaft oder Gesellschaft.

Mattekopp: im hessischen Raum auch als „Quarkkopp" bekannt, gilt der Bezeichnete als überaus einfältiges, dummes Exemplar der menschlichen Rasse.

Matz: in Verbindung mit dem treffenden Adjektiv (z. B. dumm) oder in Zusammensetzungen wie „Dreckmatz", ein variabel einsetzbares Schimpfwort – vorwiegend für einen Mann oder ein Kind.

Matzebillche: aus dem Hessischen stammender Spitz- und Spottname für eine übertrieben empfindliche, mimosenhafte, zimperliche, schüchterne oder auch weinerliche weibliche Person.

Matzerauge: gehässig verwendete Bezeichnung für einen, der entzündete und verklebte Augen hat. Besonderer Beliebtheit erfreut sich in diesem Fall auch der Spottname „Matschauge".

Mauerblümchen: wie gleichnamige Pflanze, führt dieses weibliche zaghafte und unscheinbare Wesen ein Schattendasein.

Maulaffe: schon in alter Zeit ein beliebtes Schimpfwort für einen dummen Gaffer; auch als sprichwörtliches „Maulaffen feilhalten" – gaffen, starren, glotzen – bekannt.

Mauler: mißbilligend für jemanden, der bei jeder Kleinigkeit meckert, nörgelt oder beleidigt ist.

Maulesel: die gemeinhin dem Grautier zugeschriebene Sturheit wird auf den Bezeichneten übertragen.

Maulheld: spöttisch oder als derbe Schelte für einen vorlauten, großspurigen Menschen; Angeber, Wichtigtuer.

Maulschnall: Diese junge Frau brüstet sich mit Männereroberungen, die weniger der Wirklichkeit, sondern eher ihrer blühenden Phantasie entsprechen.

Maulschwätzer: spöttisch oder verächtlich für jemanden, der stets anderen nach dem Mund redet, wie sie es gern hören möchten. Man kennt diese unbeliebte Spezies Mensch auch als „Jasager" oder „Speichellecker".

Maulwurf: meist eine Person in „geheimer Mission", sprich ein verdeckter Ermittler oder Geheimagent; auch spöttisch für einen Arbeiter im Tiefbau. (z. B. Kanalarbeiter)

Maunzer: die schwäbische Belustigung über einen Mann, der wie ein Kater jammernd (nörgelnd) umherschleicht.

Maus: scherzhaft oder als Kosename für eine kleine Person; in Verbindung mit dem Adjektiv „grau" spöttisch verwendete Bezeichnung für einen unscheinbaren Menschen.

Mauschler: abfällig für jemanden, der unlautere Geschäfte betreibt; eine zwielichtige, unehrenhafte, betrügerische Person.

Mäusedreck: Schimpfname für einen aufgeblasenen, sich aufspielenden, aber eigentlich recht bedeutungslosen Menschen.

Mausehagn: sächsisch-mundartlicher, wenn auch veralteter, Schimpfname für einen notorischen Dieb, Langfinger.

Mäusekino: saloppe Umschreibung in Autofahrerkreisen für ein komplett unübersichtliches, überladenes Armaturenbrett.

Mäusemelker: saloppe bis verächtliche Umschreibung für einen peniblen, kleinkarierten Menschen.

Mäusepeter: die abfällige Bezeichnung für ein ängstliches, feiges, männliches Wesen.

Mausfoinhandla: wer es in den Augen eines Bayern oder eines Österreichers nötig hat, „Mausefallen" zu sammeln, muß gar ein ärmlicher oder lumpiger Mensch sein.

Mebsler: der von einem Rheinländer so Bezeichnete verströmt mangels Körperhygiene einen äußerst unangenehmen Geruch.

Meckerer: mißbilligend für jemanden, der an allem und jedem etwas auszusetzen hat, mit nichts zufrieden ist; vgl. Meckerfritze.

Meckerfritze: wie der „Meckerer" ein häufig unzufriedener, an jeder Kleinigkeit herumnörgelnder Zeitgenosse; sein weibliches Pendant wird gern als „Meckerliese" bezeichnet.

Meckerziege: weit gehässiger als „Meckerliese" für eine gern und oft meckernde, nörgelnde Frau.

Meebrunzer: die (unter-)fränkische, spöttische bis abwertende Bezeichnung für all jene, die in Mainnähe leben.

Meezerer: abgeleitet von hebräisch „mêzîr" („plagend"), bezeichnet es in abschätziger Weise einen unangenehmen Quälgeist. Gemeint ist also einer, der anderen mit aufdringlichem Bitten, Vorwürfen oder auch Fragen penetrant in den Ohren – schlimmer auf den Nerven – liegt.

Megäre: wer einer so titulierten weiblichen Person zu nahe kommt, könnte möglicherweise den Zorn der Götter auf sich ziehen: ursprünglich eine griechische Rachegöttin, wird das Bild einer boshaften, bösen, zänkischen und wild rasenden Frau auch auf weibliche Wutteufel unserer Zeit übertragen.

Mehlsack: nicht zuletzt wegen seines stattlichen Gewichts wirkt dieser Mensch plump und behäbig.

Mehlwurm: altmodische Spottbezeichnung für einen Bäcker.

Melancholiker: abschätzig für jemanden, der ewig dunklen und trübselig machenden Gedanken nachhängt, mit einer Trauermiene herumläuft und andere mit seinem Schwermut anzustecken droht.

Melkerin: in der Gaunersprache kennt man diese Dirne als betrügerisches Weib, die ihren Freier bestiehlt.

Melkkuh: im strengen Wortsinn jemand, der von anderen „gemolken", sprich ausgenutzt wird.

Melkpottfieken: spöttisch im Nordosten Deutschlands für ein weltfremdes, verträumtes Mädchen.

Memme: zurückzuführen auf das mittelhochdeutsche Wort „memme, mamme" (Mutterbrust; Mutter), ist es bezeichnend für einen Feigling oder einen unselbstständigen Menschen, der sich wie ein „Mamakind" benimmt.

Menschenhasser: derbe Schelte für jemand, der anderen Menschen gegenüber grundsätzlich negativ eingestellt ist.

Mentschakaln: saloppe Umschreibung im Bayerischen für einen, so wörtlich „Menschenkerl", der es auf Frauen im allgemeinen oder Straßenmädchen im besonderen abgesehen hat.

Mermel: mundartlich für „Murmel", bezeichnet es eine größere Spielkugel aus Marmor oder Glas. Als Scherzname auf einen Menschen gemünzt, steht es bildhaft für dessen runden, harten Schädel.

Messerstecher: mißbilligend für einen brutalen Menschen; jemand, der im Streit das Messer zückt.

Meßglocke: übertragen auf einen Menschen im scherzhaften oder abfälligen Sinn, bezeichnet eine „Meßglocke" jemanden, der alles „ausläutet", also alles weitererzählt. Ein so tituliertes Frauenzimmer ist demnach nichts anderes als eine Klatschbase.

Messmaker: wörtlich: Mistmacher; dafür, daß er sich kaum bewegt, macht eine so titulierte Person doch ganz schön viel Mist. Schimpfwort aus dem Niederdeutschen, das auch einem Vielfresser gelten kann.

Methusalem: Spottname für jemand, der nicht nur alt, sondern „steinalt" ist.

Metze: Verunglimpfung des Vornames Mechthild oder Mathilde; meist wertfreie Bezeichnung für eine Dirne, Prostituierte.

Metzger: verbale Grobheit gegen einen Arzt oder Chirurgen.

Meuchler: verächtlich verwendete Schelte gegen einen hinterhältigen, gemeinen und heimtückischen Menschen, dem keine zwei Meter über den Weg zu trauen ist. Anderen in den Rücken zu fallen, gehört zu den negativen Eigenschaften dieses Individuums.

Meute: abwertender Sammelbegriff für eine ungeordnete, undisziplinierte Schar oder Gruppe.

Miadaugada: von oder über einen Bayer, der einen verschlafenen Eindruck macht, mit halbgeschlossenen

Augen dasitzt und vor sich „hindöst".

Michel: spöttisch für den Deutschen an sich; bezeichnend für einen gutgläubigen, ordnungsvernarrten, obrigkeitshörigen Menschen.

Mickerling: beleidigend für einen schwächlichen, schmächtigen oder kleinen Menschen.

Miesepeter: mit ihrer stets mürrischen Art vermag es diese Person, anderen immer wieder die gute Laune zu verderben.

Miesling: saloppe Umschreibung für eine gemeinen, fiesen oder rücksichtslosen Kerl.

Miesmacher: ein mürrisches, übellauniges Individuum, das an allem und jedem kein gutes Haar läßt.

Miethai: mißbilligend für einen Vermieter, der überhöhten Mietzins verlangt, seine Mieter schikaniert oder betrügt; Alternativschimpfwort zu „Mietwucherer".

Mieze: vorwiegend von Männern salopp oder abwertend verwendete Bezeichnung für ein Mädchen oder eine Frau.

Milchbart: ein junger, meist noch unreifer und unerfahrener Bursche ist, wem erst der zarte, helle Bartflaum wächst.

Milchgesicht: wie „Milchbart" saloppe bis spöttische Umschreibung für einen unerfahrenen Burschen; bezeichnend auch für eine Person mit blassem Teint.

Milchpanscher: eine Beleidigung für den Berufsstand der Milchhändler; verächtlich für jemanden, der Milch verwässert.

Milchreisbubi: jugendlicher Jargon für jemanden, der noch „grün hinter den Ohren", sprich unerfahren, ist.

Millichbübla: ein, von einem Franken so titulierter Bursche gilt gemeinhin noch als unreif und unerfahren.

Mimose: jemand mit einem empfindsamen Gemüt, verletzlich und bei jeder Kleinigkeit beleidigt oder gekränkt.

Minche Glattbach: scherzhaft-spöttisch für ein flachbrüstiges Mädchen. Dieser Ausspruch birgt eine interessante wie humoristische Wortspielerei, nämlich zwischen „Minchen", der Koseform von „Minna", und der Ruhrpott-Metropole Mönchengladbach.

Minigebildeter: statt „mini" könnte man eine so titulierte Person auch als gänzlich ungebildet und dumm bezeichnen.

Minnermanntje: ein norddeutsches Schimpfwort für einen minderbemittelten Menschen.

Minuskavalier: abwertend verwendete Bezeichnung für jemanden, der das krasse Gegenteil eines charmanten, höflichen und zuvorkommenden Kavaliers verkörpert.

Mipser: Schmähung aus dem Saarländischen für eine Person mit unangenehmen Körperausdünstungen.

Misanthrop: ein von griechisch „anthropos" (Mensch) und „misos" (Haß) abgeleiteter Scheltname für jemanden, dem man vorwirft, ein Menschenfeind zu sein oder der sich selbst für einen solchen hält.

Mischpoke: von hebräisch „mischpachah" (Familie), abfällig verwendete Bezeichnung für Familie, Verwandtschaft oder üble Sippschaft.

Mischtridder: wie auch „Mischtkäffer" eine in der Pfalz beheimatete, abfällig verwendete Bezeichnung für einen Landwirt.

Miserabelchen: die abschätzige Bedeutung verstärkende Verniedlichung einer boshaften, liederlichen und hinterhältigen Person.

Mißgeburt: weit gehässiger als die Einstufung in die Kategorie „unsympathisch", bezeichnet dieser Ausdruck einen widerlichen, boshaften Menschen.

Mißgestalt: verbale Grobheit gegenüber einer häßlichen oder körperlich entstellten Person.

Mistamsel: derbes Schimpfwort für ein schmutziges – oder mit allen Wassern gewaschenes – Frauenzimmer.

Mistbauer: derbes Schimpfwort für einen Landwirt.

Mistbiene: ein solches Frauenzimmer gilt gemeinhin als verkommen, schmutzig und schlampig.

Mistbock: verächtlich verwendete Bezeichnung für einen schmuddeligen, auch charakterlosen, infamen Menschen.

Mistbolzen: verächtliche Bezeichnung für einen niederträchtigen, charakterlosen Menschen.

Mistbritschn: besonders abwertend für einen scharfzüngigen Franken mit einem bösen Mundwerk.

Mistfink: eine solche Person ist gemeinhin als unanständig, schmutzig, dreckig oder schlampig verschrieen.

Mistgabelbaron: altmodische, eher selten verwendete Beschimpfung für einen Landwirt oder Großbauern.

Mistgurgl: ein typisch bairisches Schimpfwort für ein zänkisches, boshaftes Frauenzimmer.

Misthaufen: grob für eine ungeordnete, undisziplinierte Menschenschar.

Misthund: mißbilligend für ein ausgesprochen gemeines, charakterloses Exemplar von Mann.

Mistkäfer: abfällig für einen unflätigen, auch charakterlosen Menschen.

Mistkerl: derbe Schelte für einen niederträchtigen, fiesen oder charakterlosen Kerl.

Mistsau: derber Kraftausdruck für eine schmutzige, infame oder widerwärtige Person.

Miststück: verächtlich für ein hinterhältiges, verkommenes, niederträchtiges oder liederliches Frauenzimmer.

Mistvieh: ein derber Schelt- und Schimpfname für einen besonders hinterhältigen, charakterlosen Menschen.

Mitesser: als Schimpfname oder spöttisch für einen, der sich bei anderen „durchfrißt"; umgangssprachlich abwertend für einen „Schmarotzer".

Mitgiftjäger: abfällig für einen Mann mit Heiratsabsichten, dem unterstellt wird, er habe es nur auf das Vermögen seiner Zukünftigen abgesehen.

Mitläufer: abfällige Bezeichnung für einen, der sich – nicht der Sache wegen oder aus eigener Überzeugung – anderen anschließt.

Moasnkepfal: der Österreicher oder Bayer nennt den beschränkten Verstand oder kleinen Geist (der nur in einem Meisenkopf paßt) als Grund für diesen Spottnamen.

Mob: verächtlich verwendeter Sammelbegriff für gemeinen Pöbel, übles Gesindel, rasendes Pack.

Möchtegern: saloppe Umschreibung für jemanden, der vorgibt, mehr zu sein, zu können oder zu wissen; häufig auch als Angeber oder Gernegroß verspottet.

Möchtegerncasanova: spöttisch für jemanden, der sich für einen „unwiderstehlichen" Frauenhelden hält.

Mocke: beleidigend für ein dickleibiges, unordentliches Frauenzimmer.

Moddnglobbr: sächsisch-mundartlicher, wenn auch veralteter, Berufsspott für einen Vertreter des Kürschnerhandwerks (pelzverarbeitendes Gewerbe).

Modeaffe: saloppe Umschreibung für einen modisch auffälligen, gekkenhaften, auch arroganten Menschen.

Modepüppchen: spöttisch-schnippisch für eine auffällig gekleidete, modebewußte junge Frau.

Modepuppe: saloppe bis abwertende Bezeichnung für eine weibliche Person, die in Sachen Kleidung und Make-up immer auf dem neuesten Stand ist.

Modezicke: Spott- und Schimpfname für ein weibliches Wesen, das immer modisch „up to date" ist.

Mof: allgemeiner Schimpfname aus den Niederlanden für den Deutschen an sich.

Mogler: leicht mißbilligend für eine Person, die versucht, sich mit unlauteren Mitteln Vorteile zu verschaffen; jemand, der beim Spiel schummelt.

Möhlenperd: im Friesischen dient es zur abschätzigen Bezeichnung einer groben, rohen und ungeschlachten Person.

Möhnetröster: besonders im Rheinland beheimateter, träger, langweiliger Mensch, der auf seine Mitmenschen wie eine Schlaftablette wirkt.

Mohrenschnute: abfällig verwendete Bezeichnung für einen schwarzen dick- oder breitlippigen, selten für einen ungewaschenen Mund.

Mohrenwäsche: umgangssprachlich für den unsinnigen Versuch, einen Mohren (Farbigen) weiß zu waschen.

Moiproter: verächtlich im Niederdeutschen verwendete Bezeichnung für einen schmeichlerischen Menschen, der es auf geschickte Weise versteht, sich und andere schön zu reden. Und das alles aus Berechnung.

Molch: vorwiegend jugendlicher Jargon und universell einsetzbarer Spottname für einen (meist alten) Mann.

Mölfieken: bezeichnend im nordöstlichen Gegenden von Deutschland für eine schlampige, unordentliche Person.

Molleken-Doof: saloppe Umschreibung für ein weibliches Wesen, das nicht nur mollig, sondern auch ausgesprochen einfältig ist.

Mollenfriedhof: eine „Molle" ist auf echt Berlinerisch ein großes Glas, ein Krug Bier. Folgerichtig hat ein so titulierter Mann schon viele Biere zu Grabe getragen. Eine gewisse Trinkfestigkeit ist ihm also neidlos zuzugestehen.

Mondgesicht: wegen seines runden, dicklichen Gesichts wird dieser Mensch gern zur Zielscheibe der eher gutmütigen Schmähung.

Mondkalb: beleidigend für einen ausgesprochen dummen, einfältigen

Menschen, der auch „Einfaltspinsel" genannt werden könnte.

Mondkieker: norddeutsch für einen verträumten, meist wirklichkeitsfremden Menschen.

Monomane: abschätzig für jemanden, der fast schon krankhaft auf eine Sache oder einen Menschen fixiert ist, sich in eine Sache reinsteigert.

Monster: eigentlich ein furchteinflößendes Untier, bezeichnet es als Schimpfwort einen widerlichen, grausamen Menschen; als „kleines Monster" ist im Regelfall ein besonders freches, ungezogenes Kind gemeint.

Moors: hanseatisch für Hinterteil; derber: Arsch; ein „Moorspetter" ist demnach jemand, der anderen „in den Hintern tritt."

Moppel: saloppe, selten abfällig gemeinte Umschreibung für einen kleinen, molligen Menschen, auch Kind.

Mops: wegen seiner untersetzten, kurzbeinigen, molligen Statur wird der Bezeichnete zur beliebten Zielscheibe des Spotts und durch den Begriff mit dem ebenfalls eher unförmigen Hund verglichen.

Möpschen: verniedlichend-spöttisch oder auch als Kosename für ein kleines, dickes Kind.

Mopser: umgangssprachlich für jemanden, der sich etwas verstohlen oder heimlich aneignet.

Moralapostel: mißbilligend verwendete Bezeichnung für jemanden, der sich in übertriebener Weise als Sittenprediger aufspielt; mit erhobenen Zeigefinger mahnend oder belehrend als „Moralprediger" verrufen.

Morchel: beleidigend für eine unsympathische, schlampige oder widerliche Frau.

Mordsbagage: verächtlich gemeinte Kollektivschelte für Mob, übles Pack oder Gesindel.

Mordslomp: vgl. Lomp; schwäbisches Schimpfwort mit einer schier unerschöpflichen Interpretationstiefe, paßt immer und auf jeden – Mann.

Morgenmuffel: saloppe Umschreibung für jemanden, der des Morgens meistens schlaff, wortkarg oder für andere nicht ansprechbar ist.

Morphinist: verächtlich verwendete Bezeichnung für einen Drogensüchtigen, der durch die lähmende Wirkung des Giftes bereits körperlich wie geistig angegriffen ist.

Mors: ein derber Kraftausdruck aus norddeutschen Landen für den Allerwertesten.

morsche Jondel: die „Gondel" in Berliner Mundart steht sinnbildlich für einen flachen Kopf; einem Menschen mit einem morschen Kopf ist demzufolge geistige Hochleistung abzusprechen.

Morskruper: friesisch-derb für einen Arschkriecher; Schimpfwort für einen kriecherischen, besonders Vorgesetzten schmeichelnden Menschen.

Moschtkopf: mundartlich-schwäbischer Ausdruck für einen Dummkopf.

Möse: vulgärer Kraftausdruck für eine Frau.

Motte: leicht abwertender Beiname für ein leichtsinniges, flatterhaftes, jungen Mädchen.

Mottenkopf: neben der spöttischen Verwendung für jemanden, dessen Haare aussehen, als hätten darin die Motten gehaust, kennt der Volksmund auch die leicht abwertende Bezeichnung für einen eigensinnigen, sturen Zeitgenossen.

Motzbrocken: die derbe Bezeichnung für einen überaus unfreundlichen, mürrischen und unverträglichen Menschen.

Motzer: neben „Motzkopf" mißbilligend verwendete Bezeichnung für einen unzufriedenen, unangenehmen und wegen jeder Kleinigkeit meckernden Zeitgenossen.

Muattabiawal: im süddeutschen oder österreichischen Sprachraum, mit leicht abweichender Aussprache und Schreibweise, für ein verwöhntes, verzogenes und verweichlichtes Bürschchen, das sich noch nicht von dem Rockzipfel seiner Mutter trennen kann.

Mücke: verniedlichend oder spöttisch für einen kleinen, unbedeutenden oder auch lästigen Menschen.

Mückenköpfer: saloppe Umschreibung für jemanden, dessen Geistesgröße kaum die einer Fliege (Mücke) übertreffen wird.

Mucker: im abschätzigen Sinn für einen mürrischen Menschen, der immer wieder schlechtgelaunt „aufmuckt"; das krasse Gegenteil bedeutend, gibt er sich auch gern als scheinheilige, frömmelnde Person aus.

Muckser: in scherzhafter oder leicht abwertender Weise für jemand, der sich regt oder einen „Mucks" von sich gibt. Im negativ verstärkten Sinn kann es aber auch einen Menschen bezeichnen, der „aufmuckt", also aufsässig und vorlaut ist.

Mudderbiewel: besonders pfälzisch für einen verzogenen, verwöhnten Kerl; wird auch als „Muttersöhnchen" verspottet.

Muddersack: norddeutsches Idiom für Schmutzfink.

müder Krieger: saloppe Umschreibung für einen kraft- und saftlosen, schlaffen oder abgekämpften Menschen.

müder Laden: umgangssprachlich für eine schwunglose, fade oder langweilige Gesellschaft.

Muffel: mit seiner immerzu schlechten, verdrießlichen, mürrischen Art zählt so jemand zu einem besonders unsympathischen Menschenschlag. Landläufig wird er auch als „Muffkopf" beschimpft.

Muffkopf: abfällig verwendete Bezeichnung für einen unsympathischen, unfreundlichen oder mürrischen Zeitgenossen; vgl. Muffel.

Mufti: vorwiegend jugendlicher Jargon für einen schlaffen, mürrischen oder langweiligen Menschen.

Muhackl: bairisches Idiom für einen grobschlächtigen und ungehobelten Menschen.

Muhkalb: mundartliche Entstellung des Spitz- und Spottnamens „Mondkalb", mit dem sich ein erwachsener, aber dennoch kindlich unbeholfener oder einfältiger Mensch schmücken kann.

Müllsack: meist jugendlicher Jargon für einen Vielfraß, der nicht auf Qualität, sondern eher auf die Menge der Speisen achtet.

Mullwarp: norddeutsches Idiom für Maulwurf; einschlägige Bezeichnung für einen Agenten oder verdeckten Ermittler; seltener als Berufsspott verwendet für einen Tiefbauarbeiter oder Archäologen.

Mulus: abzuleiten von lateinisch „mulus" (Maultier, Esel), kennt die Studentensprache einen frisch immatrikulierten Studenten, dem noch der Geruch des Gymnasiums anhaftet.

Mumie: eine wegen ihrer „verstaubten", spießigen Ansichten oder greisenhaften Erscheinung verspottete Person.

Mumienschänder: vorwiegend jugendlicher Jargon für einen Mann, der ein Verhältnis mit einer wesentlich älteren Frau pflegt.

Mummelgreis: derber Ausdruck für einen gebrechlichen, meist zahnlosen, alten Mann.

Mumpfel: abschätzige Bezeichnung aus dem Frankenland für einen mürrischen, mundfaulen Zeitgenossen.

Mumpitz: ursprünglich umgangssprachlich für „Unsinn; Schwindel". Die aus dem Berliner Börsenjargon stammende Bezeichnung läßt sich gut als Schimpfwort für eine Schreckgestalt verwenden.

Münchhausen: in Anlehnung an sein legendenumwobenes Vorbild, dem Geschichtenerzähler Baron von Münchhausen, hält auch eine so beschimpfte Person mit ihren aufschneiderischen, heldenhaften Lügengeschichten nicht hinterm Berg.

Murkel: verniedlichend oder als Kosename für ein kleines Kind, auch abfällig für eine kleine, mickrige Person.

Murkser: handwerklich mit zwei linken Händen ausgestattet, verpfuscht eine solche Person sämtliche ihr anvertrauten Arbeiten.

Murmeltier: legere Umschreibung für einen verschlafenen, schlaffen oder auch langweiligen Menschen.

Muschgedunner: pfälzische Beleidigung für ein „aufgedonnertes", auffällig, aber geschmacklos zurecht gemachtes Frauenzimmer.

Museumsstück: salopp für eine altmodische, meist ältere Person, deren Ansichten als „verstaubt" abgetan werden.

Muskelprotz: Spott- und Scheltname für jemanden, der seine Muskeln und die körperliche Kraft übertrieben zur Schau stellt.

Müsli: umgangssprachlich für jemanden, auf dessen Speiseplan ausschließlich Vollwert- und Vollkornprodukte stehen.

Müßiggänger: abschätzig für jemand, der, statt seine Zeit sinnvoll zu nutzen, untätig oder gelangweilt ist.

Musterknabe: ironisch für einen Nichtsnutz; mißbilligend für einen strebsamen, übereifrigen Menschen.

Muttersöhnchen: spöttisch oder verächtlich für einen verwöhnten Mann, der im übertragenen Sinn noch am Rockzipfel seiner Mutter hängt.

Muulschkopp: die von einem Hamburger so bezeichnete weibliche Person gilt als überempfindlich, sensibel und schnell beleidigt.

Muuspeter: norddeutsch für „Mäusepeter", eine abfällige Bezeichnung für einen ängstlichen, feigen Menschen.

N

Nabelficker: derbes Schimpfwort für einen, der sich selbst für den „Nabel der Welt" hält und deshalb manchmal völlig in sich gekehrt ist.

Nabob: verächtliche Bezeichnung für einen stinkreichen, verschwenderischen mit seinem Luxus prahlenden Menschen.

Nachäffer: saloppe Umschreibung für jemand, der etwas oder andere auf übertriebene oder plumpe Art und Weise imitiert.

Nachbeter: mißbilligend für eine einfallslose Person, die anderen nach dem Mund redet oder deren Meinung für die eigene ausgibt.

Nachgeburt: boshaft und gemein verwendetes Schimpfwort für jemanden, der – „als Nachgeburt aufgezogen" – als geistig zurückgeblieben gilt.

Nachläufer: saloppe Umschreibung für jemanden, der sich einer Person oder Gruppe gegenüber besonders anhänglich oder unterwürfig gibt.

Nachsitzer: spöttisch für einen Schüler, der nach Schulschluß noch nachsitzen, sprich eine Strafstunde absitzen muß.

Nachtbetzel: hessisch für einen nachtaktiven Menschen, der dann meist in Diskotheken und Cafés zu finden ist; siehe auch Nachtschwärmer.

Nachteule: Spottname für eine Person, die häßlich wie „die Nacht dunkel" ist; auch scherzhaft für jemanden, der das Nachtleben ausgiebig genießt; vgl. Nachtschwärmer.

Nachtkapp: Spottname aus dem Hessischen für jemand, der dumm „wie die Nacht dunkel" ist.

Nachtschattengewächs: Spottname für eine weibliche Person, deren ausschweifendes Nachtleben schon Spuren – beispielsweise in Form von dunklen Ringen unter den Augen – hinterlassen hat.

Nachtschwärmer: vgl. Nachtbetzel, Nachteule; sobald es dunkel wird, stürzt sich diese Person ins aufregende Nachtleben einer Stadt; angesichts morgendlicher dunkler Augenringe auch „Nachtschattengewächs" genannt.

Nachtwächter: Spottname für einen (auch geistig) müden, schläfrigen Zeitgenossen.

nach uns die Sintflut: als sinngleich mit „ich verschwinde, alles weitere ist mir egal" zu verstehen.

Nachzügler: umgangssprachlich für jemanden, der zu einem Termin als letzter eintrifft, oder für einen, der in seiner körperlichen oder geistigen Entwicklung zurückgeblieben ist.

Nacktarsch: grober Ausdruck für eine unbekleidete, seltener für eine mittellose Person.

Nafke: veraltete, derbe Schelte für ein liederliches Frauenzimmer, die auch als Straßendirne einen schlechten Ruf genießt.

Nagel zum Sarg: diese Redensart richtet sich an eine Person, die einem auf ärgerliche Weise den letzten Nerv raubt, einen in Rage bringt. Im abschätzigen Sinn bezeichnet es eine Nervensäge oder einen Quälgeist.

Nägenklauker: umgangssprachlich in nordöstlichen Gegenden Deutschlands verwendet für einen neunmalklugen, sprich besserwisserischen Menschen.

Naivchen: besonders auf ein junges, unbedarftes, gutmütiges oder einfältiges Mädchen gemünzter Beiname.

Naivling: der Bezeichnete wird wegen seiner gutmütigen, treuherzigen und unbedarften Art von anderen nicht besonders ernst genommen.

Nakendmors: friesisch für „Nacktarsch"; Schimpfwort für einen mittellosen, erbärmlichen Menschen.

Nängerer: pfälzisch-abfällige Bezeichnung für ein quengelndes, jammerndes, wehleidiges Kind; mancherorts auch Scheltname für einen nervtötenden, nörgelnden Zeitgenossen.

Nappsülze: saloppe Umschreibung für einen schlaffen, faden oder unmotivierten Menschen.

Närrchen: verniedlichend oder als Kosename für ein leicht törichtes, albernes oder einfältiges Kind.

Narrekaschper: mit dem schwäbischen Schalk im Nacken treibt diese Person allerlei Unsinniges und Verrücktes.

Narrisch-Else: der Vorname Else hat in der Schimpfkultur immer einen abschätzigen Sinn und bedeutet in diesem Fall eine besonders alberne und geistig beschränkte Person.

Narziß: nach Narcissus, dem schönen Jüngling aus der griechischen Sage, abschätzige Bezeichnung für jemanden, der nur sich selbst – sein Spiegelbild – liebt und anhimmelt.

Naschkatze: ein meist liebevoller Neckname für eine weibliche Person, die Süßigkeiten liebt.

Nasenbär: Zielscheibe des Spotts ist der ausgeprägte „Riechkolben" der so titulierten Person.

Nasenbohrer: ungeniert bohrt eine solche Person in der Öffentlichkeit in der Nase; auch Bezeichnung für einen unbedarften Menschen. Im jugendlichen Jargon bezeichnet der Begriff jemanden, der noch recht unreif und unerfahren ist.

Nasentrompeter: die saloppe Umschreibung für jemanden, der sich, eindringlich laut trompetend, die Nase schneuzt.

Naserubbler: „penibel" ist gar kein Ausdruck für den Ordnungs- und Genauigkeitsfimmel, der einen so beschimpften Schwaben auszeichnet.

Naseweis: leicht tadelnd für ein vorwitziges, vorlautes Kind; Schelt- und Schimpfname für einen besserwisserischen Menschen.

Nassauer: die bildungssprachliche Schelte für einen Schnorrer oder Schmarotzer, der stets versucht, bei anderen etwas abzustauben oder auf deren Kosten zu leben.

nasser Sack: abfällig für jemanden, dessen Bewegungen alles andere als grazil und leichtfüßig zu bezeichnen sind – der so Beschimpfte wirkt plump und ungelenk.

Naßmacher: meist jugendlicher Jargon für einen „Hosenpisser", einen, der sich vor Angst „schier in die Hosen macht".

Näswäter: in Bezug auf ein Kind leicht tadelnd, bei einem ausgewachsenem „Naseweis" im stark abschätzigen Sinn verwendete Schelte aus dem Niederdeutschen.

Natter: gemeinhin gilt eine so titulierte, weibliche Person als „giftig", sprich als bösartig, boshaft und intrigant.

Natternbrut: verächtlicher Sammelbegriff für übles Gesindel.

Nattnöse: Spott- und Scheltname aus dem Niederdeutschen für einen widerlichen, unangenehmen, unmanierlichen Menschen; eine Rotznase, die Anstand und Benimm nicht nur beim Naseputzen, sondern auch in allen Lebenslagen vermissen läßt.

Naturapostel: spöttisch bis abwertend für jemanden, der im Einklang mit der Natur lebt, einen einfachen und gesunden Lebensstil pflegt.

Naturbursche: saloppe Umschreibung für einen einfachen, ungeschliffenen oder unkultivierten Burschen.

Naturdoofer: scherzhaft-spöttisch für jemanden, dem Dummheit und Einfalt bereits in die Wiege gelegt wurden. Anders gesagt: von Natur aus doof.

Nebbich: im abschätzigen Sinn für eine männliche, vom Pech verfolgte Person, der am laufenden Band Mißgeschicke passieren und die nichts Vernünftiges zuwege bringt.

Nebelkrähe: ein derber Spott- und Scheltname für eine überaus häßliche, unansehnliche oder garstige Frau.

Neegenooge: wörtlich: Neunauge; jemand, der mit neun, statt mit zwei Augen sieht, dem entgeht nichts. Die Schelte gilt also einer neugierigen Person, die überall mitredet und jeden Klatsch und Tratsch weiterträgt.

Neers: friesisches Idiom für Hinterteil.

Neger: umgangssprachlich, meist beleidigend für einen Schwarzen.

Neiddeifel: ein abfälliges, schwäbisches Schimpfwort für einen mißgünstigen Menschen, der seinen Mitmenschen jeden Bissen „vom Mund abschaut"; siehe auch Neidhammel, Neidkragen.

Neider: mißbilligend für jemanden, der anderen nichts gönnt.

Neidhammel: vgl. Neiddeifel; schon im 16. Jahrhundert hatten die Menschen für eine solche, neidische Person, die niemand anderen etwas gönnt, nur Verachtung übrig.

Neidkragen: vgl. Neiddeifel oder Neidhammel; den eigenen Hemdkragen bekommt dieser mißgünstige Mensch nicht voll genug – seinen Mitmenschen dagegen gönnt er nichts.

Neinsager: eine so titulierte Person steht aus Prinzip neuen Dingen oder der Meinung anderer erst einmal ablehnend gegenüber.

Nepper: Schelte (aus der Gaunersprache) für jemanden, der seine Kunden mit übermäßigen Preisen übervorteilt.

Nerjeler: die hessische Mundart kennt diese Person als einen ewig meckernden, unzufriedenen, an allem und jedem herumnörgelnden Menschen.

Nervenbündel: saloppe Umschreibung für eine zartbesaitete Person mit einem ausgesprochen dünnen Nervenkostüm.

Nervensäge: jemand, der auf ärgerliche Weise aufdringlich oder lästig wird oder auch penetrant um etwas bittet.

nervöses Hemd: spöttisch für einen unruhigen, nervösen oder zappeligen Menschen.

Nervtöter: starkes Schimpfwort für jemanden, der anderen auf ärgerliche und/oder lästige Weise auf die Nerven fällt.

Nestbeschmutzer: saloppe Umschreibung für eine Person, die durch ihr negatives Verhalten oder Gerede andere, respektive Familie oder Kollegen, in ein schlechtes Licht rückt.

Nesthäkchen: verniedlichend oder als Neckname für den jüngsten und verwöhnten Sproß der Familie.

Nesthocker: die saloppe Umschreibung für das jüngste Kind einer Familie oder einen Jugendlichen, der im übertragenen Sinn noch nicht „flügge" ist. Nicht selten bezeichnet es auch eine ältere, unverheiratet gebliebene Frau.

Neuigkeitskrämer: Neuigkeiten, die der bezeichneten Person unter dem Siegel der Verschwiegenheit anvertraut wurden, verbreiten sich wie ein Schnellfeuer im Ort.

Neunmalkluger: Spottname für einen vermeintlich klugen, besserwisserischen Menschen.

Neureicher: als Schimpfwort oder spöttisch für einen finanziellen Aufsteiger, der in der Regel den Reichtum nicht selbst erarbeitet, sondern geerbt hat.

Neurotiker: abschätzig verwendete Bezeichnung für einen krankhaft nervösen oder ängstlichen, in seinem Verhalten gegenüber der Umwelt gestörten Menschen.

Neutrum: beleidigend für einen ausdruckslosen, faden, meist auch unerotischen Menschen.

Nichtskönner: verächtlich für jemanden, der sich durch keinerlei Fähigkeiten, dafür aber durch Faulheit auszeichnet.

Nichtswisser: mißbilligend für eine dumme, ungebildete, meist auch grundlos eingebildete Person.

Nickel: abfällig-bairisch für einen wertlosen Menschen – ebenso minderwertig wie gleichnamiges Metall.

Nickeldreiher: norddeutsche, abfällig verwendete Bezeichnung für einen überaus sparsamen Menschen.

Nickkopper: norddeutsche Alternativschelte für einen Ja-Sager.

Nieslbriem: was ein nach sächsischer Mundart so titulierter Zeitgenosse von sich gibt, läßt sich auf einen Nenner bringen: viel Wind um nichts.

Niete: auch im wirklichen Leben hat eine solcherart bezeichnete Person nicht gerade das große Los gezogen; ein Versager oder Nichtskönner.

Nifter: besonders im oberfränkischen Raum ausgeprägter Beiname eines neugierigen, aufdringlichen Menschen.

Nihilist: abzuleiten von lateinisch „nihil" (nichts), gilt es im abschätzigen Sinn für einen Menschen, der alle Werte und Ziele verneint, in allem das Wertlose und Sinnlose sieht.

Nilpferd: beleidigend für eine dicke, plumpe, massige oder ungelenke Person.

Nimmersatt: scherzhaft oder als Schimpfname für einen, der ständig Heißhunger hat.

Nobelhobel: in Autofahrerkreisen spöttisch oder ironisch für eine vermeintliche Luxuskarosse oder einen aufgemotzten Wagen.

Nobody: aus dem Englischen übernommener, auf eine lächerlich unbedeutende, nichtssagende Person gemünzte Bezeichnung.

Nodregscher: der von einem Hamburger so Bezeichnete gilt als überaus nachtragend, sogar rachsüchtig.

Nöhler: meist jugendlicher Jargon für einen meckernden, an allem und jedem herum nörgelnden Menschen.

Noklapper: Schelte aus dem Norddeutschen für einen hinterlistigen, infamen Menschen.

Nölliese: Spottname aus dem Norddeutschen für eine pflichtvergessene, zögerliche oder tranige weibliche Person. Ihr männliches Gegenstück schimpft sich „Nölpeter".

Nonvaleur: aus dem Französischen übernommene Bezeichnung für einen Menschen, der nichts taugt, nichts wert ist. Kurzum: ein Niete und ein Nichtskönner.

Noochbeder: wörtlich: „Nachbeter"; besonders pfälzisch für jemanden, der nach dem Mund anderer redet, nachplappert.

Noorsbacke: wörtlich: Arschbacke; ein Kraftausdruck aus dem Norden Deutschlands für einen ausgesprochen dummen, einfältigen Menschen.

Nordlicht: ein besonders in Süddeutschland beliebter Spottname für einen Norddeutschen.

Nörgelfritze: die saloppe Umschreibung für einen immerzu unzufriedenen, überkritischen oder meckernden Menschen, der im übertragen Sinn in jeder Suppe ein Haar findet.

Notel: Abwertende, schwäbische Bezeichnung für eine Person, die einen stets abgehetzten Eindruck macht und immer auf dem Sprung zu sein scheint.

Notleuchte: vorwiegend jugendlicher Jargon für jemanden, der für Hilfsdienste oder Botengänge ausgenutzt wird.

Notnagel: wenn Not am Mann ist, muß er einspringen – ob er will oder nicht.

Notnickel: ein Geizkragen, wie er im Buche steht.

notorischer Säufer: grobe Schelte für jemanden, dem regelmäßiger Alkoholkonsum unterstellt wird.

Nöttelefönes: wegen seiner permanenten Nörgelei und Unzufriedenheit zählt dieser Rheinländer zu einem besonderen und bei seinen Mitmenschen sehr unbeliebten Menschenschlag.

Nuckelpinne: saloppe Umschreibung in Autofahrerkreisen für einen häßlichen, leistungsschwachen, aber immerhin fahrbaren Untersatz.

Nücker: vorwiegend im Nordosten Deutschlands gängiger, abwertender Ausdruck für einen schrulligen, launischen Zeitgenossen.

Nuddeldrücker: wer von einem Bayer so beschimpft wird, zählt zu dem besonders unbeliebten Menschenschlag der Geizkragen und Pedanten.

Nuddeljan: norddeutscher Spott- und Scheltname für einen langsamen, trägen, auch faulen Menschen.

Nudel: in Verbindung mit einem treffenden Adjektiv wie „dick", „komisch" oder „dumm" ein mannigfacher Ausdruck für ein Mädchen oder eine Frau.

Nudldrugga: weit gehässiger als „Erbsenzähler", gilt dieses bairische Schimpfwort einem absolut peniblen, kleinkarierten Menschen; vgl. Korinthenkacker.

Nüggel: rheinischer Spottname für einen faden, willen- und antriebslosen Menschen.

Nullchecker: jugendlicher Jargon für jemanden, der rein gar nichts kapiert oder keinen Durchblick hat; abgeleitet vom englischen Verb „to check".

Nullinger: jugendlicher Jargon für eine „Niete"; einen, der nichts kann und nichts darstellt.

Nullschnaller: jugendlicher Jargon für eine Person ohne Verstand und Durchblick; vgl. „Nullchecker".

Nulpe: von seiner Umwelt wird dieser lächerlich unbedeutende, unscheinbare Nichtskönner (Niete) glattweg übersehen.

Nummer: saloppe Umschreibung für jemanden, der entweder als komisch, schrullig, albern oder eigenwillig gilt.

Nuß: meist in der Verbindung mit dem Adjektiv „dumm", ein Spott- und Scheltname für eine einfältige, törichte Person.

Nußpicker: als Spitzname oder scherzhaft für einen kleinen Buben. Es dient auch als leicht abwertende oder spöttische Bezeichnung für ein unreifes, unerfahrenes Bürschlein.

Nymphomanin: verächtlich für eine mannstolle Frau, die sich – in manchen Fällen einem krankhaften Trieb folgend – in schnellebige Liebesabenteuer stürzt.

O

Oarschgräula: verächtlich im bairisch-österreichischen Sprachraum für eine Person, die sich mit ihrer kriecherischen und vor allem bei Vorgesetzten schmeichlerischen Art nicht Freunde, sondern Feinde schafft.

Oasch: bairisches Idiom für die „vier Buchstaben" und absolut universell einsetzbares Schimpfwort für jedermann und alle Lebenslagen.

Oberaffe: saloppe Umschreibung für einen Vorgesetzten oder Chef. Außerdem ein beliebtes Schimpfwort in Klassenzimmern für den Schuldirektor.

Oberarsch: ein ordinärer Kraftausdruck, der in seiner verstärkten Bedeutung einem widerlichen, überaus unsympathischen Menschen gilt.

Oberarschloch: starker Kraftausdruck für einen ekelhaften, widerwärtigen oder abstoßenden Zeitgenossen.

Oberdepp: lebendes Beispiel dafür, daß es immer eine Steigerung gibt – auch für einen Deppen, sprich einen überaus dummen, einfältigen und törichten Menschen.

Oberdoofer: Superlativ im jugendlichen Sprachgebrauch für einen ausgesprochen doofen, dämlichen Kerl.

Oberflächling: saloppe Umschreibung für eine liederliche, ungenaue oder auch nachlässige Person.

Obergscheidle: vgl. Gscheidle; außerhalb Schwabens landläufig als „Besserwisser" bekannt und entsprechend unbeliebt.

Oberlangweiler: so buchstabiert man in Spötterkreisen die Steigerungsform für eine fade, schlaffe und tranige Person.

Oberlehrer: abschätzig für jemanden, der auf ärgerliche Weise andere schulmeisterlich behandelt, belehrt oder bevormundet.

Obermacho: verstärkter Spott- und Scheltname für einen arroganten, selbstgefälligen Mann, der sich besonders Frauen gegenüber ausgesprochen männlich und überlegen gibt.

Obermacker: umgangssprachlich für eine hochrangige, beruflich höher gestellte Person, Vorgesetzter oder Ausbilder. Im jugendlichen Jargon auch abschätzig oder leicht anerkennend für einen Großtuer.

Obermolli: die abschätzige Verstärkung für einen autoritären, strengen Vorgesetzten, Boß.

Oberschlauer: verstärkt abfällig oder ironisch für jemanden, der sich für besonders klug, gewieft oder gerissen hält.

Oberschwätzer: verächtlich für jemanden, der unentwegt belangloses, sinnloses oder unglaubwürdiges Gerede von sich gibt und deshalb von niemandem ernst genommen wird.

Obertrottel: der Superlativ eines Trottels, eines einfältigen, begriffsstutzigen Einfaltspinsels.

Oberverdachtsschöpfer: saloppe Umschreibung für einen Freund und Vertreter von „Justitia" – ein Staatsanwalt.

Obskurant: im abschätzigen Sinn für einen dunklen, zwielichtigen Zeitgenossen, der sich durch seine dubiosen Geschäfte oder schleichende Art verdächtig macht.

Ochse: beleidigend für einen eigensinnigen, starrköpfigen oder grobschlächtigen Menschen. Auch wenn dem gleichnamigen Tier damit unrecht getan wird – „Ochse" gilt auch als eines der meist gebrauchten, variabel einsetzbaren Schimpfworte für einen Dummkopf.

Ochsentreiber: derbe Schelte für einen grobschlächtigen, unsensiblen oder ungeschliffenen Burschen, auch Antreiber.

Odl: echt bairisch für Jauche, kann man auch beleidigend für jemanden mit üblem Mundgeruch verwenden.

Oewernäsiger: mißbilligend im östlichen Norddeutschland für einen hochnäsigen, eingebildeten und arroganten Kerl.

Ofen: in Verbindung mit dem treffenden Adjektiv wie beispielsweise „heiß" eine saloppe Umschreibung für ein PS-starkes Zweirad.

Ofenschlupfer: spöttisch für jemanden, der lieber faul und träge in der Stube sitzt, als etwas zu unternehmen.

Offiziersmatratze: altmodische, verbale Grobheit gegenüber einem lasterhaften Frauenzimmer, das sich gern und oft mit Soldaten eingelassen hat.

Ohnemichel: abfällig für jemanden, der ewig abseits steht, desinteressiert ist und für nichts und niemanden eintritt.

Ohnmachtsknochen: saloppe Umschreibung für einen kümmerlichen, lächerlich unbedeutenden oder auch schwächlichen Menschen.

Ohrenbläser: der Bezeichnete redet und lästert hinter dem Rücken anderer, gilt als Meister der üblen Nachrede.

Ohrfeigengesicht: saloppe Umschreibung für jemanden mit einem ausgesprochen dämlichen, einfältigen Gesichtsausdruck, der eigentlich zu einer Ohrfeige verleitet.

Ohrwurm: altmodische, abschätzige Bezeichnung für einen Schöntuer, Schmeichler.

oida Schneebrunza: gleichbedeutend mit dem deutschen Kraftausdruck „alter Wichser", von einer Österreicherin mißbilligend verwendete Bezeichnung für einen widerlichen Mann.

Oide: kurzum: die „Alte" oder Ehefrau eines Bayern oder Österreichers.

oide Drotschn: abwertender Ausdruck aus dem Österreichischen für ein neugieriges, geschwätziges und klatschsüchtiges Frauenzimmer.

oide Fuchtl: derbe Schelte in bairisch-österreichischer Mundart für eine ältere, schrullige oder verschrobene weibliche Person.

Oijelhannes: der Bezeichnete aus dem Rheinland bricht bei jeder Kleinigkeit in Wehklagen aus; Jammern und Meckern zählen zu seinen markant negativen Eigenschaften.

Öiltiechl: fränkischer Spott- und Scheltname für einen langweiligen, faden Menschen, der auf andere wie eine Schlaftablette wirkt.

Oimel: alternative Schreibweise für „Eumel", einen dämlichen, begriffsstutzigen oder törichten Menschen.

Öko: neuzeitliches Schimpfwort für einen, der vermeintlich auf der Naturkost-Welle schwimmt.

Oldie: in der Spottskala der „Gruftis" und „Kompostis" muß sich diese, meist von der Jugend als „alt" titulierte Person erst hochdienen.

Old Knatterhänd: in Autofahrerkreisen umgangssprachlich für einen Liebhaber von Auto-Klassikern, hinsichtlich seiner handwerklichen Fähigkeiten jedoch mit zwei linken (zittrigen) Händen ausgestattet.

Ölgötze: abfällig verwendete Bezeichnung für jemanden, der sich – regungs- und teilnahmslos – nicht von der Stelle rührt.

Ölgretchen: sinngleich mit „Tranfunzel" bezeichnet es eine tranige, tröge, in manchen Fällen auch zimperliche weibliche Person.

Olle: allgemein und in allen Sprachregionen anerkannte Bezeichnung für eine Frau, Mutter, Verwandte oder Ehefrau; ihr männliches Gegenstück wird folgerichtig „Oller" genannt.

olle Quäke: abschätzig verwendete Bezeichnung für einen überempfindlichen, wehleidigen oder wegen jeder Kleinigkeit jammernden Menschen.

Ollsch: allgemein abwertende, universell einsetzbare Schelte in nordöstlichen Gegenden Deutschlands für eine Frau, ein Weibsstück.

Ölseicher: boshaft über eine Frau aus Mecklenburg-Vorpommern, die nicht minder böse und scharfzüngig ist.

Olwel: pfälzisch und abschätzig für einen groben, ungeschliffenen Menschen ohne Benimm und Manieren.

Oma: spöttisch im jugendlichen Jargon für jede Frau „ü 20", sprich jedes weibliche Wesen ab 20 Jahre. In seiner allgemeinen Bedeutung allerdings gilt das Schimpfwort nur älteren Personen; vgl. Opa.

Ömstandskriemer: abschätzig verwendete Bezeichnung aus dem Rheinland für eine umständliche, unpraktische Person.

Onkel: saloppe Anrede für einen Erwachsenen, auch ohne verwandtschaftliche Bande.

Oolsch: hanseatisch für eine unansehnliche Frau, deren beste Jahre offensichtlich schon lange vorbei sind.

Ooltfränkscher: besonders im Norden Deutschlands ausgeprägte, abfällige Bezeichnung für einen altmodischen Menschen, der an seinen überlieferten Ansichten und Traditionen festhält.

Oorslicker: ein „Arschkriecher" oder „Arschlecker" aus dem Nordosten Deutschlands – ebenso devot und schmeichelnd wie allerorten.

Opa: dem Bezeichneten ergeht es wie seinem weiblichen Pendant „Oma" – nicht unbedingt alt an Jahren, wird er besonders im jugendlichen Jargon bereits als „verkalkt" und „mumienhaft" eingestuft.

Openschnute: ein mißbilligend verwendeter Scheltname aus dem Niederdeutschen für einen fürwitzigen, vorlauten, großmäuligen und unverschämten Kerl.

Opportunist: abfällig für jemanden, der sich geschickt an die jeweilige Lage anpassen kann, wenn es ihm Vorteile bringt. Im Hinblick auf seinen schalen Charakter, ist der Umgang mit einem solchen Zweckmenschen nicht empfehlenswert.

Opsternatsche: die norddeutsche Schelte für eine Frau, die ihre Emanzipation vor sich her trägt wie einen Schild.

Optimist: schnippisch oder auch leicht abwertend für einen Menschen, der in allem und jedem immer nur „das Beste" sieht. Seine Welt sieht er in rosiges Licht getaucht, und er wird nie müde, seine Mitmenschen mit seinem positiven Denken anstecken zu wollen.

Orgelpfeife: verächtliches Gepräge tragender Spottname für eine alte Person weiblichen oder männlichen Geschlechts ohne bestimmte Bedeutung.

Orgelspieler: Autofahrer-Jargon für jemanden, der seinen Motor unnötigerweise aufheulen läßt.

Orgie: bezeichnend für ein ausgelassenes, zügelloses Fest, in dessen wilden Verlauf auch die Festgäste sämtliche Hemmungen, meist auch Hüllen, fallen lassen.

Original: spöttisch, abwertend oder leicht anerkennend für eine originelle, eigenwillige oder auch schrullige Person.

Ortsbulle: Spitz- oder auch Spottname aus dem mitteldeutschen Sprachraum für den Bürgermeister.

Oschek: Betrüger, Hochstapler und Schwindler werden im Ruhrgebiet so beschimpft.

Oskar: in der Redensart „frech wie Oskar" dient der häufige Vorname Oskar lediglich als „Platzhalter" für Männer mit anderen Vornamen, die aber eines gemein haben sollen: Sie sind frech und vorlaut.

Ösken: Kosename im Ruhrgebiet für ein niedliches Kind.

Ossenkopp: wörtlich: Ochsenkopp; neben seiner abwertenden Bedeutung für einen stumpfsinnigen, sturen Menschen auch ein landestypischer (ein Ochsenkopp ziert unter anderem das Landeswappen) Spottname für den Mecklenburger.

Ossi: Spott- und Scheltname für einen Bürger aus den Neuen Bundesländern, vormals DDR.

Osterhase: scherzhaft oder als Spottname für einen naiven, einfältigen oder albernen Menschen.

Otleff: Spott- und Schimpfname für eine naive, ungeschickte, einfältige, meist männliche Person.

Otternbrut: verächtlich verwendete Bezeichnung für eine schlechte Gesellschaft, übles Gesindel oder Pack.

Otto Normalverbraucher: saloppe Umschreibung für einen durchschnittlichen, auch spießigen Menschen.

Ousterbedz: der Anblick der Bezeichneten ist eine Beleidigung für einen Franken – geschmacklos aufgedonnert vom Zeh bis zum Scheitel.

Överdreiher: abfällig im Norden Deutschlands für einen leicht verrückten, überdrehten, aufgeregten Zeitgenossen.

Owwermächer: besonders hessisch für einen Großredner mit vermeintlichen Führungsqualitäten.

P

Pachulke: mundartlich-abwertend vorwiegend in den nördlichen und östlichen Gefilden Deutschlands für einen grobschlächtigen, rohen, einfältigen, tölpelhaften, aber auch zwielichtigen Kerl. Im Gaunerjargon auch der Küchenhelfer oder Zuträger des Wachpersonals in einem Gefängnis.

Pack: kollektives Schimpfwort für eine ganze Gruppe von Nichtstuern, unliebsamen Zeitgenossen.

Päckelchesdräjer: eine Beleidigung im Rheinland für einen sogenannten „Kofferträger", sprich: einer, der sich mit gefälligen Diensten und einschmeichelnder Art Vorteile verschafft.

Packesel: spöttisch für einen gutmütigen, gutgläubigen und diensteifrigen Menschen, dem man im übertragenen Sinn alles (Verantwortung, Hilfsarbeiten usw.) aufhalsen kann.

Paddengrabscher: mundartlich aus den nordöstlichen Gefilden Deutschlands für einen Mann, der quasi unter Zwang Frauen berührt oder gar unsittlich befummelt.

Paddjack: norddeutsches Schimpfwort für einen Tippelbruder, sprich Landstreicher.

Paffenarsch: derbe Beleidigung für einen Raucher, der sich und andere mit dem blauen Dunst einnebelt.

Paffer: vorwiegend jugendlicher Jargon für einen Raucher, der sich und andere in dichte Qualmwolken hüllt.

Paffesack: verächtliche Bezeichnung in der Pfalz für einen Geistlichen, Pfarrer.

Pägeljochen: wieder ein norddeutscher „Jochen" – in diesem Fall ein gewohnheitsmäßiger Säufer, der sich schon fast den Verstand versoffen hat.

Palmesel: ein beliebter Neck- und Spottname vorwiegend in süddeutschen Gefilden für einen „wie ein Palmesel" herausgeputzten, eitlen oder geckenhaften Menschen. Außerdem wird an Palmsonntag im Familienkreis demjenigen, der morgens als letzter aus den Federn kommt, dieser „Titel" verliehen.

Pampelarsch: derbe Schelte für einen groben, ungelenken und unpraktischen Menschen.

Pampigwerder: salopp bis abfällig für jemanden, der sich mit seiner unwirschen oder unhöflichen Art sicher keine Freunde machen kann.

Pampuuschenlöper: norddeutsche, abfällige Bezeichnung für eine bequeme – deshalb auch die „Pampuuschen" (Pantoffeln) – und träge Person.

Paniker: abfällig für eine Person, die durch übertriebene Angst andere in panikartige Stimmung und höchste Aufregung versetzt.

Panikmacher: mißbilligend für jemanden, der übertrieben panikartige Stimmung verbreitet und andere durch seine dramatisierende, überängstliche Art in helle Aufregung versetzt.

Pannenolli: saloppe Umschreibung in Autofahrerkreisen für einen schusseligen, ungeschickten Menschen, der technische Pannen wie ein Magnet anzieht.

Panneplacker: veraltete Berufsschelte aus dem Hessischen für Pfannen- oder Kesselflicker.

Pannestätzje: eher liebevolle Bezeichnung oder auch leicht tadelnde Schelte im Rheinland für ein kleines Kind.

Panscher: abfällige Bezeichnung für jemanden, der ein Getränk (z. B. Wein) mit Wasser verdünnt und damit verfälscht.

Pantoffelchen: gemeint ist entweder der in seiner Lächerlichkeit durch die Verkleinerungssilbe „-chen" bloßgestellte „Pantoffelheld" oder jemand, der mit Plüschpantoffel zu Hause oder beim Ausgehen ertappt wurde.

Pantoffelheld: mitleidig oder höhnisch für einen Mann, der sich wehrlos den boshaften Attacken seiner Ehefrau aussetzt, sich schikanieren und kommandieren läßt.

Pänz: saarländischer, abfällig verwendeter Sammelbegriff für eine lärmende, ungebändigte, ungezogene Kinderschar.

Panzerknacker: der meist jugendsprachliche Ausdruck für einen Langfinger; Gauner.

Papagallo: abschätzig meist für einen Südländer, der es auf Touristinnen abgesehen hat.

Papagei: als Schimpfwort oder scherzhaft für einen, der anderen nach dem Mund redet, sprich alles nachplappert.

Paparazzo: Berufsschelte für einen Sensationsreporter oder Fotografen der Boulevardpresse; für einen guten Schnappschuß heftet sich diese Person wie eine Zecke an die Fersen der Prominenten.

Papierschweizer: Spottname für jemanden, beispielsweise einen eingebürgerten Ausländer, der nur dem Papier nach ein Schweizer ist.

Papiertiger: verharmlosende Bezeichnung für einen vermeintlich bedrohlichen Menschen, der sich in Wirklichkeit als gutmütig, friedlich oder harmlos entpuppt.

Pappchinese: weit origineller als „Taugenichts" bezeichnet dieses Schimpfwort einen untauglichen, unfähigen und tölpelhaften Menschen.

Pappedäickl: fränkischer Spottname für einen faden, lächerlich unscheinbaren Mann.

Pappendeckelklauer: saloppe Umschreibung für einen Polizisten, der bei der Verkehrskontrolle den Führerschein kassiert.

Pappkamerad: saloppe Umschreibung für einen lächerlich unbedeutenden Menschen, der weder Ausstrahlung noch Einfluß besitzt.

Pappnase: eher harmlose Schelte für einen albernen, kindischen Menschen, der von niemandem so richtig ernst genommen wird.

Paradiesvogel: durch sein schrilles, auffälliges Äußeres ebenso wie durch seine eigenwillige, auch verschrobene Art hebt sich der so Bezeichnete aus der Masse heraus.

Paragraphenreiter: abschätzig für einen kleinlichen, vorschriftsmäßigen, peniblen Beamten; als Alternativbeschimpfung eignet sich auch „Paragraphenschuster" oder „Paragraphenhengst".

Parasit: mißbilligend für jemanden, der vorzugsweise und aufdringlich auf Kosten anderer lebt, sich bei anderen durchfrißt und schmarotzert.

Parkettkosmetikerin: saloppe Umschreibung für eine Putzfrau, die Böden und Möbel wieder auf Hochglanz poliert.

Parkettsau: Schelte für jemanden, dem vorgeworfen wird, sich auf dem gesellschaftlichen Parkett schlecht zu benehmen oder den feinen Max raushängt, obwohl er in Wirklichkeit ein ungeschliffener, rücksichtsloser Mensch ist.

Parkidiot: abschätzig an die Adresse eines Autofahrers, der sich beim Ein- oder Ausparken seines Wagen überaus dumm, ungeschickt und unsicher anstellt.

Parklückenräuber: saloppe Umschreibung für jemanden, der einem Autofahrer unverschämt und dreist direkt vor der Nase einen freien Parkplatz wegschnappt.

Parksünder: eher wertneutrale Bezeichnung für jemanden, der seinen fahrbaren Untersatz falsch oder ohne Parkscheibe auf einem kostenpflichtigen Platz abgestellt hat

Parre Betterche: früher in Frankfurt ein geläufiger Spitz- und Spottname für ein kleines dappeliges, ungeschicktes, tatteriges Männchen.

Partylöwe: spöttisch für einen unternehmungslustigen Mann, der keine Party oder andere gesellschaftlichen Festivitäten ausläßt, bei denen er sich in den Mittelpunkt spielen könnte.

Partymädchen: saloppe Umschreibung für ein liederliches, vergnügungssüchtiges, leichtlebiges Mädchen.

Pascha: selbstgefällig in seiner Art, läßt sich die männliche Person von allen Seiten, vor allem von Frauen, bedienen.

Paslack: besonders im Ruhrgebiet negativ besetzte Bezeichnung für jemanden, der sich für andere aufarbeitet; auch derbes Synonym für Prolet.

Patentekel: Superlativ eines widerwärtigen, ekelhaften, gemeinen und niederträchtigen Menschen.

Patententräger: veraltete Bezeichnung für einen Boten, einen Überbringer eines Patentes, eines Befehls „von oben". In seiner heutigen Bedeutung gilt es als Schimpfname für den Boten oder Kurier einer heimlichen Nachricht, eines Geheimnisträgers.

Patentfatzke: mißbilligend verwendete Bezeichnung für jemanden, der mit seinem geckenhaften und arroganten Gehabe den eingebildeten „Fatzke" spielend übertrifft.

Patherner: als Anrede „hochgeborner Herr Patherner" ein Altfrankfurter Spitzname für den Domturmwächter.

Patschachter: aus dem Österreichischen für einen linkischen, unbeholfenen und schüchternen Burschen: einer, der ein seltenes Pech hat, immer in der Patsche zu sitzen.

Patsche: vorwiegend im süddeutschen Raum für ein tratschsüchtiges und neugieriges Frauenzimmer.

Patscherl: verniedlichend oder als Kosename aus dem süddeutschen

Raum für ein unbeholfenes, ungelenkes oder tolpatschiges Kind.

Pattenpapst: der Bezeichnete aus dem Ruhrgebiet stellt seinen (geerbten, selten erarbeiteten) Reichtum gern zur Schau.

Patzer: umgangssprachlich etwas „verpatzen", bedeutet einen Fehler zu machen; das entsprechende Substantiv steht folgerichtig für einen Pfuscher oder stümperhaften Menschen.

Pausbacke: meist scherzhaft, selten abwertend für ein Kind; Spottname für einen Menschen mit einem pausbäckigen Gesicht.

Pausenclown: Bezeichnung für eine alberne Witzfigur, die sich als Lükkenbüßer zum Gespött der Leute macht.

Pechhengst: altmodische, meist spöttisch oder abwertend verwendete Bezeichnung für den Berufsstand des Schusters.

Pechmarie: Spottname für ein weibliches Wesen, dem ununterbrochen Mißgeschicke passieren oder Unglück widerfährt.

Pechvogel: vgl. Mallöre; manchmal schadenfroher, meist aber bedauernder Ausdruck für einen Menschen, der das Glück nicht gerade gepachtet hat und zielsicher in Fettnäpfchen tritt.

Peermoors: hanseatisch für eine dralle, fette Frau.

Peitsche: derbe Schelte aus dem süddeutschen Raum für ein liederliches Frauenzimmer.

Pendeltittchen: boshafte Bezeichnung für eine Frau mit Hängebusen.

Pennäler: altmodischer, in seiner Bedeutung aber immer noch abschätziger Ausdruck für einen Schüler einer höheren Schule, beispielsweise für einen Gymnasiasten.

Pennbruder: abfällig für einen Taugenichts, der seine Zeit lieber im Bett verbringt; auch abfällig für einen Landstreicher, Penner.

Penndreiher: der von einem Hamburger so Bezeichnete dreht buchstäblich jeden Pfennig zweimal um; spöttisch oder als Schimpfname für eine äußerst sparsame, geizige Person.

Penne: jugendlicher Jargon für Schule, überdies auch als Schelte für einen schlaffen, langweiligen Menschen bekannt.

Penningskerl: norddeutsches Idiom für Pfennigfuchser; Schimpfwort für einen Geizhals.

perverses Schwein: vulgärer Kraftausdruck für jemanden, der durch sein (meist sexuell) abartiges oder „schweinisches", sprich anrüchiges, Denken und Verhalten abstoßend wirkt.

Pestbeule: der unmißverständliche Ausdruck des Unmuts über eine widerwärtige und ekelhafte Person.

Peterlesbuem: wörtlich: Petersilienbuben; fränkischer Kollektivspottname für junge Mannsbilder aus der Nürnberger Gegend.

Petze: jugendlicher Sprachgebrauch für einen Verräter oder eine Plaudertasche, die vorsätzlich ein Geheimnis oder eine vertrauliche Information weitergibt oder auch das Fehlverhalten anderer „anschwärzt" und meldet; vgl. Anpisser.

Pfaffe: spöttisch oder verächtlich verwendete Bezeichnung für einen Geistlichen.

Pfäfflein: Verkleinerungsform von „Pfaffe", demnach als Spottname für einen kleinwüchsigen, lächerlich wirkenden Geistlichen.

Pfanne: variabel einsetzbare, meist abschätzig verwendete Bezeichnung für eine Frau, ein Mädchen oder eine Bekannte.

Pfannkuchen: saloppe Umschreibung für eine kleine, dralle oder mollige Person. Außerdem als Spottname für eine Frau, die flach wie ein Pfannkuchen, sprich flachbrüstig ist.

Pfannkuchengesicht: scherzhaft oder abschätzig für jemanden, der ein breites, rundliches und/oder ein nichtssagendes Gesicht hat.

Pfau: der Bezeichnete gilt angesichts seiner aufgetakelten Erscheinung gemeinhin als geckenhaft, geltungssüchtig, eingebildet und hochnäsig.

Pfeife: eine Niete und ein Nichtskönner in Personalunion; hat auch als „Pflaume" den Spott auf ihrer/seiner Seite; vgl. Pflaume.

Pfeifendeckel: verwandt mit dem im Nordosten Deutschlands beheimateten „Piepenpurrer" (Pfeifenreiniger"), ein dummer, untauglicher Mensch, der von niemandem richtig ernst genommen wird.

Pfeifenheini: mißbilligend für einen ungeschickten, zaghaften oder gehemmten Menschen.

Pfengschtochs: wer im Schwabenland „drher kommt wie a Pfengschtochs", fällt in der Masse wegen seiner äußeren Erscheinung auf wie ein „bunter Hund.

Pfennigfuchser: abwertend verwendete Bezeichnung für einen geizigen, sparsamen, kleinlichen Menschen, auch gleichzusetzen mit einem „Erbsenzähler".

Pferdefresse: derbe Schelte für jemanden, der eine große, hervorstehende Mundpartie hat.

Pfiffikus: leicht anerkennend, selten geringschätzig, für einen schlauen, cleveren Menschen.

Pfingstweidplästerer: die aus dem Hessischen stammende, saloppe Umschreibung für jemanden, der unnütze Arbeit verrichtet, denn: eine Pfingstweide, die von Schafen oder anderem Vieh abgeweidet wird, zu pflastern, macht wirklich keinen Sinn.

Pfladschn: verächtliche Bezeichnung aus dem Fränkischen für eine unansehnlich dicke, schlampige Frau.

Pflaume: vgl. Pfeife; die abfällige Bezeichnung für einen Taugenichts; Niete.

Pflock: vergleichbar mit dem groben Holzstück, eine treffende Bezeichnung für einen ebenso groben wie unbeholfenen Burschen.

Plötschn: vorwiegend im oberfränkischen Raum verwendete Bezeichnung für eine übersensible, weinerliche Person.

Pfloutschn: derb bairischer Spottname für ein trampeliges, plumpes und ungehobeltes weibliches Wesen.

Pfopfern: besonders im oberfränkischen Raum gepflegter Spottname für eine redselige, geschwätzige Person.

Pfundhammel: ein vorwiegend im süddeutschen Raum beheimateter, unsensibler, roher, rücksichtsloser Kerl.

Pharisäer: in seiner heutigen Bedeutung abfällig für einen selbstgerechten, heuchlerischen Menschen; ursprünglich ein Angehöriger einer altjüdischen, gesetzesfrommen, religiös-politischen Partei.

Philodoof: abschätzig und ironisch verwendete Verunglimpfung von „Philosoph".

Phlegma: auf seine Mitmenschen wirkt der Bezeichnete wegen seiner trägen, schlaffen und schwerfälligen Art wie eine Schlaftablette.

Phrasendrescher: abwertend verwendete Bezeichnung für jemanden, der große Reden schwingt, leere Worthülsen von sich gibt.

Pichelbruder: vertraute Bezeichnung unter trinklustigen Stammtischbrüdern, oder spöttisch für jemanden, der besonders gern und oft in geselliger Runde zu tief ins Glas schaut.

Pickelgesicht: der jugendliche Umgangston für ein unreifes, pupertierendes Bürschlein.

Pickelhiering: vorwiegend in nordöstlichen Gegenden Deutschlands spöttisch oder als Scherzname für einen hageren, dürren Mann, bei dem man bildhaft gesprochen, die Rippen zählen kann.

Pidschedabber: wörtlich: Pfützentreter; im hessischen Raum spöttisch oder als Schimpfname für einen, der es sich gern und oft mit seinen Mitmenschen verdirbt.

Piefke: ein beliebter und mannigfach einsetzbarer Spott- und Scheltname – entweder für einen kleinen, unbedeutenden Menschen, für einen wichtigtuerischen Großkotz, oder (aus dem Mund eines Österreichers) für den Deutschen, respektive den Norddeutschen an sich.

Piefke (zum zweiten): norddeutsch für einen kleinen, jungen Burschen; auch gehässig für einen Angeber.

Piensgret: wie ihr männliches Gegenstück, der „Piens" oder „Pienskopp", bricht die Bezeichnete bei jeder Kleinigkeit in Tränen aus; ein Schimpfwort für eine wehleidige, sensible Person.

Piepenpurrer: wörtlich: Pfeifenreiniger; mundartlich-norddeutsch für einen nutzlosen, untauglichen oder einfach nur dummen Menschen.

Piepgössel: eine abfällig verwendete Bezeichnung aus dem Nordosten Deutschlands für ein weichliches, wehleidiges oder weinerliches Mädchen.

Piepmatz: scherzhaft oder spöttisch für einen kleinen oder schwächlichen Menschen, oder für jemanden, mit einer piepsigen Stimme.

Piesacker: vom Verb „piesacken" (umgangssprachlich für „quälen") abgeleitetes Schimpfwort für einen unliebsamen Zeitgenossen, der seine Mitmenschen zielsicher ärgert, nervt und reizt.

Piesel: verächtlich für einen geistig etwas kraftlosen, einfältigen, minderbemittelten Menschen.

Pietsch: spöttisch bis abwertend aus dem Mund eines Sachsen für einen Trunkenbold, Säufer.

Pilarebützer: besonders auf einen, angeblich scheinheiligen, Düsseldorfer gemünzte Beleidigung.

Pillendreher: eine Berufsschelte für Apotheker.

Pillepup: abfällige Bezeichnung aus dem Ruhrgebiet für einen unbedeutenden, nichtssagenden Burschen.

Pimpelhannes: wegen seiner zimperlichen, empfindlichen und wehleidigen Art erntet der bezeichnete Junge oder Mann Spott und Hohn; sein weibliches Pendant steht ihm als „Pimperliese" in nichts nach.

Pimpelhans: ein besonders wehleidiger, überempfindlicher Menschenschlag.

Pimperleswichtich: spöttisch bis verächtlich für jemanden, der seine geringe Körpergröße mit einem großem Mundwerk überspielt.

Pimpernelle: saloppe, der Flora (Pimpernelle ist ein Doldengewächs) entliehene Umschreibung für ein zartbesaitetes, zaghaftes, überempfindliches, weibliches Wesen.

Pimpf: selten abschätzig verwendete Bezeichnung für ein kleines Kind (Knirps) oder einen kleinwüchsigen und unscheinbaren Menschen.

Pinneberger: als Beleidigung verwendete, regionaltypische Bezeichnung aus dem Norden Deutschlands.

Pinnenschieter: Schimpfvariante von „Korinthenkacker" in nordöstlichen Gegenden Deutschlands. So buchstabiert man in Spötterkreisen den Begriff „kleinkariert".

Pinsel: in der Zusammensetzung (z. B. Einfaltspinsel) verstärkte Spottbezeichnung für einen dümmlichen, einfältigen oder auch eingebildeten Menschen.

Pinselquäler: eine grobe Beleidigung für einen Künstler oder Kunstmaler.

Pirouetten-König: Spottname vorwiegend in versierten Autofahrerkreisen für einen Rennfahrer, der sich bei einem Rennen am häufigsten gedreht oder überschlagen hat.

Pischler: spöttisch oder als Schimpfname aus dem Saarland für einen Schluckspecht, Trinker.

Pissdibbe: hessisch für einen unsympathischen, widerwärtigen Menschen.

Pisser: verächtliche Bezeichnung für einen unliebsamen, sogar widerwärtigen Menschen, der nicht selten aufgefordert wird, „sich zu verpissen".

Pißnelke: derbes Schimpfwort für ein, männliche Umgarnung abwehrendes, Mädchen; auch auf ein verkommenes Frauenzimmer gemünzt.

Pistensau: derbe Schelte für jemanden, der sich entweder auf der Straße oder auch auf der Skipiste rücksichtslos benimmt.

Pistenschreck: saloppe Umschreibung für einen schlechten oder rücksichtslosen Skiläufer, der ein Sicherheitsrisiko für die anderen darstellt.

Pittsche: die saarländische Diminutivform von Peter, wird als Schimpfwort für einen überaus unsympathischen Menschen verwendet.

Plänmacher: pfälzisches Idiom für Aufschneider, Prahlhans.

Plappermaul: abwertend für eine schwatzhafte Person.

Plärrbrett: umgangssprachlich für eine flachbrüstige Frau.

Plärrhafe: vgl. Heulboje; dem französischen „pleurer" (heulen) entlehnt, tituliert ein Schwabe so ein Kind, das gern und oft weint.

Plärrsuse: mißbilligend für eine weibliche Person, die bei jeder Kleinigkeit heult und jammert.

Plätertasch: mundartliche Schreibvariante für Plaudertasche – der Scheltname für einen tratschsüchtigen, neugierigen Menschen par excellence.

Plattenproduzent: saloppe Umschreibung für einen Autofahrer, der ein geschicktes Händchen dafür hat, ständig die Reifen seines Wagens platt zu fahren.

Plattfuß: spöttisch für jemanden, der entweder einen Plattfuß hat oder sich plump und ungelenk bewegt.

Plattputzer: überwiegend im jugendlichen Jargon scherzhaft-spöttisch für jemanden, der „die Platte putzt", also klammheimlich verschwindet, sich wortlos oder feige aus dem Staub macht.

Platzhirsch: spöttisch oder abwertend verwendeter Beiname für einen selbstgefälligen und dominanten Mann, der im übertragenen Sinn ein bestimmtes „Revier" – Frauen, Arbeitsplatz, gesellschaftlicher Status oder ähnliches – für sich in Anspruch nimmt.

Plaudertasche: Ihre Mitmenschen finden es unmöglich, was, wieviel und wie schnell diese Person reden kann.

Plauze: derbe Schelte aus dem Ruhrpott für einen Geld- und Fettsack in Personalunion.

Playboy: abfällig über einen vermeintlichen Frauenhelden, einer der übertrieben mit seiner Unwiderstehlichkeit, seiner Männlichkeit und seinem Charme Eindruck schinden will. Ein Anfänger auf diesem Gebiet wird übrigens „Playboy-Anwärter" genannt.

Pleitegeier: alternative Schreibweise für einen Versager oder Bankrotteur.

Plemkacki: variabel einsetzbares Schimpfwort aus dem Ruhrgebiet für jemanden, der nur dummes Zeug, Unsinn, redet.

Pliertje: vgl. Heulkachel; ein friesischer Schimpf- und Spottname für einen weinerlichen Menschen.

Plinstrine: ärgerlich und abschätzig vorwiegend in östlichen Sprachgefilden Norddeutschlands für ein Mädchen, das bei jeder Kleinigkeit in Tränen ausbricht.

Plörrhals: norddeutscher Spottname für einen, der gerne trielt, sprich kleckert.

Plotsch: besonders in und um Mainz abschätzig verwendete Bezeichnung für ein gleichermaßen unaufgeräumtes wie dickliches Frauenzimmer.

Plumpsack: wegen seines schwerfälligen , ungelenken Gangs wird der Bezeichnete zur beliebten Zielscheibe des Spotts.

Plünnbüdel: vgl. Lumpensack; abwertend verwendete Bezeichnung eines Hamburgers für einen ärmlichen, heruntergekommenen Menschen.

Plünnenfahrer: eine mundartliche (vorwiegend im östlichen Norden Deutschlands) Schreibvariante für einen Lumpensammler.

Plusterjan: im Norden Deutschlands spöttisch oder als Schimpfwort für einen arroganten, geckenhaften, eingebildeten Menschen.

Plutokrat: eine Schimpfname für einen selbstherrlichen, herrschsüchtigen (Neu-)Reichen.

Pöbel: von lateinisch „populus" (Volk; Volksmenge); damals wie heute ein verächtlicher Ausdruck für das „gemeine" Volk, Gesindel, Pack.

Pockennarbel: gehässig verwendete Bezeichnung für einen, dessen Gesicht durch Pockennarben verunziert ist und deshalb zur leichten Zielscheibe des Spotts wird.

Poddekrämer: ein nach pfälzischer Mundart spöttischer oder boshafter Ausdruck für ein „Pickelgesicht".

Pointenkiller: saloppe Umschreibung für eine Art Spielverderber, der seine eigenen oder die Witze anderer ruiniert.

Polente: salopp oder als Scherzname für die Polizei.

Polsterkopf: Sitzmöbel oder Matratzen wurden früher noch mit Stroh aufgepolstert – jemand, der als „Polsterkopf" bezeichnet wird, hat demnach nur das Füllmaterial Stroh im Kopf, was bedeutet: er ist „dumm wie Stroh", einfältig und unüberlegt.

Polwerkopp: rheinisch für einen jähzornigen, hitzköpfigen, aufbrausenden Kerl.

Pomadenhengst: spöttisch für einen Mann mit schmierigem, pomadisiertem Haar.

Pomuchelskopp: eine mundartliche Spezialität aus Mecklenburg-Vorpommern, spöttisch oder als Schelte verwendet für einen widerborstigen, starrköpfigen oder eigensinnigen Menschen.

Poofer: vorwiegend jugendlicher Jargon für einen tranigen, schlaffen oder verschlafenen Menschen, auch „Schlafmütze" genannt.

Popanz: verächtlich für jemanden, der im übertragenen Sinn nur am Rockzipfel anderer hängt, unselbstständig und unfähig ist.

Popel: verächtlich für einen unbedeutenden, unwichtigen Menschen.

Popelfresser: der angewiderte Ausdruck für einen nicht minder ekelhaften, widerwärtigen und schamlosen Menschen.

Popelheini: jugendlicher Sprachschatz für einen, der bildhaft gesprochen „das letzte aus sich rausholt" oder einfach nur ein unmöglicher, widerwärtiger oder unmanierlicher Kerl ist.

Portion: einer „halben Portion" fehlt es gleichermaßen an Körper- wie auch Muskelmasse.

Portokassenjüngling: Spottname für einen jungen, leichtsinnigen Burschen, dem scherzhaft unterstellt wird, er würde in einem unbeobachteten Moment Geld aus der Portokasse klauen.

Posaunen-Engel: scherzhaft oder spöttisch für eine dickbackige Person, meist auf ein pausbackiges Kind oder einen pausbackigen Jugendlichen übertragen.

Potenzprotz: dem Wortsinn nach einer, der mit seiner Männlichkeit protzt, seine Manneskraft übertrieben zur Schau stellt.

Pottsau: derbe Schelte für einen unhygienischen, ungewaschenen und schmuddeligen Zeitgenossen.

Pradikemächer: abgeleitet von französisch „pratiques" („Ränke"), kennt auch die hessische Mundart einen selbstsüchtigen, infamen und ränkeschmiedenden Lügner und Betrüger.

Prahlhans: einer, der vor anderen großtut und sich selbst am wichtigsten nimmt.

Präkelhannes: Spott- und Scheltname für eine männliche Person, die den lieben langen Tag vor sich hin bruddelt, schimpft oder meckert.

Prasser: mißbilligend für jemanden, der verschwenderisch, in Saus und Braus und auf großem Fuße über seine Verhältnisse lebt.

Preiß: das ultimative, bairische Schimpfwort für einen „Preußen" – abschätziger geht's nicht.

Preller: verächtlich für jemanden, der mit unlauteren Methoden andere übervorteilt, andere um ihr Geld bringt.

Premierentiger: scherzhaft-spöttisch für einen fanatischen Theatergänger, der keine Premiere ausläßt und schon vor Kassenöffnung um das Theater schleicht. Er hält es gern mit dem Motto: Sehen, um gesehen zu werden!

Priambeler: abzuleiten vom lateinischen „praeambulum" („Vorangehendes, Vorrede"), gilt es als Spott- und Scheltname einer Person, die langatmig viele Worte um nichts macht.

Primadonna: spöttisch bis abwertend verwendete Bezeichnung für einen selbstgefälligen, verwöhnten und launischen Menschen.

Primeltopf: original Berliner Ausdruck für einen einfältigen, dämlichen Menschen.

Primitivling: die saloppe Umschreibung für einen einfachen, ungebildeten oder unfeinen Menschen.

Prinzipienreiter: verächtlich für einen rechthaberischen, auf starre Regeln und Grundsätze pochenden Menschen.

Professionelle: saloppe Bezeichnung für eine Prostituierte, auch als „Bordsteinschwalbe" verrufen.

Profilneurotiker: verächtliche Bezeichnung für einen profilierungssüchtigen, geltungssüchtigen oder komplexbeladenen Menschen.

Profitgeier: mißbilligend für jemanden, der nur an seinen Vorteil, materiellen Reichtum und gewinnbringende Schritte denkt. In seinem Vorgehen gilt der Bezeichnete als überaus rücksichtslos.

Prohlhans: der von einem Nordlicht so Bezeichnete übertreibt als „Prahlhans" maßlos.

Prolo: meist im jugendlichen Jargon verwendete Kurzform von „Proletarier" (Lohnarbeiter), später Prolet; Schimpfwort für einen ungebildeten, grobschlächtigen Menschen.

Promenadenmischung: verbale Grobheit gegenüber einem unehelichen (oder Mischlings-)Kind.

Prömmel: besonders im Ruhrgebiet verwurzelter Spott- und Scheltname für ein molliges, plumpes Kind.

Prootersack: vgl. Labersack; friesische Ausgabe eines Dauerredners.

Proppen: meist in der Zusammensetzung „Wonneproppen", bezeichnend für einen kleinen, untersetzten, dicklichen Burschen.

Prötermöhl: Spott- und Scheltname aus dem Hamburger Raum für einen geschwätzigen und tratschsüchtigen Menschen.

Protokollmensch: boshaft für einen Angestellten, der sich strikt an Vorschriften, Paragraphen und Protokolle klammert.

Prötteler: weit kleinlicher und engstirniger als der rheinische „Nöttelefons", verdient dieser Nörgler auch einen eigenen Schimpfnamen.

Provinz-Ei: Scherz- und Scheltname für einen kleinkarierten oder auch engstirnigen Menschen mit geistig begrenztem Horizont.

Prummekopp: rheinisches Idiom für Pflaumenkopf, eine scherzhaft oder abschätzig verwendete Bezeichnung für einen dummen, einfältigen Menschen.

Prunzeljochen: mißbilligend im Nordosten Deutschlands für einen schlecht, oberflächlich oder stümperhaft Arbeitenden.

Pseudo: meist im jugendlichen Jargon einer, der vorgibt, mehr zu sein, als er in Wirklichkeit ist.

Pulterbüx: norddeutsches Schimpfwort für einen lärmenden, schreienden Menschen.

Pulverkopf: saloppe Umschreibung für einen leicht aus der Haut fahrenden, aufbrausenden und hitzköpfigen Menschen.

Pummel: abschätzig für einen nicht gerade gertenschlanken Menschen.

Pümpel: im Norden Deutschlands abwertend für eine kleine, dicke, plumpe Person.

Pumpjee: rheinisch für jemanden, der andere um Kleinigkeiten, Geld, Gefälligkeiten angeht, bettelt; allerorts gehört diese Sorte von Mensch zu den lästigen „Schnorrern".

Putschbambel: mundartliche (vorwiegend im östlichen Norddeutschland) Variante eines Dummians; ein ausgesprochen blöder, einfältiger Mensch.

Püttjerhannes: abfällig für einen überaus ungeschickten, linkischen Hanseaten.

Putzlappengeschwader: saloppe bis spöttische Bezeichnung für eine Putzkolonne, ein Team von Raumpflegerinnen.

Putzteufel: abschätzig für eine putzwütige (putzsüchtige) Person, auch als „Sauberkeitsfanatikerin" bekannt.

Q

Quabbe: die teils scherzhafte, teils abschätzige Bezeichnung für einen quabbligen, sprich vollfleischigen Menschen, dessen massige Körperfülle bei Bewegung hin und her „wabbelt" (wackelt).

Quackel: besonders in norddeutschen Gefilden beliebte Schelte für einen nörgelnden, mürrischen, starrsinnigen Menschen.

Quacksalber: in der Zusammensetzung aus „salben" und „schwätzen, prahlen" („quaken") eigentlich ein „prahlerischer Salbenkrämer"; der verächtliche Ausdruck für einen schlechten Arzt, Kurpfuscher.

Quaddel: eigentlich norddeutsch für einen juckenden Ausschlag, ein durchweg abwertendes Schimpfwort für einen lästigen, störenden und unangenehmen Menschen.

Quadratarsch: ein derber Kraftausdruck für einen unansehnlich dicken Kerl, dessen markantes Gesäß zu Spott und Häme verleiten. Andere Verwendung findet die Steigerungsform von „Arsch" auch für einen unmöglichen, unsympathischen oder widerwärtigen Kerl.

Quadratlatschn: ein nach bairischer Mundart so titulierter Mensch lebt nicht auf großem Fuß – er hat riesige Füße.

Quadratschädel: abschätzig oder als Beleidigung für einen Menschen, dessen Kopf proportional zum Körper etwas zu groß ausgefallen ist.

Quadratschnauze: grobe Bezeichnung für einen großmäuligen, großspurigen Schwätzer oder Aufschneider.

Quadratsempel: vgl. Huatsempel; Spott- und Schimpfname aus dem Schwäbischen für einen unsympathischen, dümmlichen oder einfältigen Menschen.

Quadratsseckel: vgl. Allmachtssekkel; Schimpfwort aus dem Schwabenland ohne eine bestimmte Bedeutung für einen – in jedem Fall aber unbeliebten – Mann.

Quadudder: besonders in und um Mainz bezeichnend für einen Nörgler, der an allem und jedem etwas auszusetzen hat.

Quadutter: besonders hessische, in Verbindung mit dem Adjektiv „klaaner" (kleiner), treffende Beleidigung für einen Groß- oder Wichtigtuer.

Quäksack: Spott- und Scheltname für einen lautstark quengelnden, plappernden oder jammernden Menschen. Spötter finden, die Stimme oder das sinnlose Gerede des Bezeichneten klinge wie das Quaken eines Frosches.

Quälgeist: Neckname oder Tadel für ein auf ärgerliche Weise eindringlich bittendes oder quengelndes Kind.

Qualle: ebenso Abscheu erregend wie das gallertartige Nesseltier, gilt die abfällig verwendete Bezeichnung einem unsympathischen Menschen, der sich gern einschmeichelt.

Quallerarsch: im Pfälzischen bevorzugter, spöttischer Ausdruck für einen Menschen mit einem ausladenden Hinterteil.

Qualmtüte: teils scherzhafte, teils abfällige Umschreibung für einen übermäßigen Raucher. Eine mögliche Zielperson des Spotts wäre auch eine langweilige, fade Person.

Quant: von lateinisch „quantum" (Menge), eine häufig im Norden und Westen Deutschlands verwendete

Bezeichnung für einen Buben, einen kleinen und cleveren Burschen oder Schelm.

Quarkding: umgangssprachlich für nichtsnutziges Mädchen („Ding"), für einen weiblichen Taugenichts.

Quarre: von „quarren" (umgangssprachlich für anhaltend weinerlich schreien), als Scheltname für ein heulendes Kind oder Schreihals. In seiner mißbilligenden Bedeutung auch für ein zänkisches, boshaftes Weibsstück.

Quartalsfahrer: in Autofahrerkreisen spöttische Steigerung für jemanden, der im langsamen Fahren sogar noch den Sonntagsfahrer übertrifft.

Quartalssäufer: umgangssprachlich für jemanden, der an periodisch auftretender Trunksucht leidet.

Quartett: scherzhaft oder ironisch für eine Gruppe von vier Menschen, die stets im Verbund auftreten oder etwas gemeinsam unternehmen.

Quaselschnüss: besonders rheinisch für jemanden, der viel und vor allem nur dummes Zeug plappert.

Quasnoors: abschätzig von einem Mecklenburger verwendete Bezeichnung für einen dumm schwätzenden Menschen. Zutreffend auch für jemanden, der es mit der Wahrheit nicht so genau nimmt.

Quasselbüchse: teils scherzhafte, teils verächtliche Bezeichnung für eine geschwätzige und törichtes Zeug redende Frau.

Quasselfritze: wie sein weibliches Pendant „Quasselliese", eine unentwegt sinnloses Zeug plappernde Person.

Quasselkopf: Spott- und Schimpfname für jemand, der ununterbrochen reden könnte – wenn man ihn ließe.

Quasselstrippe: abfällige Bezeichnung für eine meist weibliche Person mit schier unaufhörlichem Redefluß.

Quasseltante: eine andere Schreib- und Schimpfweise für eine quasselnde, geschwätzige und plappernde Frau.

Quaterkopp: die norddeutsche Ausgabe eines dumm daherredenden, unentwegt Unsinn plappernden Menschen, der sich im allgemeinen „Quatschkopf" schimpft.

Quatschbacke: vorwiegend jugendlicher Jargon für einen Altersgenossen oder Erwachsenen, der nur dummes, sinnloses Zeug von sich gibt.

Quatschbüdel: die nord(ost-)deutsche Ausgabe eines blöden, dumm daherredenden Zeitgenossen. Als alternative Schimpfweise gilt auch „Quasselbarn".

Quatschkopf: ein wegen seines ausgesprochen dummen, unsinnigen Geredes viel verspotteter Mensch.

Quatschmacher: die saloppe Umschreibung für jemanden, der nur Unsinn und Unfug im Kopf hat. Zu diesem besonderen Menschenschlag zählen unter anderem auch Witzbolde, Spaßmacher und Possenreißer.

Quatschmaul: verbale Grobheit gegenüber einem ausnahmslos dummes Zeug daherredenden, vielerorts auch als „Dummschwätzer" verschrieenen Menschen.

Quatschtüte: scherzhaft oder als Scheltname für jemand, der als Ausbund an Geschwätzigkeit oder Unfug gilt.

Quecksilber: die saloppe Umschreibung für einen zappeligen, unruhigen und nervösen Menschen. Von Erwachsenen gern und oft verwendete Bezeichnung für ein umtriebiges, ungestümes Kind.

Queeshammel: in nordöstlichen Gefilden Deutschlands mißbilligend für einen Meckerer und Dauernörgler, der in jeder Suppe ein Haar findet.

Quellworscht: wegen seiner drallen, fetten, einer Preßwurst ähnelnden Figur dient der Bezeichnete als leichtes Opfer für den rheinischen Spötter.

Quengelarsch: derbe Schelte für einen ausgesprochen unsympathischen, lästigen Dauernörgler.

Quengelflötte: die vorwiegend im Ruhrgebiet verwendete Kollektivschelte für eine Schar plärrender, jammernder Kinder.

Quengelfritze: wie sein weibliches Pendant „Quengeliese", eine auf störende oder ärgerliche Weise notorisch nörgelnde, quengelnde Person, die an allem etwas auszusetzen hat.

Quengelpott: ein besonders mißmutiges, unzufriedenes und an allem und jedem herumnörgelndes Exemplar von Mensch.

Quengler: von „quengeln" (umgangssprachlich für „lästig fallen"); besonders auf weinerliche Kinder, auch auf einen Nörgler gemünzte Bezeichnung.

Querkopf: mißbilligend für einen eigensinnigen, starrsinnig seine eigene Meinung und sein Recht verteidigenden Kerl.

Querschädl: bairischer Schelt- und Spottname für einen dickköpfigen, eigensinnigen und anderen zuwiderhandelnden Menschen.

Querschläger: typisch für einen so titulierten Menschen ist seine rücksichtslose, kompromißlose und halsstarrige Geisteshaltung.

Quertreiber: ursprünglich in der Seemannssprache ein schlecht steuernder Schiffer, der querab treibt oder anderen in die Quere kommt. Im übertragenen Sinn auch mißbilligend für jemanden, der anderen zuwiderhandelt, sich „querlegt" oder sich nicht unterordnen kann.

Querulant: mißbilligend verwendete Bezeichnung für jemanden, der ständig queruliert – ein unangenehmer, weil notorisch nörgelnder, quengelnder und seine eingebildete Meinung eisern verteidigender Zeitgenosse.

Quesenkopp: eine weitere Schreib- und Schimpfvariante aus dem Norden Deutschlands für einen nörgelnden, mißmutigen und ständig unzufriedenen Menschen.

Quetsch: saloppe Umschreibung für jemanden – vorzugsweise für einen Polizisten oder Kriminalbeamten – der andere „ausquetscht", sprich aushorcht oder hartnäckig befragt.

Quetsche: die im Hessischen abfällig verwendete Bezeichnung „e schepp Quetsch" gilt einer äußerlich reizlosen, unscheinbaren oder gar mit einigen Schönheitsfehlern behafteten weiblichen Person.

Quidje: besonders von einem Hamburger abschätzig verwendete Bezeichnung für einen Auswärtigen, Ortsfremden.

Quiekser: lautmalender Ausdruck von „quieken", übertragen auf den Menschen, deutet er spöttisch auf eine Person mit einer quieksigen Stimme.

Quirl: Scherz- und Spottname für ein temperamentvolles, lebhaftes oder auch überdrehtes Kind oder für einen eben solchen Erwachsenen.

Quisel: abfällig vorwiegend im Rheinland für eine scheinheilige, frömmelnde Frau.

Quoser: besonders norddeutsch für einen unkultivierten Menschen, der geräuschvoll ißt.

Quotenfrau: mißbilligend oder als Spottname für eine Frau, die durch Quotenregelung das zahlenmäßige Ungleichgewicht zwischen Frauen und Männer in einer Gruppe hebt.

R

Raamacher: saarländisches Idiom für „Rarmacher", sprich einen, der sich immerzu vor Arbeit und Pflicht drückt.

Raaschischer: von französisch „rage" (Wut), beschimpft der Saarländer damit einen aufbrausenden, jähzornigen, schnell in Rage geratenden Zeitgenossen.

Rabastel: verächtlicher Seitenblick eines Mecklenburgers auf ein boshaftes, zänkisches oder bärbeißiges Weibsstück.

Rabatzmacher: mißbilligend für jemand, der sich für Lärm, Streit oder Krawall verantwortlich zeichnet.

Rabauke: eine solche männliche Person genießt wegen ihres rüpelhaften, lärmenden, auch randalierenden Auftretens einen schlechten Ruf.

Rabbelkätt: in der Gegend um Mainz ausgesprochen grobe Schelte für ein lästerliches, boshaftes, intrigantes Weibsbild.

Rabenaas: derbes Schimpfwort für eine infame, hinterhältige oder verlogene Person.

Rabenbrut: abschätziger Sammelbegriff für eine nichtsnutzige, zwielichtige Gruppe von Menschen.

Rabeneltern: verächtlich für kaltherzige Eltern, die ihre Kinder vernachlässigen oder lieblos behandeln.

Rabenmutter: Scheltname für eine hartherzige Mutter, die sich nicht oder kaum um ihre Kinder kümmert; der andere, lieblose Elternteil nennt sich „Rabenvater".

Rachsau: derbe Beschimpfung für einen rachsüchtigen Menschen; jemand, der jede kleinste Schmähung mit doppelter Münze heimzahlt.

Racker: meist scherzhaft oder leicht tadelnd für ein kleines, lebhaftes oder überzwerches Kind.

Rackerback: Schelte aus dem Nordosten Deutschlands für übles Gesindel, Pack, Pöbel.

Radaubruder: verwandt mit dem „Randalemacher", ein streitsüchtiger, jähzorniger und lärmender Zeitgenosse; vgl. Radautüte.

Radautüte: vgl. Radaubruder; vorwiegend in Berlin gebräuchliche Schelte für einen lärmenden und streitsüchtigen „Radaubruder" oder „Randalemacher".

Rädelsführer: vormals der Anführer einer Abteilung von Landsknechten oder einer herrenlosen Schar, bezeichnet es einen Anführer einer Verschwörung, eines Komplotts oder einer Intrige.

Radfahrer: verächtliche Umschreibung für jemand, der nach oben (Vorgesetzte) hin unterwürfig ist, während er schwächer Gestellte oder Untergebene schikaniert.

Radikalinski: abfällig verwendete Bezeichnung für einen rauhen, jähzornigen, streitsüchtigen und lärmenden Menschen.

Rad im Getriebe: abschätzige Bezeichnung für einen unscheinbaren, austauschbaren und ohne Kompetenzen ausgestatteten Menschen.

Raffel: mit dem schwäbischen Ausruf „halt endlich dei Raffel!" will ein Schwabe jemanden das „böse" Mundwerk verbieten.

Raffer: meist jugendlicher Jargon für einen geizigen, raffgierigen Zeitgenossen.

Raffhals: mißbilligende Umschreibung für jemanden, der im Scheffeln von Geld und anderen Gütern seinen Meister gemacht hat.

Raffke: die mißbilligend verwendete Bezeichnung für einen ungebildeten Neureichen.

Raffzahn: saloppe Umschreibung für einen geizigen und habgierigen Menschen.

Ragall: schwäbisches Schimpfwort für eine zänkische, böse Frau.

Rahmaas: sächsisch-mundartlich für „Rabenaas"; derbes Schimpfwort für einen außerordentlich widerlichen, infamen, ekelhaften Zeitgenossen.

Rambassel: teils spöttische, teils abfällige Bezeichnung aus dem Nordosten Deutschlands für ein lautstark schimpfendes, zänkisches, zeterndes und boshaftes Weibsstück.

Rambo: meist bezeichnend für einen hirnlosen, brutalen Rabauken, vergleichbar mit der menschlichen Kampfmaschine des gleichnamigen Hollywood-Streifens.

Rammel: derbe Schelte für einen grobschlächtigen, halsstarrigen oder ungelenken Burschen.

Rammler: dem Liebesspiel der Hasen entliehene Bezeichnung für einen (stürmischen) Liebhaber oder triebstarken Mann.

Rammschädel: ein derber Schimpfname für einen starrköpfigen, sturen oder auch jähzornigen Burschen, der im übertragenen Sinn „mit dem Kopf durch die Wand" geht.

Ramscher: Spott- und Scheltname für jemanden, der billigen Ramsch oder Plunder hamstert.

Rand: abfällig bairisch für Mund, den es zu halten gilt: „Hoit' oimal dein Rand!"

Randalemacher: umgangssprachlich für jemanden, der Krach schlägt, grundlos Unruhe stiftet oder mutwillig Gegenstände zerstört.

Randfigur: spöttische Bezeichnung für einen lächerlich unbedeutenden Menschen, der im übertragenen Sinn „nur am Rande" bemerkt wird, eine unwichtige Rolle spielt.

Ränkeschmied: verächtlich für einen heimtückischen, infamen und hinterlistigen Menschen.

Ranzfaß: abgeleitet von „ranzig" („stinkend"; lateinisch „rancidus"), gilt die derbe Schelte einem alten, fetten Mann.

Ranzn: ein wenig schmeichelhafter, bairischer Ausdruck für einen dikken Bauch – oder böse gemeint für Mund.

Rappel: wenn den Schwaben „dr Rappel packt", geht man ihm und seiner plötzlichen Arbeitswut (negativ: seiner Wut oder seiner Tobsucht) am besten aus dem Weg.

Rappelfott: allerorts gemeinhin als „Zappelphilipp" verspottet, wird eine derart unruhige und nervöse Person im Ruhrgebiet eben so gerufen.

Rappelkasper: verharmlosend für einen leicht aufbrausenden, jähzornigen oder überdrehten Kerl.

Rappeltrine: ein ausgesprochen hitzköpfiges, starrköpfiges oder aufgeregtes Mädchen.

Rappenspalter: jemand, der einen „Rappen" (kleinste Münze in der Schweiz) spaltet, genießt in Deutschland als „Geizkragen" oder „Pfennigfuchser" einen schlechten Ruf.

Rappsnabel: typisch für jemanden aus dem östlichen Norden Deutschlands, der für sein loses Mundwerk fast schon einen Waffenschein beantragen müßte.

Rappsnuut: ein friesisches Großmaul wie es im Buche steht.

Rapscher: jemand, der mit seinen „Rapschern" (Händen) alles nicht Niet- und Nagelfeste zusammenrafft, ist nicht selten auch ein geldgieriger Raffzahn.

rasender Roland: die saloppe Umschreibung für einen schnellen, rasant fahrenden Mann, der nicht zwingend „Roland" heißen muß.

Rassel: lautmalende Bezeichnung für eine unentwegt und laut plappernde Person.

Rasselbande: eher gutmütige Kollektivschelte für eine lärmende, vorlaute oder übermütige Gruppe von Kindern.

Rasselbock: eigentlich zu den Bockkäfern zählende Käferart; auf den Menschen übertragen, gilt dieser Scheltname einem widerspenstigen, einfältigen, querköpfigen oder auch unvorsichtigen Menschen. Sinngemäß wird mit der Redensart „Mit mir kannst du keinen Rasselbock fangen" ausgedrückt: „ich bin doch nicht blöd".

Rätsch: vgl. Klatschbase; typisch schwäbischer Ausdruck für eine geschwätzige Frau.

Ratsche: saloppe Umschreibung für ein klatsch- und tratschsüchtiges und neugieriges Frauenzimmer.

Rätscher: abfällige Bezeichnung aus dem Hessischen für einen Zokker, passionierten Kartenspieler.

Ratschkathl: bairisch abwertend für eine geschwätzige Frau, die nichts für sich behalten kann und Neuigkeiten schneller im Dorf in Umlauf bringt als das Tagblatt.

Rattenpack: verächtlich verwendete Umschreibung für übles Gesindel, Pack, Pöbel.

Raubacke: milde Schelte für einen rohen, rauhbeinigen, robusten oder grobschlächtigen Kerl.

Raubautz: spöttisch oder als Schelte für einen tölpelhaften, ungehobelten und groben Kerl, der sich wie ein „Elefant im Porzellanladen" aufführt.

Rauchschwalbe: ein altmodischer Spottname für einen Schornsteinfeger. In seiner heutigen Bedeutung gilt es abschätzig für eine schmutzige, schlampige Frau.

Raufbold: mißbilligend verwendete Bezeichnung für einen Schlägertyp oder Streitlustigen.

Raufbolzen: umgangssprachlich für jemanden, der streitsüchtig, angriffslustig oder schlagkräftig ist und seine Meinungsverschiedenheit gern und oft mit der Faust klärt.

Raufer: salopp oder als Schelte für einen, der immer da zu finden ist, wo ein Handgemenge oder eine Schlägerei im Gange ist.

Raufhansel: verharmlosend für jemanden, der leicht reizbar und bei Streitigkeit schnell mit der Faust dabei ist.

Rauhbichel: jemand, der sich nach außen hin hart, unempfindlich und grob zeigt und sich auf diese Art nur wenig Freunde schafft – im Grunde seines Herzens aber doch ein weicher und gutmütiger Mensch ist.

Raup: so spottet der Schwabe über einen Tübinger Winzer, oder auch über eine Person ohne jede Manieren.

Rauschkugel: scherzhaft oder als Schelte für eine Person, der Unmengen von Alkohol die Sinne und den Verstand vernebelt haben.

Rebbejespens: besonders rheinisch für eine unsäglich dürre, knochige Person, bei der man im übertragenen Sinn die Rippen zählen – und beim Gehen – auch hören kann.

Rechthaber: mißbilligend für jemanden, der halsstarrig auf seinem Standpunkt, seiner Meinung beharrt oder andere schulmeisterlich belehrt.

Rechtsverdreher: spöttisch bis verächtlich verwendete Bezeichnung für den Berufsstand der Juristen und Notare.

Reff: derbe Schelte für ein knochiges, auch boshaftes altes Weibsstück.

Regierungsheini: scherzhaft oder abwertend verwendete Bezeichnung für einen Beamten; einen, der in einer großen Behörde oder Ministerium arbeitet.

Regimentshure: veraltete, derbe Schelte für ein leichtes und verkommenes Frauenzimmer, das sich in häufig wechselnden Liebeleien mit Soldaten vergnügte.

Regimentstrottel: altmodischer Spottname für den menschlichen „Fußabtreter" der Kompanie.

Reibeisen: mißbilligend für einen widerwärtigen, ekelhaften und unverträglichen Zeitgenossen.

Reifenschinder: spöttisch in Autofahrerkreisen für einen rücksichtslosen, Material verschleißenden Fahrer, der sich schon von weitem mit dem kreischenden Geräusch durchdrehender Reifen bemerkbar macht.

Reigschmeckta: abwertend bairisch meist für einen Fremden oder Neuling.

Reiher: saloppe Umschreibung für jemanden, der sich übergeben muß. Derbe Ausdrucksform: „Der kotzt schon wieder wie ein Reiher".

Reinlichkeitsfanatiker: abfällig für einen übertrieben auf Sauberkeit und Hygiene achtenden, putzwütigen Menschen.

Reisemuffel: die saloppe Umschreibung für jemanden, der am liebsten zu Hause bleibt, selten oder ungern seine gewohnte Umgebung verläßt.

Reißdeiwel: der schlechte Ruf unter Pfälzern hat der Bezeichnete wegen seiner ungeschickten, destruktiven Art.

Rekel: friesischer Schelt- und Spottname für einen Tagedieb, Taugenichts und Nichtskönner.

Reklamenudel: meist jugendlicher Jargon für ein weibliches Wesen in einem Werbespot. Ihr männliches Pendant nennt sich spöttisch „Reklameheini".

Rennsau: abfällig verwendete Bezeichnung entweder für einen rücksichtslos rasenden Autofahrer, oder einen rastlosen, unruhigen Menschen.

Renommierbeutel: schmeichelhafter Spott- und Scheltname für einen Aufschneider, Angeber, Großtuer.

Revoluzzer: diese aufrührerische, aufmüpfige Person gleicht weniger einem stolzen Rebell als einer lächerlichen Schießbudenfigur.

Revolverschnauze: die Antworten kommen bei einer so titulierten, schnell, viel und unverblümt redenden Person buchstäblich wie „aus der Pistole" geschossen.

Rhinozeros: abfällig für einen dummen, dabei tölpelhaften und stumpfsinnigen Menschen.

Rialo: wer den verbalen Angriff auf sein Gegenüber kaschieren möchte, wählt diese Abkürzung. Dahinter verbirgt sich ein sehr beliebter Kraftausdruck: Riesenarschloch.

Riechkolben: umgangssprachlich für eine wegen Größe und Form auffällige Nase.

riegeldomm: vgl. hommeldomm, saudomm; dümmer geht's nicht, sollte man meinen, doch ein derart beschimpfter Schwabe ist der lebende Beweis.

Riekel: besonders abwertend im Ruhrgebiet für einen infamen, widerwärtigen, rücksichtslosen Kerl.

Riepl: sächsisches Idiom für Rüpel, einen grobschlächtigen, unsensiblen Kerl.

Riesenarschloch: Steigerungsform des vulgären Kraftausdrucks „Arschloch" für eine widerwärtige Person.

Riesenbaby: spöttisch-ironisch für einen zwar hochgewachsenen und stattlichen, in seinem Verhalten aber kindlichen Burschen.

Riesendepp: in dieser Größenordnung gilt ein wegen seiner Einfältigkeit und Dummheit so titulierter Mensch als „hoffnungloser Fall".

Riesenhirn: ironisch für eine Person mit großen Kopf, aber weniger geistigem Potential.

Riesentrottel: auch ein, dem Wortsinn nach, tölpelhafter, begriffsstutziger Kerl ist noch steigerungsfähig.

Riesenweib: abschätzige, auf eine maskulin wirkende, starke und stämmige Frau gemünzte Bezeichnung.

Rietendal: spöttisch-hähmisch aus dem Mund eines Mecklenburgers für einen grobschlächtigen, unbeholfenen oder ungelenken Menschen.

Rilpes: in saarländischen Regionen abwertender Beiname für einen groben, rüpelhaften Menschen ohne Manieren.

Rindsbimmel: mundartlich-spöttisch in den nordöstlichen Gefilden Deutschlands für einen Dummkopf und Einfaltspinsel.

Rindskamoffl: besonders in Unterfranken gepflegte Schelte für einen selten dämlichen, einfältigen Menschen.

Rindviech: auch über den „Weißwurstäquator" hinaus bekannter Schelt- und Schimpfname für einen tölpelhaften, einfältigen Menschen.

Rippe: Spottname für einen dürren, hageren Menschen. Außerdem auch gehässig für ein zänkisches, boshaftes Weibsstück.

Ritsch: besonders in Mainz einschlägige Bezeichnung für eine Vertreterin des horizontalen Gewerbes.

Ritter der Landstraße: spöttisch oder leicht anerkennend für einen rücksichtsvollen, hilfsbereiten Autofahrer, auch „Kavalier der Straße" genannt.

Riwwelkuche: ursprünglich hessisch für „Streuselkuchen", dient auch als bildhafter Vergleich für das mit Pickeln übersäte Gesicht der/des Bezeichneten.

Riwwelmattes: spöttisch oder als Schelte für einen nervösen, unruhigen Menschen, der allerorts als „Zappelphilipp" tituliert wird.

Rockeborjer: die hessische Mundart kennt den Begriff „Rockenberger" als anderes Wort für „Zuchthäusler"; einer, der seinerzeit im hessischen Landeszuchthaus in Rockenberg einsitzen mußte.

Rocker: allgemeine Bezeichnung für einen Motorradfahrer, der sich besonders durch schwarze, etwas abgerissene Lederkluft auszeichnet.

Rockerbraut: abschätzig für die Freundin eines Rockers, eines Motorradfahrers.

Rockschisserin: wie auch ihr männliches Gegenstück, der „Hosenscheißer", wird eine so titulierte weibliche Person wegen ihrer übertriebenen Vorsicht oder Ängstlichkeit zur leichten Zielscheibe des Spotts.

Rohrkrepierer: beleidigend für einen vermeintlichen Hoffnungsträger, der sich letztendlich als Versager entpuppt.

Röhrle: anerkennende, manchmal auch ironisch gemeinte, schwäbische Bezeichnung für einen geschickten, gewieften Menschen.

Rohrspatz: in dem Zusammenhang „wie ein Rohrspatz schimpfen", saloppe Umschreibung für einen aufgeregt und unentwegt schimpfenden oder zeternden Menschen.

Roigeritschder: besonders pfälzisch für jemand, der alles andere ist als ein Pfälzer – nämlich ein Ortsfremder.

Rökerheini: abschätzige Bezeichnung aus dem Norden Deutschlands für jemanden, der immerzu an allem und jedem etwas auszusetzen hat; Schelte für einen notorischen Nörgler.

Rollerbockl: vorwiegend (ober-) fränkisch für einen linkischen, ungeschickten, tolpatschigen Zeitgenossen.

Rollmops auf Beinen: teils spöttisch, teils abfällig verwendete Umschreibung für einen massigen, untersetzten, rundlichen Menschen.

Romanschreiber: vorwiegend auf einen Vertreter der schreibenden Zunft (z. B. Journalist, Buchautor) gemünzter Spottname. Der Bezeichnete kommt demnach nur schwerlich oder gar nicht auf den Punkt der Geschichte, oder ergießt sich in ausladenden und sinnlosen Wortkaskaden.

Rosette: blumiger Ausdruck für den hinteren Darmausgang; als Schimpfwort gleichbedeutend mit dem derben Kraftausdruck „Arschloch".

Rossettnstecha: derbes Schimpfwort aus dem Österreichischen für einen Homosexuellen.

Roßnatur: scherzhaft-spöttisch für jemanden, der eine starke, gesunde Konstitution hat. Im abschätzigen Sinn auch für eine unempfindliche, rauhe Person.

Roßtäuscher: altmodische, verächtliche Bezeichnung für einen Pferdehändler – übertragen auf einen betrügerischen Menschen, der bei einem Handel andere übervorteilt.

Röterbüdel: vor allem norddeutsch für einen Dummschwätzer und Großtuer.

Rothaut: verächtlich für einen nordamerikanischen Indianer, auch ironisch-spöttisch für jemanden mit einem roten Gesicht oder Sonnenbrand.

Rotzaffe: in Klassenzimmern oft gebrauchtes Schimpfwort, wenn der junge Bursche aus der zweiten Reihe wieder einmal durch sein freches und aufsässiges Wesen auffällt; vgl. auch „Rotzlöffel" oder „Rotznas".

Rotzbindel: leicht tadelnd für ein keckes, freches und fürwitziges Mädchen. Vom gleichen Kaliber ist ihr männliches Gegenstück, das sich im Hessischen „Rotzzippel" schimpft.

Rotzglocke: derbe Schelte für ein ungezogenes, fürwitziges oder ungewaschenes Kind.

Rotzgöre: mehr im norddeutschen Sprachraum verbreitete Schelte für ein ungezogenes, freches Mädchen.

Rotzjunge: tadelnd für ein junges männliches Wesen, das seine Mitmenschen gern ärgert und mit seinem ungezähmten, frechen Wesen unangenehm auffällt; vgl. Rotzlöffel.

Rotzkübel: derbe Schelte für einen widerwärtigen, ekelhaften und unmanierlichen Zeitgenossen.

Rotzlöffel: vgl. Rotzjunge, Schnottneese; besonders von Erwachsenen gebrauchte Schelte für einen jungen Burschen, dem es sehr an Respekt und guten Benehmen mangelt.

Rotzlümmel: verwandt mit der „Rotznase" oder dem „Rotzlöffel", Tadel und Schelte für einen ungezogenen, fürwitzigen und unverschämten Kerl.

Rotznase: vgl. Rotzjunge, Rotzlöffel; entweder hat dieser Bub oder junge Bursche wirklich nur eine laufende Nase, oder er wird wegen seines frechen, unverschämten und respektlosen Auftretens gescholten.

Röver: die hanseatische Ausgabe eines Langfingers.

Rowdy: aus dem Englischen übernommene, abschätzige Bezeichnung für einen randalierenden, lärmenden, grobschlächtigen Menschen.

Röwertüch: wörtlich: Räuberbande; abschätziger Sammelbegriff für betrügerisches Pack, übles Gesindel.

Rüaßl: besonders in Bayern grobe Bezeichnung für Mund.

Rubaart: abschätzige Bezeichnung für ein friesisches Mannsbild, das als grobschlächtig, roh und ungestüm gilt.

Rubberjan: selten abfällig gemeinte Bezeichnung für einen nach außen hin rauh und kühl wirkenden Norddeutschen.

Rucksackindianer: spöttisch für einen mit einem Rucksack bepackten Touristen, der auf dem Wanderpfad wandelt.

Rückständler: spöttisch bis abfällige Bezeichnung für eine Person mit nicht mehr zeitgemäßen Ansichten.

Ruggbein: scherzhaft-spöttisch bis abwertend für einen (Rauhbein), der auch in Friesland als „rauh, aber herzlich" gilt.

Rührbrägen: Scheltname vorwiegend in Mecklenburg-Vorpommern für ein freches, fürwitziges und ungezogenes Kind oder „Balg".

Rührmichnichtan: saloppes Satzwort für ein abweisendes, mimosenhaftes und zaghaftes weibliches Wesen.

Rümdriewersch: so buchstabiert man in Mecklenburg-Vorpommern den Begriff „Rumtreiber"; abschätzig für einen nichtsnutzigen Menschen.

Rumpelstilzchen: saloppe, dem Grimm'schen Märchen entliehene Bezeichnung für einen bei jeder Kleinigkeit aufbrausenden, jähzornigen Menschen.

Rümqueeser: wörtlich: Rumnörgler; ein vorwiegend in Mecklenburg-Vorpommern gepflegter Beiname für einen immerzu unzufriedenen Menschen.

Rumranzer: in Franken gängige Bezeichnung für einen unsteten, unruhigen, zappeligen Menschen.

Rüpel: diese, meist männliche Person hat wegen ihrer rücksichtslosen, rohen, ungeschliffenen Art nur wenig Freunde.

Rußbüdel: sanfte Schelte für ein mit Ruß beschmiertes, schmuddeliges oder schmutziges Kind.

Rutschn: derbe bairische Bezeichnung für ein liederliches oder altes Frauenzimmer, nicht selten gebraucht in dem höchst unfreundlichen Kompliment „oide Rutschn".

Ruugsack: friesische Beleidigung für einen hirnlosen Schlägertyp.

S

Sabbeler: umgangssprachlich für einen unverbesserlichen und lästigen Dummredner.

Sabbeljochen: dieser Schimpfname gilt einer Person, die in einem schier endlosen Redefluß nur leere Worthülsen unter seine gelangweilten Gesprächspartner verstreut.

Sabbelkopf: salopp bis abfällig für jemanden, der nur dummes Geschwätz von sich gibt.

Sabbeltasche: meist weibliche Ausgabe einer viel und seicht daherredenden Person. Vorwiegend jugendlicher Jargon für einen Vielredner, Dummschwätzer.

Sabbermaul: eine unmanierliche Person, die beim Essen oder Trinken kleckert oder geräuschvoll ißt.

Sachsenporsche: in Spötterkreisen boshaft bis abfällig verwendete Bezeichnung für einen Trabant.

Sack: meist verknüpft mit einem treffenden Adjektiv wie z. B. „faul", „lahm" oder „blöd", ein variabel einsetzbares Schimpfwort für einen, in irgendeiner Weise unfähigen oder unsympathischen Menschen.

Sackerlot: ein universell einsetzbarer Fluch besonders aus norddeutschen Regionen, der immer und auf alles paßt.

Sackerlöter: wie der süddeutsche Begriff „Sakramenter", ein Schimpfname für eine Person, über die man sich ärgert. Auch leicht anerkennend für einen ausgesprochen draufgängerischen, mutigen oder tollkühnen Burschen.

Sackgesicht: Spottname für einen ausgesprochen dümmlich dreinblikkenden oder häßlichen Menschen.

Sacklzement: bairischer Ausruf des Unwillens und des Ärgers.

Sackratte: widerwärtig, ekelhaft oder – die Liste der negativen Eigenschaften ließe sich bei einer so titulierten Person unendlich fortsetzen.

Säffebeutl: die mundartlich-fränkische, scherzhafte Bezeichnung für einen Friseur.

Safnsiada: wörtlich: Seifensieder; abwertender Ausdruck in österreichischer Mundart für einen geistlosen, begriffsstutzigen oder tölpelhaften Menschen.

Säfnsieder: besonders (unter-)fränkisch für einen langweiligen, geistig wie körperlich trägen Menschen.

Saftarsch: derber Kraftausdruck für einen ausgesprochen widerlichen und verabscheuungswürdigen Menschen.

Saftheini: gleichermaßen salopp wie abfällig für einen unqualifizierten, unfähigen Menschen oder Versager.

Saftsack: derbe Schelte für einen überaus unsympathischen oder gar widerwärtigen Zeitgenossen.

Sakrament: vielfältig verwendbarer Fluch; Ausdruck des Unwillens und des Ärgers.

Sakristeiwanze: boshaft verwendete Bezeichnung für einen frömmelnden, scheinheiligen Menschen.

Salatschnecke: wenig schmeichelhafte Bezeichnung für ein unreifes, unbedarftes oder auch schnippisches und fürwitziges Mädchen.

Salonlöwe: spöttisch-ironisch für einen gefallsüchtigen, eitlen oder liederlichen Lebemann, der sich gern in den Mittelpunkt der noblen Gesellschaft setzt.

Salsößer: vor allem auf einen „Süßholz raspelnden" Düsseldorfer gemünztes Schimpfwort, der anderen schöntut und nach dem Mund redet.

Samtbubi: verwöhnt und verweichlicht – der Bezeichnete vereint beide, in den Augen eines Spötters negative Eigenschaften in harmonischer Weise; vgl. auch Samtheini.

Samtheini: vgl. Samtbubi; eng verwandt mit dem „Samtbubi", ein sanfter, weichlicher, verwöhnter und nicht selten auch weibisch wirkender Mann.

Sappra: bairischer Ausruf der Verwunderung und des Ärgers.

Sappralot: ein bairischer Ersatzausdruck für einen, der beim Fluchen nicht den vielerorts gebräuchlichen Ausruf „Sakrament" in dem Mund nehmen möchte.

Sargnagel: derbe Beleidigung für jemanden, der einem mit seiner unmöglichen oder aufdringlichen Art den „letzten Nerv" raubt.

Sässlfordsr: vgl. „Sesselfurzer"; typisch sächsisch für Angestellte, Beamte und „Bürohengste".

Satansbraten: mißbilligend für einen im wahrsten Sinn „teuflischen", sprich durchtriebenen, hinterhältigen, fiesen und widerlichen Kerl. Auch als milde Schelte für einen waghalsigen, draufgängerischen, Burschen verwendbar.

Satansweib: die Bezeichnete macht entweder als böses Eheweib ihrem Gatten oder als boshaftes, intrigantes Weibsstück ihren Mitmenschen „das Leben zur Hölle".

Sau: beliebtes, universell einsetzbares Schimpfwort, meist ohne bestimmte Bedeutung, oder als unmißverständliche Beleidigung eines unordentlichen, unsauberen Menschen. In der Umgangssprache dient „sau-" bzw. „Sau-" meist als Verstärkung, beispielsweise in Form von „Saufraß" (ausgesprochen mieses Essen) oder „saudumm" (äußerst dumm).

Saubagage: derbe Kollektivschelte für eine undisziplinierte, unmanierliche Gruppe von Menschen, oder Gesindel.

Saubalg: starke Schelte für ein ausgesprochen freches, unerzogenes und fürwitziges Kind.

Saubande: mißbilligend oder verächtlich für eine Horde Kinder oder Erwachsene, die durch ihr ungeordnetes oder unverschämtes Verhalten Mißfallen erregen.

Säubangert: dieses ungezogene, freche, immer zu Streichen aufgelegte Kind treibt einem Franken tiefe Sorgenfalten auf die Stirn.

Saubär: ein abfällig gebrauchter Schimpfname für einen ungehobelten Menschen, dem es an Benimm ebenso wie an guten Tischmanieren mangelt.

Saubazi: beliebter Schimpfname in süddeutschen Gefilden für einen durchtriebenen, frechen und fürwitzigen Burschen.

Saubengel: vgl. Bengel; abwertende Steigerungsform eines ungezogen Jungen.

Saubermann: verächtlich für jemanden, der sich übertrieben mustergültig, ehrenhaft und moralisch integer gibt.

Saubub: meist harmlose Schelte für einen frechen, vorlauten Burschen, der gemeinhin auch als „Flegel", „Schlingel" oder „Lausbub" bekannt und berüchtigt ist.

Saudackel: vgl. Dackel; verstärktes, vorwiegend im süddeutschen Raum beheimatetes „Allround-Schimpfwort" für einen Mann.

saudomm: vgl. hommeldomm, riegeldomm; der schwäbische Volksmund will mit „sau-" seiner Beleidigung noch etwas Nachdruck verleihen.

Sauerdibbe: hessische Schelte für einen miesepetrigen, mürrischen, übellaunigen Menschen, der immerzu mit einer säuerlichen Miene herumläuft.

Sauertopf: mißbilligend für einen verdrießlichen, mürrischen und miesepetrig dreinschauenden Zeitgenossen, der zum Lachen in den Keller gehen muß.

Saufaus: vorwiegend im süddeutschen Raum scherzhaft oder abwertend für einen Trinker oder Säufer, der in Null-Komma-Nichts die „Luft aus seinem Glas" läßt. Aus dem Mund des bezeichneten Trunkenbolds klingt dieser Spott- und Scheltname wie eine eindeutige Aufforderung zum „Prost".

Saufbeutel: umgangssprachlich für jemand, der dem Alkohol gerne und oft zuspricht.

Saufdrossel: die bezeichnete weibliche Person, verwandt mit der ebenso wenig geschätzten „Schnapsdrossel", ist entweder schon betrunken oder auf dem besten Wege dahin.

Saufkübel: das in punkto Alkohol errechnete Fassungsvermögen der Zielperson, die dem genauen Wortsinn nach „in sich hineinkübelt", übersteigt das normale Maß um ein Vielfaches.

Saufkumpan: mißbilligend für jemand, der aus Solidarität mit am Tresen und am Glas hängt.

Saufloch: derb für jemanden, der im übertragenen Sinn „säuft wie ein Loch", sprich Alkohol in Unmengen konsumiert.

Saufraß: jemand, dem so ein miserables Essen vorgesetzt wurde, würde den Teller am liebsten den Säuen, beziehungsweise dem Koch, vorwerfen.

Saufratz: ein derart tituliertes, ungezogenes Kind gehört nach Ansicht eines Bayern einmal kräftig übers Knie gelegt.

Sauhaufen: einer „Saufbande" vergleichbar, eine ebenso ungeordnete, zügellose und unmanierliche Menschengruppe.

Sauhund: mißbilligend für einen gerissenen, durchtriebenen oder niederträchtigen Kerl, dem nicht über den Weg zu trauen ist.

Sauigel: saloppe Umschreibung für einen unordentlichen, schmuddeligen oder auch einen in Wort und Tat schmutzigen Menschen.

Saukerl: derbes Schimpfwort für einen infamen, fiesen und rücksichtslosen Burschen.

Saukopf: ein derbes, verstärktes Schimpfwort für einen grobschlächtigen, widerlichen Kerl; Steigerung von Saukerl.

Sauledder: hessisch-mundartlich für „Sauluder"; durch die Vorsilbe „Sau-" eine, im verstärkenden Sinn, derbe Schelte für ein dreckiges Luder – und eine universell einsetzbare Beleidigung für Personen beiderlei Geschlechts.

Saulips: besonders hessischer Beiname für einen schmutzigen und schlampigen Burschen.

Sauluder: derbe Schelte für ein boshaftes, durchtriebenes oder lasterhaftes Frauenzimmer.

Saulump: Schimpf und Schande für einen ausgesprochen unzuverlässigen, verlogenen und betrügerischen Kerl.

Saumagen: vielseitig einsetzbares, abschätziges Scheltwort gegenüber Männern wie Frauen, ohne bestimmte Bedeutung.

Saumensch: verbale Grobheit gegenüber einem liederlichen, boshaften oder verkommenen Frauenzimmer.

Saupreiß: ein vorwiegend in Süddeutschland allgemein anerkanntes Schimpfwort für einen Norddeutschen.

Sauschtoi: abwertend bairisch für chaotische, schlampige Zustände – ob zu Hause „wie bei Hempels unterm Sofa" oder unmögliche Zustände im Rathaus.

Sausebraus: salopp bis abschätzig für einen umtriebigen, unternehmungslustigen, leichtlebigen oder auch verschwenderischen Zeitgenossen.

Sawwelpott: mit dem norddeutschen „Sabbeljochen" verwandter, ebenso geschwätziger und dummes Zeug daherredender Zeitgenosse.

s. b. H.: meist im jugendlichen Jargon verwendete Abkürzung – „selten blöder Hund" – für einen unsympathischen, einfältigen Menschen.

Schaap: friesisch-abwertend für jemanden, der mit den vierbeinigen Wollelieferanten gewissermaßen „seelenverwandt" ist.

Schaaßdromml: österreichisches Idiom für „alte Schachtel", eine wenig schmeichelhafte Bezeichnung für eine ältere, schrullige Frau.

Schabernack: scherzhaft, selten tadelnd, verwendete Bezeichnung für ein Kind, das anderen gern und oft einen Streich spielt, andere neckt.

Schabracke: meist mit dem treffenden Adjektiv „alte" verknüpft, eine derbe Schelte für eine alte, häßliche und meist auch unfreundliche Frau.

Schachtel: die abfällig verwendete Schimpfvariation für eine alte, verschrobene, meist auch häßliche Frau.

Schaf: ob wegem seines (Schaf-) Blickes oder seines geistigen Unvermögens – der Bezeichnete gilt in Spötterkreisen als leicht bis stark begriffsstutzig und naiv.

Schäfchenzähler: vorwiegend in Autofahrerkreisen für jemanden, der dem Wortsinn nach derart langsam fährt, daß er nebenbei noch die Landschaft genießen und Schafe auf der Wiese zählen kann.

Schafscheiß: Schwäbisches auf gut deutsch: dieser Mensch redet nur Mist oder dummes Zeug.

Schafseckel: vgl. Seckel; selbst der Wollelieferant, der hierfür seinen Namen hergeben mußte, würde sich für einen solchen Menschen schämen; tierische Steigerung, respektive Abwertung eines Mannes, der von einem Schwaben mitleidsvoll belächelt oder rüde vor die Tür gestellt – in jedem Fall „seiner nicht würdig" – betrachtet wird.

Schafskopf: eng verwandt mit dem „Dummkopf" oder dem „Einfaltspinsel", ein weiteres Exemplar eines dümmlichen und törichten Menschen.

Schalk: jemand, dem der „Schalk im Nacken sitzt", treibt gern und oft schadenfrohe, übermütige Späße mit anderen.

Schaluppe: eigentlich die Bezeichnung für ein auf größeren Schiffen mitgeführtes Beiboot, gilt es in seiner abfälligen Bedeutung als ein Schimpfwort für ein aufgetakeltes, altes Weib.

Schalwes: pfälzisches Idiom für Tölpel, Einfaltspinsel.

Schambes: abfällige Bezeichnung aus dem Hessischen für einen albernen Menschen, der meistens von seinen Mitmenschen zum Narren gehalten wird.

Schandbade: selten aus dem Hessischen für eine Person, die Schande bereitet, über andere bringt.

Schandfleck: beleidigend für jemanden, der über sich und andere Schimpf und Schande und damit in Verruf bringt.

Schandmaul: derbe Schelte für einen lästerlichen, boshaften und gemeinen Menschen, der über andere böse herzieht.

Schandudel: teils spöttisch, teils abfällig für eine häßliche Frau oder ein liederliches, durchtriebenes Mädchen.

Schanz: fränkische, in Verbindung mit dem Adjektiv „alta" (alte), Beleidigung für eine alte Frau.

Scharwenzel: jemand, der um andere (besonders Frauen) „herumscharwenzelt", läßt nichts unversucht, ihnen schön zu tun, ihnen zu schmeicheln.

Schatulle: abfälliges Schimpfwort für eine alte, mißlaunige Frau.

Schaumschläger: die saloppe Umschreibung für einen Großtuer, der andere mit seinen übertriebenen Geschichten im übertragenen Sinn „einseifen", sprich beeindrucken will.

Schawes-Schmuser: neben der weithin geläufigen Beleidigungsformel „Dummschwätzer" kennt die hessische Mundart noch den „Schawes-Schmuser" – einen, der nur leeres Gewäsch, dummes und unglaubhaftes Zeug daherredet.

Schbriddi: sächsisch-mundartliche Bezeichnung für einen, der zu viel „Sprit" (umgangssprachlicher Ausdruck für Schnaps) getankt hat; auch „Schnapsnase" genannt.

Schdießl: Schimpfname aus dem Fränkischen für jemand, der wegen seiner schlechten (oder nicht vorhandenen) Manieren in der Öffentlichkeit unangenehm auffällt.

Schding'gewidds: mundartlich-sächsisch für ein unangenehm riechendes, schmuddeliges, schmutziges Individuum.

Schdoddrmadds: spöttisch oder als Schimpfwort für einen stotternden, stammelnden Sachsen.

Schdrwandsr: sächsisch für ein gerissenes, mit allen Wassern gewaschenes, Schlitzohr.

Schebber: wegen seiner durch und durch schiefen, schrägen, krummen Erscheinung wird der Bezeichnete zum leichten Opfer für Spott und Häme.

scheel Owrigkeit: in Altfrankfurter Mundart eine spöttische Bezeichnung für einen schlielenden Polizeibeamten.

Scheesn: ein derbes, bairisches Schimpfwort für eine Frau, die es wegen ihrer Boshaftigkeit und bösen Zunge verdient hat.

Scheibenkleister!: beliebter Ausruf der Ärgers und des Unmuts über einen Umstand oder eine Person.

Scheinheiliger: verächtlich verwendete Bezeichnung für jemanden, der sich verstellt, heuchelt oder frömmelt.

Scheißbulle: weit gehässiger und schlimmer als „Bulle", eine verbale Grobheit „unserem Freund und Helfer" gegenüber.

Scheißer: verächtlich für einen völlig unfähigen, unsicheren oder auch feigen Menschen.

Scheißerle: verniedlichend oder als Kosename für ein kleines Kind, einen kleinen „Hosenscheißer".

Scheißhaufen: ordinärer Kraftausdruck für ein wertloses, nichtsnutziges und charakterloses Individuum, das auch als „menschlicher Abfall" empfunden wird.

Scheißkerl: starkes Schimpfwort für einen widerlichen, charakterlosen, hinterlistigen und groben Kerl.

Scheißlehrer: unverblümt in der Schülersprache für einen miserablen, auch ungnädigen und strengen Lehrer.

Scheißtyp: im jugendlichen Jargon für einen unmöglichen, unsympathischen oder auch widerlichen Burschen.

Schellabärmel: abfällig vorwiegend im süddeutschen Raum für eine ortsbekannte Person, die nicht viel taugt.

Schelm: vormals noch eine derbe Schelte für einen nichtswürdigen Menschen, gilt es in seiner heutigen Bedeutung als Scherzname für einen verschmitzten, durchtriebenen Menschen, der immer zu einem Streich oder Späßen aufgelegt ist.

Schemelreiter: eine gelungene, wenngleich auch selten beliebte Mischung aus einem „Sesselfurzer" und einem „Paragraphenreiter" – gemeinhin auch als „Beamter" bekannt.

Scherbn: verächtliche, bairische Bezeichnung für eine Frau, die ihre besten Jahre schon lange hinter sich hat.

Scherenschleifer: verantwortungsvolle Aufgaben sollte man einem so titulierten, weil unzuverlässigen, Menschen niemals anvertrauen.

Scherzbold: harmlose Schelte für einen humorvollen, albernen Menschen, der sich eine kindliche Freude an kleinen, harmlosen Streichen und Späßen erhalten hat.

Scherzkeks: spöttisch-ironisch für jemanden, der sich für einen Spaßmacher hält – ungeachtet dessen, daß sich andere über ihn lustig machen.

Schickimicki: Spottname für einen übertrieben modischen, geckenhaften und affektierten Menschen.

Schiefwickler: die scherzhaft oder spöttisch verwendete Bezeichnung für jemanden, der ungeschickt und linkisch ist und alles verkehrt macht.

Schießbudenfigur: nicht nur auf dem Jahrmarkt eine beliebte Zielscheibe – der Betreffende macht seinem Verhalten und Aussehen nach eine lächerliche Figur.

Schießbudenmamsell: spöttisch oder leicht abwertend für eine Frau, die auf dem Jahrmarkt eine Bude besitzt. Sinngleich mit „Schießbudenfigur" kann es auch eine lächerlich-komische oder alberne Person bezeichnen.

Schietkerl: friesisches Idiom für einen „Scheiß- oder Mistkerl".

Schiffschaukelbremser: saloppe Umschreibung für einen totalen Nullblicker, Nichtskönner und Taugenichts.

Schikaneur: mißbilligend für jemanden, der andere böswillig plagt, boshaft anderen bei jeder Gelegenheit Steine in den Weg legt.

Schinder: der Bezeichnete kennt bei der schonungslosen Ausbeutung und Quälerei von anderen kein Pardon.

Schindkarrn: abschätzig-bairisch für ein unbrauchbares Auto; ursprünglich der Wagen des Henkers oder Abdeckers.

Schindluder: verächtlich für jemanden, der mit anderen sein „Schindluder treibt", sprich andere betrügt, schlecht und gemein behandelt.

Schinnos: hessischer Scheltname für einen notorischen Nörgler und Miesepeter.

Schißbuchse: im Ruhrgebiet nichts anderes als ein „Hosenscheißer", ein ängstlicher, feiger Zeitgenosse.

Schisser: alternativ zu „Scheißer", ein abfälliger Beiname für einen feigen, ängstlichen Menschen.

Schläächtbabbeler: hessisches Idiom für Dummschwätzer.

Schlabbeflicker: abschätzige Bezeichnung aus dem Saarland für einen, vorzugsweise aus der Pfalz stammenden, Schuster.

Schlabbergosch: schwäbische Bezeichnung für ein „loses" Mundwerk, das besonders ein weibliches Wesen mit der Vorliebe für Klatsch und Tratsch nicht halten kann.

Schlachdubbel: vor allem rheinisch für einen großen, langen Schlaks.

Schlachtschiff: beleidigend für ein großes, wuchtiges und deswegen ungelenkes Frauenzimmer.

Schlafbetzel: die von einem Hessen so titulierte Person läßt sich nur schwerlich aus ihrem (auch geistigen) Dauerschlaf oder Tagtraum wecken.

Schlafdabba: typisch fränkischer Spottname für einen geistig trägen, langsamen Menschen mit noch langsamerer Auffassungsgabe.

Schlaffi: vorwiegend jugendlicher Jargon für einen schlaffen, trägen, energielosen oder langweiligen Kerl.

Schlafmittel: saloppe Umschreibung für einen langweiligen, faden und energielosen Menschen, der auf seine Mitmenschen wie eine Schlaftablette „einschläfernd" wirkt.

Schlafmütze: harmlose bis leicht abwertende Bezeichnung für einen schlaffen, müden oder trägen Menschen.

Schlagflußaas: eine veraltete, bösartige Bezeichnung für einen widerlichen Menschen („Aas"), dem man wünscht, es möge ihn der Schlag („Schlagfluß" steht für „Schlaganfall") oder der Blitz treffen.

Schlagzunge: ein auf Männer wie Frauen, die sich durch ein böses Mundwerk auszeichnen, gemünztes Schimpfwort.

Schlaks: besonders norddeutsch für einen hageren und hochgewachsenen Menschen, dessen Statur schon einer Bohnenstange gleicht.

Schlambambel: diese gestreckte Form von „Schlampe" bezeichnet im verstärkenden Sinn eine unordentliche, unaufgeräumte und schlampige oder auch schmuddelige weibliche Person.

Schlampe: entweder schlampig in ihrer Erscheinung oder liederlich und verkommen in ihrer Art, genießt ein so tituliertes Mädchen oder Frauenzimmer einen schlechten Ruf.

Schlamper: der Betreffende vereint negative Eigenschaften wie „ungewissenhaft", „nachlässig" sowie „schlampig" in harmonischer Weise.

schlampig' Post: altmodische Bezeichnung, die in abschätziger Weise eine weibliche Person beschreibt, die weder im Haushalt noch in ihrem Kleiderschrank noch in ihrem Leben Ordnung halten kann.

Schlamprich: umgangssprachlich für einen schlampigen, unordentlichen oder auch undisziplinierten Menschen.

Schlange: verknüpft mit dem treffenden Adjektiv „falsch", eine abfällige Bezeichnung für eine hinterhältige, intrigante und „giftige", sprich boshafte weibliche Person.

Schlangenfanger: eine im schwäbischen Sprachraum gängige, abfällige Bezeichnung für eine nichtsnutzige Person.

Schlankerl: ein munartlich-bairisches oder österreichisches Schimpfwort für einen kleinen Gauner oder Schlingel.

Schlappfrääle: im Hessischen für „Schlappfrauchen"; ein Spitz- und Scheltname im abfälligen Sinn, der eine Frau mit schwerfälligen, schleppenden oder auch schlürfenden Schritten bezeichnet.

Schlappgret: die von einem Pfälzer so titulierte Frau gilt wie ihr männliches Gegenstück, der „Schlambes", als unordentlich, schlampig.

Schlappgusch: ein in hessischer Mundart grober Ausdruck für einen Menschen mit einem breiten, großen, frechen oder vorlauten Mundwerk.

Schlappmann: saloppe Bezeichnung für einen schlaffen, trägen und energielosen Mann, der nicht selten auch als Versager zum Gespött der anderen wird.

Schlappschwanz: beleidigend für einen schlaffen, tranigen, aber auch feigen Menschen. Auch gehässig für einen Mann, der im Liebesspiel versagt oder „schwächelt".

Schlaraffengesicht: scherzhaft oder auch gehässig für den Träger eines häßlichen, verzerrten Gesichtes, auch Grimasse oder Maske.

Schlauchi: meist jugendlicher Jargon für einen, der bei der kleinsten Arbeit schon „geschlaucht" (geschafft) ist.

Schlauder: abschätzig im Rheinland für einen gerissenen, durchtriebenen, betrügerischen Kerl.

Schlaule: eine mundartlich-schwäbische, spöttisch oder ironisch verwendete Bezeichnung für einen (vermeintlich) schlauen und gewieften Menschen.

Schlaumeier: meist abschätzig, selten anerkennend für einen gewieften, schlauen Menschen; auch ironisch für einen Nichtskönner, der altklug daherredet.

Schlawack: ein abfälliges, schwäbisches Schimpfwort für einen unordentlichen, schlampigen Menschen.

Schlawiner: der so Bezeichnete gilt gemeinhin als unsolide, unzuverlässig und als Taugenichts.

Schlechtschwätzer: mißbilligend verwendete Bezeichnung für jemanden, der alles schlecht redet oder nur leeres, dummes Zeug zum besten gibt.

Schleckergosch: typisch schwäbisch für jemanden, der verwöhnt und ein Leckermaul ist.

Schleef: scherzhaft bis abschätzig aus dem Friesischen für einen tölpelhaften, ungeschickten Menschen.

Schleicher: entweder der Bezeichnete kriecht, heuchelt oder schmeichelt vor anderen Menschen, oder er zieht als langsamer Autofahrer den Zorn der anderen auf sich.

Schleifkleid: spöttisch verwendete Bezeichnung für ein Kleid mit einer langen und am Boden schleifenden Schleppe. Seine Trägerin könnte demnach wegen ihres schleifenden oder schleppenden Ganges gehänselt werden.

Schleiflieschen: mißbilligend für eine weibliche Person, die alle Aufgaben und Pflichten, weil faul, unentschlossen oder träge, „schleifen" oder liegen läßt.

Schleimer: verwandt mit dem ebenso berechnenden wie charakterlosen „Schleicher" zieht der Bezeichnete seine „Schleimspur" um andere (vor allem Vorgesetzte). Um sich Vorteile zu verschaffen, scheut er nicht davor zurück, sich anzubiedern oder einzuschmeicheln.

Schleimi: jugendlicher Jargon für einen angepaßten, kriecherischen und heuchlerischen Menschen

Schleimscheißer: derb und verächtlich für jemanden, der anderen nach dem Mund redet, ihnen schöntut, kriecht.

Schlemihl: teils spöttisch, teils abschätzig für einen vom Pech Verfolgten (Pechvogel) oder auch einen gerissenen, durchtriebenen Kerl.

Schleppenträger: salopp-spöttische Umschreibung für einen gefälligen, kriecherischen oder diensteifrigen Menschen, der jemand hingebungsvoll verehrt und bedient.

Schlickefänger: abfällige, vorwiegend im Ruhrgebiet gängige Bezeichnung für einen undurchsichtigen, mit zweifelhaftem Ruf behafteten Burschen.

schlimmer Finger: derbe Schelte für einen niederträchtigen, gemeinen und bösen Kerl.

Schlingel: in der Bedeutung von „schleichen, schlendern" eigentlich ein Müßiggänger, bezeichnet es heute scherzhaft einen übermütigen oder fürwitzigen Jungen.

Schlinkemacher: Spott und Schelte aus der Mainzer Gegend für einen raffinierten, schlitzohrigen Burschen, der mit allen Wassern gewaschen ist.

Schlinkemächer: im Hessischen verächtlich für eine hinterlistige, infame und durchtriebene Person, die anderen heimtückisch in den Rücken fällt. Im Vortäuschen falscher Tatsachen hat dieser Widerling ebenso seinen Meister gemacht wie im Suchen und Finden fauler Ausreden.

Schlippche: Spott- und Scheltname aus dem Hessischen für einen jungen, ungestümen Lebemann.

Schlirch: leicht anerkennende Bezeichnung aus dem Ruhrgebiet für einen smarten, schlitzohrigen, gerissenen Kerl.

Schlitzauge: scherzhaft bis abfällig für einen Menschen mit Schlitzaugen, meist für einen Japaner oder Chinesen.

Schlitzohr: einem so titulierten, weil listigen, betrügerischen und unehrenhaften Menschen, ist nicht über den Weg zu trauen.

Schloarem: in den Augen eines Franken eine durch und durch unordentliche, schlampige Person.

Schlofzipfe: bairisches Idiom für Langschläfer oder Schlafmütze.

Schlönz: ein besonders im Ruhrgebiet ausgeprägter Spottname für einen unordentlichen, unaufgeräumten Menschen.

Schloofbätz: pfälzisches Idiom für Schlafmütze, Langweiler.

Schlor: abschätzig im Rheinland für ein verkommenes, schlampiges liederliches Frauenzimmer.

Schlotterhein: typisch norddeutscher Spottname für ein „Knochengestell", einen hageren, knochigen, dürren Menschen.

Schlucker: eine bemitleidenswerte, da erbärmliche oder mittellose Person, die buchstäblich „nichts zu beißen und zu schlucken" hat.

Schluckspecht: saloppe Umschreibung für jemanden, der gern und oft zu viel ins Glas schaut, weit mehr als „einen über den Durst" trinkt; vgl. Sluukhals.

Schludrian: in der Bedeutung von „schlendern, schludern", eine mißbilligend verwendete Bezeichnung für eine schlampige, unkonzentrierte und oberflächliche Person.

Schluhdrfriddse: abfällige sächsische Bezeichnung für einen, der ihm aufgetragene Arbeiten nachlässig und schlampig ausführt.

Schlumbel: Spott- und Scheltname für eine nachlässige, unordentliche oder auch schmuddelige Person.

Schlumpf: scherzhaft bis spöttisch für eine kleinwüchsige oder auch lächerlich unbedeutende Person.

Schlumpumpl: fränkisch-abschätzig für eine alte, schlampige, unordentliche weibliche Person.

Schlunze: von einer so titulierten Frau, die „herumschlunzt", sind keinerlei Benehmen, Manieren oder Ordnung zu erwarten.

Schlüpfchen: Scherz- und Spottname für einen unreifen, unerfahrenen oder auch leichtsinnigen jungen Burschen, der wohl erst aus dem „Ei geschlüpft" ist.

Schluri: Schelte für jemanden, der vor allem bei der Arbeit „schlurt", sprich schlampig, oberflächlich und unzuverlässig arbeitet.

Schlußlicht: saloppe Umschreibung für jemanden, der in der Schule, bei Spielen oder Wettbewerben immer der Schlechteste oder Letzte ist.

Schmachtfetzen: ein rührseliger, stürmischer Verehrer, der seine Angebetete mit Blicken verschlingt, verzehrt.

Schmächtling: ursprünglich in der Bedeutung von „Hungerleider", bezeichnet es heute vielmehr einen hageren, schwachen und weichlichen Menschen.

Schmaguckes: die scherzhaft-spöttische Bezeichnung in Hessen für einen Possenreißer, Spaßmacher.

Schmähtandla: spöttisch bis verächtlich verwendete Bezeichnung in bairisch-österreichischen Sprachregionen für einen maßlosen Angeber, Schaumschläger und Großtuer.

Schmalchen: durch die Verkleinerungssilbe „-chen" passende Bezeichnung für ein schmales, dünnes und zierliches Persönchen, auch „halbe Portion" bedeutend.

schmales Hemd: vergleichbar einer „halben Portion", ein magerer, dürrer und schmächtiger Mensch.

Schmalhans: mißbilligend verwendete Bezeichnung für einen Hungerleider oder Geizhals.

Schmalspurabiturient: spöttisch oder abschätzig für einen Schüler, der seine „Reifeprüfung" nicht besonders ernst nimmt und sich nicht genügend vorbereitet.

Schmalspurcasanova: vorwiegend jugendlicher Jargon für einen, der sich für einen unwiderstehlichen Frauenhelden hält – in Wirklichkeit widersteht ihm jede Frau.

Schmalspurdämchen: spöttisch bis abwertend für eine weibliche Person, die auf „Grande Dame" macht.

Schmalzamor: saloppe, wenn auch selten verwendete Umschreibung für einen meist dicken Mann, der von „Amors Pfeilen" getroffen wurde, sprich verliebt ist.

Schmarotzer: ursprünglich für Bettler, auch Parasit, bezeichnet es einen bequemen Menschen, der meistens auf Kosten anderer lebt.

Schmarrbeutl: besonders fränkisch für jemand, der nur dummes Zeug (Schmarrn) daherredet.

Schmärre: dieses weibliche Wesen redet sogar einen Schwaben in Grund und Boden.

Schmarrn: „Schmarrn" aus dem Mund eines Bayern bedeutet: er redet dummes Zeug; ursprünglich ist „Schmarren" eine süße Mehlspeise.

Schmeichelkatze: die saloppe Umschreibung für eine Frau, die sich einschmeichelt, schöntut.

Schmeißfliege: verächtlich für einen widerlichen, infamen und aufdringlichen Zeitgenossen.

Schmidtchen Schleicher: saloppe Umschreibung für einen verdächtig schleichenden, schmeichelnden oder auch langsamen Zeitgenossen.

Schmierenkomödiant: abfällig meist für einen alten Schauspieler des komischen Fachs, der auf der Bühne nur noch eine lächerliche Figur abgibt. Auch passender Spottname für jemanden, der sich theatralisch in Szene setzen möchte.

Schmierfink: Spott- und Scheltname für einen schmuddeligen, schmutzigen oder auch Gegenstände beschmutzenden Menschen. Der mannigfach einsetzbare Ausdruck ist unter anderem auch für einen unleserlich schreibenden Schüler, einen drittklassigen Schriftsteller oder einen miserablen Künstler bezeichnend.

Schmierlappen: Schelte für einen schmuddeligen, schmutzigen Menschen; auch abfällig für einen sülzenden, schmierigen, unsympathischen Zeitgenossen.

Schmock: ursprünglich ein Scheltname aus dem Prager Getto für einen „verschrobenen, jüdischen Phantasten", in seiner heutigen Verwendung als Schelte für einen gesinnungslosen Journalisten.

Schmotzjockel: ein schwäbischer Spott- und Schimpfname für einen unreinlichen Menschen, der auch „Schmutzfink" genannt wird.

Schmuddel: die auf beiderlei Geschlecht bezogene Schelte für eine schmuddelige, schlampige und unordentliche Person.

Schmuddelkind: mißbilligend für ein verschmutztes und verwahrlostes Gassenkind.

Schmusebacke: saloppe Umschreibung oder Neckname für eine anschmiegsame, liebesbedürftige und rührselige Person.

Schmuselabbe: spöttisch oder als Schimpfname im Saarland für ein verzogenes und verwöhntes Muttersöhnchen.

Schmutzfink: in vielen Sprachlandschaften beheimatetes Schimpfwort für einen, der es entweder mit der Hygiene oder der Moral nicht so genau nimmt; vgl. auch Schmutzliese, Schmutzpeter, Smuddellapp, Suddelmors.

Schmutzliese: vgl. Schmutzfink; das weibliche Pendant zum Schmutzpeter; beide sind oder machen gern etwas schmutzig.

Schmutzpeter: vgl. Schmutzfink; Schelt- und Schimpfname für einen unsauberen, schmutzigen, schlampigen Mann.

Schnäbbelliese: Spott- und Scheltname für eine besonders im Ruhrgebiet beheimatete Dauerschwätzerin.

Schnalle: ordinärer Schimpfname für ein liederliches oder verkommenes Frauenzimmer, auch für eine Hure. Dazu passend die derbe Bezeichnung „Schnallentreiber", mit der ein Zuhälter oder auch ein Schürzenjäger gemeint sein kann.

Schnäppäpperle: die schwäbische Verniedlichung von Plappermaul.

Schnäppere: Neuigkeiten, die einer solchen Schwatz- oder Klatschbase anvertraut wurden, verbreiten sich wie ein Lauffeuer im Dorf.

Schnapsdrossel: vgl. Alki; verächtlich für eine weibliche Person, die gern und oft zu tief, vor allem ins Schnapsglas schaut.

Schnapsnase: die Vorliebe für Hochprozentiges sind dem Bezeichneten im wahrsten Sinn schon an der (roten Säufer-)Nasenspitze anzulesen. Alternative Schelte: Saufnase.

Schnarcher: eine so titulierte, langsame, träge oder verträumte Person wirkt auf andere wie eine Schlaftablette; auch abwertend für einen Taugenichts; weit gehässiger, eignet sich „Schnarchsack" als Schimpfwort; vgl. Schnarchzapfen.

Schnarchsack: spöttisch über jemand, der lautstark schnarcht; auch als Schimpfname für einen begriffsstutzigen Menschen zu verwenden.

Schnarchtasse: wie der „Schnarcher" oder die „Schnarchnase" ein äußerst verschlafener, träger, fauler Zeitgenosse.

Schnarchzapfen: vgl. Schnarcher; Schelte für einen, der mit seinem lauten, unentwegten Schnarchen die Nachtruhe anderer stört.

Schnatterbüchse: abschätzig für eine meist weibliche, schwatzhafte Person, auch genannt: Quasselstrippe, Schnattergans, Schnatterliese.

Schnawwelfutt: ein besonders in Mainz anzutreffendes, leichtes Mädchen.

Schnawwelschniß: besonders saarländisch für eine Person, die viel und verblümt daherredet.

Schnecke: salopp bis abfällig für ein junges Mädchen, Freundin oder eine Frau. Im Sinne von „Schneckentempo" bezeichnet der Spottname auch einen langsam gehenden, fahrenden oder denkenden Menschen.

Schnecken-Lene: leicht anzügliche Bezeichnung für ein jüngeres oder älteres Mädchen mit deutlicher Anspielung auf „Schnecke".

Schnedderedett: besonders hessisch für einen schnatterndes Mundwerk.

Schneegas: abfällig verwendbar für ein dummes, albernes Frauenzimmer.

Schneewittchen: meist jugendlicher Jargon für eine flachbrüstige Frau; auch junges Mädchen, das „flach wie ein Brett" ist.

Schnellkathrine: jemand, der die „Schnellkathrine" hat, leidet unter Durchfall. Es drängt sich das Wortspiel auf: Schnellkathrine – schnell auf die Latrine.

Schnellmerker: ironisch für einen geistig trägen, langsamen oder begriffsstutzigen Menschen. Mögliche Spottvariation: Schnellspanner.

Schnepfe: meist jugendlicher Jargon für ein unattraktives, unfreundlichen oder zickiges Mädchen. Als derbe Schelte richtet es sich an ein leichtes Mädchen oder eine „Bordsteinschwalbe".

Schnerr: abschätzige Bezeichnung im pfälzischen Raum für eine alte Jungfer.

Schnieblich: sächsischer Spottname für einen kleinen, lächerlich unbedeutenden Menschen.

Schniegel: herausgeputzt wie ein Pfau, wirkt dieser eitle Schopf fast schon wieder lächerlich.

Schniepel: es dient zur verächtlichen Bezeichnung für einen Angeber, Großtuer oder auch Geck.

Schnookehuschter: schwäbisches Schimpfwort für einen ausgesprochen ängstlichen Menschen.

Schnorrant: ehemals abfällige Bezeichnung für einen vagabundierenden Bettelmusikanten, gilt die Schelte heute vielmehr einem Nutznießer oder Schmarotzer.

schnorrds: ein mundartlich-sächsischer Ausdruck für Gleichgültigkeit.

Schnorrer: umgangssprachlich für „ausleihen, borgen", hat dieser Mensch wahrlich eine Nase dafür, wo es etwas umsonst abzustauben gibt.

Schnorreswaggeler: als Possenreißer mit Leib und Seele schneidet der von einem Rheinländer so Bezeichnete auch Grimassen wie kein anderer.

Schnösel: mißbilligend für einen blasierten, eitlen und arroganten jungen Kerl. Für den Betreffenden gilt: „Einbildung ist auch eine Bildung".

Schnottneese: vgl. Rotzlöffel; friesisches Idiom für Rotznase – einen ungezogenen, unverschämten Burschen.

Schnuatn: abschätzig-bairisch für Schmollmund oder eine beleidigte Miene.

Schnuckele: diese Verkleinerungsform von „Schnuckes" dient scherzhaft oder als Kosename für ein kleines Kind, besonders für ein kleines Mädchen.

Schnuddelschniß: eine so titulierte Person gilt im Saarland gemeinhin als schmuddelig, schmutzig und schlampig.

Schnudebutzer: besonders pfälzischer Berufsspott für Friseur.

Schnuffelhannes: Scheltname für einen Mann, der „schnuffelt". Er bläst seinen „Rotz" nicht, wie es sich gehört, in ein Taschentuch, sondern zieht ihn geräuschvoll durch die Nase.

Schnüffelheini: ein überaus neugieriger Mensch, der seine Nase in fremde Angelegenheiten steckt. Auch salopp für einen Detektiv.

Schnuffelliese: wie ihr männliches Gegenstück, der „Schnuffelhannes", benimmt sich eine so titulierte weibliche Person wenig damenhaft und zieht bei Schnupfen geräuschvoll die Nase hoch.

Schnulzier: spöttisch oder abschätzig verwendete Bezeichnung für einen (Schlager-)Sänger rührseeliger Schmachtfetzen.

Schnupfenriecher: scherzhaft für jemanden, der für alle Lebenslagen im wahrsten Sinn des Wortes einen „guten Riecher" hat, also Situationen gut einschätzen oder vorhersehen kann.

Schnutedunker: hessisch-abfällig für jemand, der gern und oft zu tief ins Glas schaut.

Schnutenschmatzer: saloppe Umschreibung für einen kußwütigen Mann, der keine Lippen unversucht lassen möchte.

Schnutenzieher: mißbilligend für jemanden, der bei der geringsten Kleinigkeit eine beleidigte Schnute zieht, also einen Schmollmund macht oder einen trotzigen Gesichtsausdruck aufsetzt.

Schode: dumm und gemein – beide schlechten Eigenschaften verkörpert dieser Pfälzer oder von einem Pfälzer so Beschimpfte in harmonischer Weise.

Schofel: mißbilligend für einen gemeinen, schäbigen oder lumpigen Kerl.

Schönfärber: im Gegensatz zu einem „Schwarzseher" (Pessimist), neigt der Betreffende dazu, etwas zu beschönigen, schön zu reden oder zu verharmlosen.

Schönheitchen: durch die Verkleinerungssilbe „-chen" wird angedeutet, daß es sich bei einer so titulierten weiblichen Person sicherlich um keine Augenweide handeln kann.

Schönling: spöttisch für einen übertrieben zurecht gemachten, eingebildeten Beau, der sich gern in Szene setzt.

Schöpleszwicker: besonders fränkische Bezeichnung für einen, der einem guten Tropfen Wein nicht widerstehen kann.

Schookes: den Kontakt mit der bezeichneten widerwärtigen, anstößigen Person gilt es für einen Saarländer tunlichst zu vermeiden.

Schöppeler: abzuleiten von mundartlich „schöppeln", bezeichnet es einen, der sich gern oder gewohnheitsmäßig einen Schoppen zu Gemüte führt.

Schoppenbläser: die saloppe Umschreibung für jemanden, der gerne eine Schoppen (ein Glas Wein) trinkt.

Schoppenflitzer: die saloppe Umschreibung für jemanden, der sich selbst unter erheblichen Alkoholeinfluß noch ans Steuer seines Wagens setzt.

Schotte: Spott- und Scheltname für einen ausgesprochen sparsamen und geizigen Menschen.

Schraatel: besonders rheinischer Spott- und Scheltname für eine unentwegt mit schriller Stimme schnatternde Person.

schräger Vogel: die saloppe Umschreibung für einen dubiosen Kerl, den man durchaus im kriminellen Milieu vermuten würde.

Schranze: abfälliger, häufig im Ruhrgebiet verwendeter Beiname einer buhlenden, ihren Mitmenschen gefälligen Person.

Schrappnelke: vorwiegend im Ruhrgebiet für ein geldgierige, geizige weibliche Person; ihr männliches Pendant schimpft sich „Schrapphals".

Schreckschraube: verächtlich für ein unliebsames, infames, boshaftes oder häßliches Frauenzimmer.

Schreckschrulle: besonders im jugendlichen Jargon abfällig für eine alte, verschrobene oder etwas wunderliche Frau.

Schreiberling: abwertend für einen schlechten, miesen oder erfolglosen Vertreter der schreibenden Zunft.

Schreihals: entweder ein Kleinkind, das bei jeder Kleinigkeit heult, oder jemand, der lauthals redet oder schimpft.

Schrippe: vielerorts mundartlich eingefärbte, immer aber abfällige Bezeichnung für eine alte Frau; auch Prostituierte.

Schrippenarchitekt: abwertende Berufsschelte für einen Vertreter des Bäckerhandwerks.

Schrökelbeen: wegen ihrer krummen Beine ist die von einem Norddeutschen so titulierte Person eine leichte Zielscheibe für Spott und Häme.

Schubiack: Schimpf und Schande für diesen verschlagenen, durchtriebenen, infamen Gauner, Schlitzohr, Schuft.

Schubladendrücker: die spöttische Berufsbezeichnung für einen Verkäufer oder Gehilfen im Kleinwarengeschäft, der sich selbst „Kaufmann" schimpft.

Schublädlezieher: vorwiegend im süddeutschen Raum scherzhaft bis spöttisch verwendete Berufsbezeichnung für einen Kleinwarenhändler oder Kaufmann.

Schuft: universell einsetzbare Schelte für einen Mann, dessen Liste seiner negativen Eigenschaften sich unendlich fortsetzen ließe. Um nur einige zu nennen: er gilt gemeinhin als gemein, hinterhältig, betrügerisch oder verschlagen.

Schummel: wenn in den hessischen Sprachregionen jemand „den Schummel macht", dann erledigt er die grobe Schmutzarbeit oder macht einem den Diener.

Schurke: grob für einen verräterischen, infamen, fiesen oder betrügerischen Menschen.

Schürzenjäger: vgl. Aufreißer; ironisch, leicht anerkennend oder geringschätzig für einen, vor dem kein Rockzipfel sicher ist; auch Frauenheld, salopp Aufreißer, genannt.

Schürzenkind: ein unselbständiges, zaghaftes oder auch ängstliches Kind, das am Rockzipfel seiner Mutter hängt.

Schussel: spöttisch oder tadelnd für eine unbeholfene oder ungeschickte Person.

Schwabbeler: neben der weithin geläufigen Bedeutung von „wakkeln" kann „schwabbeln" auch als „unnötig viel reden" verstanden werden. Auch den Menschen bezeichnend, der sich als Schwätzer oder Dummschwaller sicher keine Freunde macht.

Schwabbelpudding: saloppe Umschreibung für eine dicke Person mit massigen, wabbeligen Körperpartien.

Schwachkopf: derbe Schelte für einen dummen, denkfaulen oder stumpfsinnigen Menschen, über den man sich ärgert.

Schwachsinnverzapfer: saloppe Umschreibung für jemanden, der anderen mit seinem ewigen Geschwalle und Unsinn auf die nerven fällt.

Schwafler: der so Beschimpfte stößt mit seinem sinnlosen und unqualifizierten „Geschwafel" bei anderen auf taube Ohren.

Schwalbensau: grobe Schelte auf dem Fußballplatz für einen Spieler, der sich gern und oft „fallen" läßt oder es geschickt versteht, so über seine eigenen Füße zu stolpern, daß es wie ein gegnerisches Foul aussieht.

Schwaller: ein Dummschwätzer im jugendlichen Jargon.

Schwallhans: Scherz- oder Scheltname für jemanden, der sich selbst gerne reden hört.

Schwammbuckel: gehässig für einen rückgratlosen, labilen oder auch weichlichen Menschen.

Schwämmchen: im eigentlichen Wortsinn die scherzhaft-spöttische Bezeichnung für jemanden, aus dem man wie aus einem Schwamm alles (Informationen) herauspressen kann.

Schwanzkachel: spöttisch für eine Frau, die lieber ständig „auf Achse" ist, als sich der Hausarbeit oder anderen Verpflichtungen zu widmen.

Schwarte: eigentlich die Schweinehaut (Speckschwarte), läßt es sich als derbe Schelte meist auch auf eine alte und fette Frau übertragen.

Schwätzbaas: vgl. Dorfschell; Schelte aus Schwaben für eine neugierige, tratschsüchtige oder lästernde Frau.

Schwätzer: eine so titulierte Person verbraucht unglaublich viel Luft, um „nichts" zu sagen.

Schwefelphilipp: eng verwandt mit dem „Schwabbeler", gehört eine so titulierte Person zu denjenigen Menschen, die unentwegt „schwafeln", sprich: dummes, unsinniges oder erfundenes Zeug daherreden.

Schweinebacke: derbe Schelte für einen charakterlosen, widerwärtigen, verlogenen oder unverschämten Kerl.

Schweinehund: der Beschimpfte gilt gemeinhin als fieser, niederträchtiger und widerwärtiger Kerl.

Schweinigl: bairisch-mundartlich für ein zotiges, schmutziges oder unanständiges Individuum.

Schweißfußindianer: saloppe Umschreibung für jemanden, der seine Schuhe in Gesellschaft besser anbehalten sollte.

Schwellkopf: gehässig für jemanden, der einen dicken, aufgeschwollenen oder unförmigen Kopf hat.

Schwerenöter: ein schlauer, gerissener und erfolgreicher Schürzenjäger.

Schwertgosch: ein Schwabe ist gut beraten, wenn er sich vor der scharfen Zunge dieser Frau in Acht nimmt.

Schwewwelbeele: nach Mainzer Mundart eine Beleidigung für ein weibliches Wesen, das ausgesprochen dummes Zeug daherredet.

Schwewwelphilipp: eng verwandt mit dem „Schwaller" oder „Schwafelphilipp", wird dieser ewig unsinniges und erfundenes Zeug redende Mensch von seinen Mitmenschen nicht ernst genommen.

Schwielensitzer: boshafte Bezeichnung für jemanden, der in seinem Beruf eine vorwiegend „sitzende" Tätigkeit – hinterm Schreibtisch einer Amtsstube oder eines Büros – ausübt.

Schwindelmeier: mißbilligend für jemanden, der mit der Wahrheit nicht auf gutem Fuß steht oder der „schwindlige", sprich undurchsichtige, Geschäfte tätigt.

Schwittjeh: vorwiegend pfälzischer, abwertend verwendeter Spott- und Scheltname für einen verschwenderischen Lebemann, auch Schürzenjäger.

Schwolleschee: besonders hessische, abschätzige Bezeichnung für einen Frauenhelden und Lebemann.

Schwuchtel: meist abschätzige Bezeichnung für einen Homosexuellen; auch „Warmer" genannt.

Schwuli: jugendlicher Jargon für einen Homosexuellen.

Seckel: vgl. Allmachtsseckel, Schafseckel; gern und oft gebrauchtes Schimpfwort im süddeutschen Raum für eine männliche Person, jedoch ohne bestimmte Bedeutung.

Seelenklempner: spöttisch oder als Berufsspott für einen Psychiater, Psychologen.

Sefdl: universell einsetzbares, auf beiderlei Geschlecht passendes Schimpfwort für eine überaus dumme, einfältige Person.

Seger: besonders im Ruhrgebiet ausgeprägter, variabel einsetzbarer Schimpfname für einen Vertreter des männlichen Geschlechts.

Seichbeitel: abschätzig aus dem Schwäbischen für einen Schwätzer, Vielredner.

Seichtling: meist abfällig verwendete Bezeichnung für einen oberflächlichen Menschen.

Seine Vehemenz: scherzhaft-spöttisch für jemanden, der durch seine ungestüme, unbeherrschte oder auch jähzornige Art unangenehm auffällt.

Seldefrehlich: wörtlich: „Seltenfröhlich"; besonders pfälzisch für einen mürrischen, schwermütigen Menschen.

Semmelkopf: die salopp-spöttische Umschreibung für eine „semmelblonde", sprich eine hellblonde oder weißhaarige Person.

Semsekrebsler: die mundartlich-schwäbische Bezeichnung für einen sauren Wein, den der Gastgeber „selber saufe" kann.

Senfpott: mißbilligend für jemanden, der ewig seinen Senf dazugeben muß.

Sensibelchen: Spottname für einen überaus empfindsamen, feinfühligen oder auch übertrieben zaghaften Menschen.

Seppel: spöttisch bis abfällig in Süddeutschland für einen einfachen, einfältigen oder ungebildeten Menschen.

Sesselfurzer: vgl. Sässlfordsr, Sesselpupser, Bürohengst; sinngemäß ein Büroangestellter oder Beamter, der den ganzen Tag hinter seinem Schreibtisch sitzt und mehr oder weniger anspruchsvolle Arbeit verrichtet.

Sesselpupser: wie „Sesselfurzer" eine Beleidigung für einen Angestellten oder Beamten, der mehr oder weniger effektiv hinter seinem Schreibtisch arbeitet.

Sexmuffel: abwertend für eine sexuell lustlose, abweisende Person.

Sexprotz: meist spöttische Bezeichnung für einen, der mit schier unglaublichen Anekdoten aus seinem Liebesleben Eindruck schinden will.

Siach: universelles, meist mit dem entsprechenden Adjektiv (z. B. faul, dumm, elend) verwendetes, schwäbisches Schimpfwort für einen Mann.

Siebengescheiter: spöttisch oder als Schelte für einen fürwitzigen, besserwisserischen Menschen.

Siebensortenflegel: saloppe Umschreibung für einen groben, unmanierlichen Menschen, der sieben Unarten in sich vereinigt.

Siffel: pfälzischer Spott- und Scheltname für jemanden, der hie und da zu tief ins Glas schaut.

Simpel: wenig schmeichelhafte Bezeichnung aus Schwaben für einen etwas einfältigen oder auch ungeschickten Menschen.

Simulant: mißbilligend für jemanden, der (un-)geschickt eine Krankheit vorschützt, sich krank stellt.

Sitzfleischpiefke: spöttisch für jemanden, der die Arbeitstage bis zum Wochenende ohne viel Anstrengung „aussitzt".

Sitzfleischtrainer: gehässig für einen Büroangestellten oder Beamten, der sein Berufsleben zwischen Akten und Antragsformularen absitzt.

Siwwedermel: pfälzisches Idiom für Dummkopf.

Skandalnudel: (liebes-)abenteuerlustig, geltungssüchtig und schamlos, ist eine solche Frau immer eine Schlagzeile wert.

Skeletti: vorwiegend jugendlicher Jargon für einen Erwachsenen, alten Menschen; in der Spottskala noch vor „Komposti".

Slaapmütz: friesisch-abwertend für einen, der auch tagsüber schläft, sprich träge, langweilig, unkonzentriert und nicht aufnahmefähig ist.

Slappsteert: friesisch-verächtlich für einen schwächlichen, weichlichen, feigen Menschen.

Slikkermuul: im Norden Deutschlands scherzhaft-spöttisch oder tadelnd für einen, der seine klebrigen Finger nicht von Süßigkeiten lassen kann.

Sludderbüx: friesisches Idiom für Schlamper.

Slurrer: spöttische Bezeichnung aus dem Norden Deutschlands für jemanden, der beim Gehen schlurft, schwerfällig geht.

Sluukhals: vgl. Schluckspecht; abwertend für einen friesischen Säufer, der seinen Hals mit Alkohol nicht voll genug bekommen kann.

Sluukohr: besonders norddeutscher Spottname für eine Person mit abstehenden (Segel-)Ohren.

Smiley: von englisch „smile" (lächeln), eine spöttische oder leicht abwertende Bezeichnung für jemanden mit einem (dümmlichen) „Dauergrinsen" im Gesicht.

Smuddel: im Norden Deutschlands abwertend verwendete Bezeichnung für einen schmutzigen, unordentlichen Menschen.

Smuddellapp: vgl. Schmutzfink; friesische Schelte für einen, der es mit der Körperhygiene nicht so genau nimmt.

Snackfatt: ein friesisches Idiom für Plappermaul.

Snappsnuut: besonders norddeutsche Schelte für eine freche, dreiste, vorlaute Person.

Snattermuul: friesisches Idiom für Schnattermaul – einen, der ständig quasselt, plappert und schwätzt; der Vergleich mit dem aufgeregten Geschnatter von Enten oder Gänsen kommt nicht von ungefähr.

Snotternees: abschätzige Bezeichnung für eine Hamburger „Trief- oder Schniefnase"; abgeleitet vom unschicklichen und geräuschvollen Hochziehen bei Schnupfen.

Snöttert: vgl. Rotzjunge, Rotzlöffel; friesisch-abwertend für einen unverschämten, ungezogenen, frechen Burschen.

Snüffel: passend zur niederdeutschen „Snüff" (Nase), steckt dieser jemand gerne dieselbe in Dinge, die ihn nichts angehen; wer herumschnüffelt (umgangssprachlich für spionieren) macht sich im höchsten Maße verdächtig.

Snurrpieper: der im Norden von Deutschland so Bezeichnete gibt sich nach außen hin sehr beschäftigt – in Wirklichkeit aber bringt er nichts zustande.

Socke: die Dummheit dieser Person schreit buchstäblich zum Himmel und wird im schwäbischen Sprachraum oft noch mit Adjektiven wie „daube" verstärkt.

Soicher: schwäbischer Spottname für einen jungen Burschen, der noch etwas „grün" hinter den Ohren, also „unreif", ist.

Soichhafe: abgeleitet aus dem schwäbischen Begriff für „Nachttopf", muß sich auch jemand, der auffällig oft das stille Örtchen besucht, so beschimpfen lassen.

Sonnenblume: spöttisch-bezeichnend für ein Mädchen, das die Sonne in ihren Herzen und ihre Einfältigkeit vor sich her trägt.

Sonntagsfahrer: verächtliche Bezeichnung für einen zaghaften, unsicheren, überaus langsamen Autofahrer, der sich nebenbei auch noch die Landschaft anschaut.

Soome: Kollektivschelte aus dem Pfälzischen für eine Schar ungezogener, vorlauter Kinder.

Sottje: der im Norden Deutschlands als Spottname für einen Schornsteinfeger verwendete Ausdruck paßt auch auf einen, der angesichts dubioser Geschäfte keine weiße Weste hat.

Spaabrönner: besonders fränkisch für einen, der buchstäblich auf „Sparflamme" kocht, also ein überaus geiziger, sparsamer Mensch.

Spacker: ein, vorwiegend im Ruhrgebiet, beheimateter „Dickwanst".

Spaghettifresser: verbale Grobheit gegenüber einem Italiener.

Sparbrötchen: saloppe Umschreibung für einen übertrieben sparsamen, geizigen Menschen, der sogar am Brot knausert.

Spargeltarzan: spöttisch für einen schmächtigen, schwachen oder hageren Burschen mit „Pudding" in den Armen.

Spaßbremse: salopp für einen, der in geselliger Runde schlechte Stimmung verbreitet; genießt auch als Spielverderber einen schlechten Ruf.

Spaßvogel: scherzhaft oder abfällig für jemanden, dessen Späße vorzugsweise auf Kosten anderer gehen.

Spasti: jugendlicher Jargon für einen unfähigen, dummen oder begriffsstutzigen Menschen.

Spätlese: gehässig für eine ältere, noch unverheiratete Frau, die ihre besten Jahre schon hinter sich hat.

Spatzenhirn: abwertender Spott- und Schimpfname für jemanden, der entweder mit Dummheit oder einem Kurzzeitgedächtnis geschlagen ist.

Spätzünder: häufig jugendlicher Jargon für einen langsam reagierenden und denkenden, auch begriffsstutzigen Menschen; auch spöttisch für einen, der in seiner geistigen wie körperlichen Entwicklung zurückgeblieben ist.

Speckbauch: meist abfällig verwendete Bezeichnung für einen dickbäuchigen, fettleibigen Menschen, der auch als „Speckwanst" sein Fett abbekommt.

Specki: vorwiegend jugendlicher Jargon für einen fetten, unförmigen oder auch schmierigen Menschen.

Speckjuv: besonders „kölsch" für einen dicken, unförmigen Menschen.

Specknawwel: besonders pfälzisch für einen unansehnlich fettleibigen, dicken Menschen.

Speckschwarte: eine Beleidigung für jemand, bei dem sich Fettpölsterchen und -ringe deutlich abzeichnen.

Speichellecker: verächtlich für jemanden, der, weil er sich davon irgendwelche Vorteile verspricht, vor allem seinem Chef schöntut; Stiefellecker.

Spelzche: die Bezeichnete gilt nicht nur im Rheinland als besonders mimosenhaft und überempfindlich.

Spiechelaff: der von einem Hessen so Bezeichnete gilt gemeinhin als eitler Pfau.

Spielratz: scherzhaft oder als Neckname für ein verspieltes Kind, allgemein auch ein verspielter Mensch bedeutend.

Spielverderber: Schimpfwort für einen, der mit seiner mürrischen, lustlosen Art anderen – meist vorsätzlich – den Spaß (beispielsweise bei einem Gesellschaftsspiel) verdirbt;

Spießbürger: vormals ein mit einem Spieß bewaffneter Stadtbürger, gilt das abwertend bis scherzhaft gemeinte Scheltwort in seiner heutigen Bedeutung einem engstirnigen und kleinkarierten Menschen; vgl. auch Spießer.

Spießer: verkürzte Form von Spießbürger; eine Person, die wegen ihrer Engstirnigkeit und verstaubten Ansichten zur Zielscheibe des Spotts wird; in der jugendlichen Szenensprache auch abschätzig für Eltern.

Spießerschreck: saloppe Umschreibung für jemand, der durch seine auffällige, unkonventionelle Art abschreckend auf einen sogenannten „Durchschnittsmenschen" wirkt.

Spießgeselle: vormals die Bezeichnung für Kriegskamerad oder Waffengefährte, gilt es in seiner heutigen Bedeutung als Schimpfwort für einen Mittäter und Komplizen einer Untat.

Spinatwachtel: mit diesem bösartigen Schimpfwort tituliert ein Schwabe eine Frau, die in seinen Augen besonders reizlos und unscheinbar ist.

Spinnbruder: eher selten verwendeter Spott- und Schimpfname für einen absonderlichen Menschen.

Spinnenfresser: Scheltname für einen unangenehmen, mürrischen oder gar giftigen Menschen, der sich über alles und jeden ärgerlich ausläßt.

Spinner: abwertend bis spöttisch-scherzhaft für einen, der im eigentlichen Sinn des Wortes „zu viel Gedanken spinnt", also als verrückt, sonderbar, unkonventionell gilt.

Spirkel: in nordostdeutschen Regionen ursprünglich ein kleiner, gebratener Speckwürfel (Griebe); Spottname für einen kleinen, unscheinbaren, mickerigen Menschen.

Spirwes: ein variabel einsetzbarer Schimpfname in Hessen ohne bestimmte Bedeutung, passend für Sie und Ihn.

Spitalrose: veraltet für eine meist männliche Person, die es Jahr aus, Jahr ein verstand, sich im städtischen Versorgungshaus eine warme Schlafstatt zu sichern.

Spitzbube: vormals abwertend für einen „Falschspieler", ist die heutige Bezeichnung überwiegend scherzhaft gemeint; „spitz" wurde früher auch im Sinne von spitzfindig und scharfsinnig gebraucht.

Spitzel: abwertend für einen, der in punkto Wachsamkeit durchaus Ähnlichkeit mit einem Spitz (kleine Hunderasse) hat; sein schlechter Ruf ist darin begründet, daß er andere aushorcht oder auf Schritt und Tritt überwacht.

Spitzkligger: saarländischer Scheltname für eine penible, spitzfindige und kleinliche Person.

Spitzöhrchen: sanfter Scheltname für einen Menschen mit außerordentlich gutem Gehör. Es liegt dann wohl in seiner Natur, seine Ohren überall zu haben und andere ab und an zu belauschen.

Splienkopp: ein im Norden von Deutschland als absonderlicher, leicht verrückter Mensch Verspotteter.

Sprachschänder: mißbilligend für jemanden, der die Sprache an sich, einzelne Worte oder Aussprüche verschandelt, sprich verunstaltet.

Springgingerla: besonders fränkisch für einen, der sich vergeblich um die Gunst einer Frau bemüht.

Spritkopf: alternative Schreib- und Schimpfweise für einen „Säufer".

Spruchbeutel: mißbilligend für jemanden, der ständig große Sprüche klopft.

Spucht: spöttisch oder als Schimpfname, vorwiegend im Ruhrgebiet, verwendete Bezeichnung für ein schmächtiges, kränklich wirkendes Bürschchen.

Spuckerl: abfällig verwendete Schelte für einen schwächlichen, mickrigen oder auch unbedeutenden Menschen, der kaum mehr Wert ist als Spucke.

Spund: im Schwäbischen auch mit dem Zusatz „Jung-" versehen, gilt der Spott- und Schimpfname einem jungen, unerfahrenen, auch kleinen, Burschen oder „jungen Hüpfer".

Staasetzer: hessisch für einen stillen, verschlossenen, verschwiegenen Menschen.

Stachelschwein: salopp für einen widerborstigen, unnahbar wirkenden und abweisenden Menschen.

Staches: Spott- und Scheltname im pfälzischen Raum für einen ungeschickten, tolpatschigen Menschen;

auch allgemein veraltet und im abschätzigen Sinn für eine männliche Person, die als dumm oder umständlich gilt.

Stadt-Klatsch: abschätziger Ausdruck für eine neugierige, redselige und klatschsüchtige Frau, die jeden Tratsch in der Stadt weiß und natürlich auch für seine schnelle Verbreitung sorgt.

Stadtschisser: Spottname für einen pfälzischen Stadtmenschen, der für einen Sonntagsausflug aufs Land fährt.

Stäffelsrutscher: die ursprünglich schwäbische Schelte für einen Winzer, hat sich der Ausdruck auch als Neckname für die Stuttgarter eingebürgert.

Stallfunzel: spöttisch bis abfällig verwendete Bezeichnung für ein grobschlächtiges, unfeines ebenso wie unattraktives Frauenzimmer mit (Kuh-)Stallmanieren.

Stamerbüx: für sein Stammeln und Stottern kann diese Person nichts, und wird trotzdem deswegen verspottet.

Stammtischlöwe: abschätzig verwendeter Spott- und Scheltname für jemand, der seinen Stammtischbrüdern vermeintlich heldenhafte, großtuerische Geschichten auftischt.

Stampfa: vgl. Krautstampfer; verächtlich für unförmige und deshalb auch unästhetische Beine.

Statist: Spott- und Schimpfname für einen lächerlich unbedeutenden Menschen, eine leicht zu übersehende Randfigur.

Steertholler: besonders norddeutsche, verächtlich verwendete Bezeichnung für einen Mitläufer.

Steggebäänicher: pfälzisch-abwertend für einen dünnbeinigen, staksigen Menschen.

Steinzeitflegel: Schelte für einen derben, grobschlächtigen und ungesitteten Menschen, der sich wie ein Steinzeitmensch gebärdet.

Steißarbeiter: Scherz- und Scheltname für einen Beamten.

Steißverrenker: gehässig für jemanden, der würde- und charakterlos im Schatten seiner Vorgesetzten herumkriecht, sich einschmeichelt.

Stercher Bock: eine andere als die eigene Meinung würde diese Person unter keinen Umständen akzeptieren – er ist stur wie ein „Esel".

Stiefellecker: vgl. Speichellecker; abschätzig für einen devoten, kriecherischen, vor allem bei Vorgesetzten schmeichelnden, aber seinen Vorteil berechnenden, Menschen.

Stiesel: mißbilligend für einen rüpel- oder flegelhaften, faden oder unverschämten Burschen.

Stift: der Betreffende verdient sich entweder als Lehrling, oder wird wegen seiner kleinen, schmächtigen Statur zur Zielscheibe des Spotts.

Stille Munkes: mundartlich-hessisch für jemanden, der um Ruhe (Stille) bittet oder gar selbst ein ganz „Stiller", im abschätzigen Sinn sogar ein „Heimlichtuer" ist.

Stinker: eindeutig abwertende Bezeichnung für einen Menschen, dessen unangenehme Körperausdünstungen ihn zu einem einsamen Menschen machen; weniger gebräuchlich als Neckname für ein Kind;

Stinkfritz: über einen so titulierten, unangenehm riechenden Menschen rümpft man nur die Nase.

Stinkmorchel: wie der gleichnamige Pilz, verströmt auch diese Person einen üblen Geruch – oder die Mitmenschen können sie wegen ihres unmöglichen Benehmens nicht riechen.

Stinkstiefel: derbe Schelte für einen unmanierlichen, rohen und grobschlächtigen Kerl.

Stinktier: mißbilligend für einen widerlichen, gemeinen und rücksichtslosen Menschen; selten für eine unangenehm riechende, schmutzige und unhygienische Person.

Stippler: Schimpfname aus dem Saarländischen für einen infamen, hetzerischen, „stichelnden" Zeitgenossen.

Stockfisch: verächtlich für einen langweiligen, mundfaulen und steifen Menschen, der kaum munterer ist, wie der auf Stöcken getrocknete Fisch.

Stoffel: beliebter Schimpfname im süddeutschen Raum für eine Person, die durch ungehobelte Manieren und tölpelhaftes Wesen unangenehm auffällt.

Stoffel Rundhut: „Stoffel", die abgeleitete Form des Vornamens Christoph, und „Rundhut", der altertümliche Kopfschmuck des pfälzischen Bauern, geben in der Verbindung einen „beschränkten Tölpel".

Stolperhannes: spöttisch für eine ungeschickte, tölpelhafte Person, die immerzu über seine eigenen Füße stolpert.

Stöppel: mundartlich für „Stopfen" oder „Stöpsel" (Korken), findet es als Spott- und Schimpfname für einen kurzen, untersetzten, plumpen und dicken Menschen Verwendung.

Stoppel-Ruth: ursprünglich bedeutet „stoppeln" das Nachernten schwer erreichbarer oder später Früchte; somit wird auch das Bild von Ruth, der Ährensammlerin aus dem Alten Testament, auf eine erntende Frau übertragen.

Stöpsel: spöttisch für einen kleinen, untersetzten Kerl, der nicht selten auch als „laufender Meter" verspottet wird.

Storchdachs: eine tierische, wenngleich unsinnige Verbindung, die möglicherweise auf die krummen oder Storchenbeine eines Menschen, auf seine gedrungene oder lächerlich wirkende Figur anspielen soll.

Stotterhannes: scherzhaft oder boshaft für ein männliches Wesen, das stottert oder wirres Zeug stammelt.

Strahlemann: Spottname für jemanden mit einem ewig sonnigen Gemüt und einem „Dauergrinsen" im Gesicht.

Strammi: die saloppe Form von Strammsteher, einem unkritischen, meinungslosen Befehlsempfänger.

Strandlöwe: Spottname für einen eitlen Mann; der Badestrand ist sein Laufsteg – die weiblichen Badegäste sein bevorzugtes Publikum.

Straßenflotsch: besonders derber Ruhrpott-Jargon für ein schmuddeliges Straßenkind.

Streber: mißbilligend für einen übertrieben ehrgeizigen, sich in den Vordergrund spielenden Menschen. Unter Schülern ein besonders beliebter Scheltname für einen lerneifrigen Schüler und Klassenbesten.

Streekdeern: besonders hanseatisch für Straßendirne, Prostituierte, in allen Teilen Deutschland auch als „Bordsteinschwalbe" verrufen.

Streithammel: der Bezeichnete ist bekannt und verrufen dafür, daß er gern und oft einen Streit anzettelt oder andere zu Unfrieden anstiftet. Wegen seiner Streitsucht und niedrigen Reizschwelle gilt er als ein ständiger Unruheherd in der Gruppe.

Streithansel: vorwiegend im süddeutschen Raum für einen streitsüchtigen, zänkischen und leicht aufbrausenden Mann.

Strick: vgl. Galgenstrick; liebevoll gemeinte schwäbische Bezeichnung für einen verschmitzten Schelm.

Striezel: ersatzweise für „Schlingel", ein Spott- und Scheltname für einen gerissenen, durchtriebenen oder auch fürwitzigen Menschen.

Strippensteher: ein bezeichnender Spottname für jemanden, dem unterstellt wird, daß er immer auf der Leitung (Strippe) steht, demnach ausgesprochen begriffsstutzig ist.

Strohkopf: jemand, der „dumm wie Stroh" ist, muß nicht zwangsläufig auch (stroh-)blond sein.

Struddler: spöttischer Seitenhieb eines Saarländers auf jemand, der sich durch überstürzte, hastige Handlungsweise auszeichnet.

Struntje: Spott- und Scheltname im Norden Deutschland für einen Lebemann, der immerzu unterwegs ist, sich herumtreibt.

Strunz: abschätzig verwendete Bezeichnung für ein leichtlebiges Frauenzimmer, das gern und oft „strunzen" geht, allabendlich ausgeht und sich viel mit Männern herumtreibt.

Struukdeev: friesisches Idiom für Strauchdieb; eine so titulierte Person muß sich nicht erst wie einst die Straßenräuber in die Büsche schlagen, um als Schlingel oder Gauner verrufen zu sein.

Stubenhocker: Spott- und Schimpfname für jemanden, der, statt etwas zu unternehmen, lieber in der Stube (hinterm Ofen) sitzt.

Stückchen Elend: gleichbedeutend mit dem „Häufchen Elend", abfällige Bezeichnung für einen ärmlichen, heruntergekommenen Menschen.

Stück Scheiße: ein derber Kraftausdruck für einen widerlichen, verachtungswürdigen Menschen.

Stümper: umgangssprachliche Bezeichnung für einen „Nichtskönner"; besonders abfällig über einen untüchtigen Menschen, der in punkto handwerkliches Geschick zwei linke Hände hat.

Sturschädel: dem Wortsinn nach ein sturer, unnachgiebiger, halsstarriger und verbohrter Dickkopf.

Subjekt: verknüpft mit dem treffenden Adjektiv wie „gemein" oder „elend", eine verächtliche Bezeichnung für einen nichtswürdigen, ehrlosen Menschen.

Suckel: schwäbische Bezeichnung für ein Kind, das sein Hemdchen mit Brei oder Saft bekleckert, beziehungsweise „vollgesuckelt" hat.

Suddelmors: vgl. Schmutzfink; im Norden Deutschlands abschätzig für einen, der gern und oft seine Kleidung besudelt.

Sudelseele: abwertend für jemanden, der für seine schmutzige, verdorbene Phantasie und anzüglichen Redensarten berühmt-berüchtigt ist.

Süffelmuul: besonders norddeutsch für einen, der dem Alkohol durchaus zugetan ist.

Suffkopf: Scheltname für einen, der buchstäblich beinahe seinen ganzen Verstand „versoffen" hat.

Sufführl: besonders rheinisch für jemanden, der seinen Feierabend gern und oft in der Kneipe ausklingen läßt.

Sünnerling: nach friesischer Mundart ein seltsamer, eigenbrötlerischer Mensch.

Suppentrieler: meist ist damit ein Kind gemeint, das seine Suppe nicht anständig löffeln kann oder will.

Süßwassermatrose: scherzhaft-saloppe Umschreibung für einen Binnenschiffer.

Swienegel: wörtlich: „Schweineigel"; Spott- und Scheltname für eine liederliche, verkommene, in Kleidung und Sprache schmutzige Person.

Swienpriester: mit einem Schweinehirten im Kloster hat dieses männliche Individuum nichts gemein – es ist fies, niederträchtig und verkommen.

T

Täächaff: wörtlich: Teigaffe; Berufsschelte aus dem Frankenland für einen Vertreter des Bäckerhandwerks.

Tachoquäler: saloppe Umschreibung für einen unfähigen, dilettantischen oder stümperhaften Autofahrer.

Tagblatt: mißbilligend für eine neugierige, geschwätzige oder klatschsüchtige Frau.

Tagedieb: abschätzig für jemand, der den ganzen Tag über nur auf seiner faulen Haut liegt und keinen Finger rührt. Folgerichtig geht ein solcher Nichtstuer auch keinem Beruf nach.

Tagträumer: scherzhaft oder als Schelte für jemanden, der sich in Tagträume flüchtet und dabei leicht den Boden der Realität verliert.

Takeltüüchs: derbe Schelte vorwiegend im östlichen Norddeutschland für übles Gesindel, Pack.

Talmimeier: da der Beschimpfte ausschließlich „Talmi" , also Unsinn von sich gibt, wird er auch von niemandem ernst genommen und dient als beliebte Zielscheibe des Spotts.

Tante: vorwiegend jugendlicher Jargon für eine nicht mehr ganz „taufrische" Frau; wie „Tunte" auch ein Schimpfwort für einen Mann (Homosexuellen) mit femininem Habitus oder in Frauenkleidern.

Tappschädel: umgangssprachlich für einen tapsigen, tölpelhaften, ungelenken und ungeschickten Kerl.

Taschenträger: abfällig für jemanden, der nur im Schatten wichtiger, einflußreicher Persönlichkeiten steht und selbst über keinerlei Kompetenzen und Einfluß verfügt.

Tastenklopfer: salopp-spöttische Umschreibung für einen Klavierspieler.

Tastenwackler: saloppe Umschreibung für einen unwichtigen, unbedeutenden und unsympathischen, weil blöden Menschen.

Täterätäfritzchen: Schelte für jemanden, der viel Geschrei um nichts macht, sich unnötiger Weise auf- und in den Vordergrund spielt.

Tätscheler: abschätziger Ausdruck gegen eine aufdringliche männliche Person, die gern und oft Mädchen oder Frauen betätschelt.

Tattergreis: spöttischer Ausdruck für einen zittrigen, stotternden, Menschen; gebrechlicher, alter Mann; auch „Tatterich" genannt.

Tatterheini: abwertend für einen zitterigen, wackeligen, optisch zerknitterten, alten Mann.

Taubenschlag: bairisch-scherzhaft für den Hosenladen, der „offn steht".

taube Nuß: abfällig verwendete Bezeichnung für eine dumme, einfältige oder nichtsnutzige Person.

Taugenichts: abwertend verwendete Bezeichnung für einen nichtsnutzigen, unfähigen, oberflächlichen oder nachlässigen Menschen.

Tausendzünder: saloppe Umschreibung für jemanden, die geschickt kaschiert, daß der Verspottete nicht nur ein Spätzünder, sondern vielmehr ein Nichtskönner und Nullblicker ist.

Teepott: saloppe Umschreibung für einen ungeschickten, tölpelhaften und dummen Menschen.

Teigschuster: saloppe Umschreibung und Berufsspott für einen Bäkker.

Temperamentsbolzen: spöttisch für einen Menschen, der vor Temperament und Energie sprüht – ironisch für jemanden, der auf andere wie eine Schlaftablette wirkt.

Teppichbeißer: ein häufig auf einen jähzornigen, unbeherrschten und leicht aufbrausenden Vorgesetzten gemünzter Schimpfname.

Teufelsbraten: meist mit einer gewissen Anerkennung für einen besonders draufgängerischen, forschen (Teufels-)Kerl.

Teufelsweib: hat die Betreffende den „Teufel im Leib", gilt sie gemeinhin als gefährlich, böse und auf gemeine Weise gerissen und durchtrieben.

Thusnelda: eine variabel einsetzbare Schelte im jugendlichen Jargon für eine Frau oder Freundin.

Tiefflieger: in der Verbindung „geistiger Tiefflieger", ein Spott- und Scheltname für eine geistig minderbemittelte oder auch stumpfsinnige Person.

Tiefkühltruhe: saloppe Umschreibung für einen unliebsamen Menschen, der eine gewisse Gefühlskälte und Unnahbarkeit ausstrahlt.

Tiepelmors: friesisch-frech für einen, der ebenso langsam arbeitet wie denkt.

Tinnefheini: vorwiegend im Ruhrgebiet ausgeprägte Schelte für einen unbeschreiblich dummen, einfältigen, dämlichen Kerl.

Tintenkleckser: beleidigend für einen miserablen oder erfolglosen Vertreter der schreibenden Zunft. Ebenso abwertend verwendet wie „Schreiberling".

Tintenpisser: derb für einen mehr oder weniger fleißigen und akkuraten Beamten oder Büroangestellten.

Tippse: Spott- und Scheltname für eine Büroangestellte, Schreibkraft, Sekretärin.

Toabischer: besonders saarländisch für einen ungeschickten, unpraktischen, unbeholfenen Menschen; auch Handwerker mit zwei linken Händen.

Töffel: friesisches Superlativ für einen Dummkopf – dümmer als die Nacht dunkel.

Toffel: typisch norddeutsche Bezeichnung (die Kurzfom von „Christoph") für einen tölpelhaften, ungeschickten oder unbedarften Menschen.

Toigaff: wörtlich: Teigaffe; schwäbischer Spottname für einen Menschen, dessen hervorstechende Eigenschaft die Langsamkeit ist.

Toilettentieftaucher: unsinnige Wortzusammensetzung, die meist im jugendlichen Jargon eine ausgesprochen dämliche oder lächerliche Person bezeichnet.

tolle Bolle: vorwiegend im Berliner Jargon scherzhaft für eine lebenslustige, temperamentvolle, fürwitzige oder freche Kleine (Mädchen oder Kind).

Tolpatsch: der Betreffende gilt gemeinhin als ungeschickter, tapsiger und tölpelhafter Zeitgenosse.

Tölpel: umgangssprachlich für einen ungeschickten, plumpen Menschen.

Tomatenauge: Spott- und Schimpfname für einen, der nicht nur dem Aussehen nach Tomaten auf den Augen hat.

Tonne: bildhaft-spöttisch für eine unförmige, dicke Frau.

Topfgucker: vgl. Häfelesgucker; saloppe Umschreibung für einen neugierigen Menschen.

Törfkopp: die abschätzige Bezeichnung in friesischen Landen für einen Dummkopf – gilt Torf gemeinhin nicht als der ideale Nährboden für Intelligenz.

Törtchen: die bezeichnete junge Frau gilt gemeinhin als leichtsinniges, sprunghaftes Wesen.

Tortenarsch: vorwiegend jugendlicher Jargon für einen dicke Person mit einem ausladenden Hinterteil.

Totalversager: derbe Schelte für einen Versager „auf ganzer Linie", einen erfolglosen, gescheiterten oder gänzlich unfähigen Menschen.

Tottergoos: die Intensität der Wortsalven dieser Person hat durchaus etwas mit dem aufgeregten Geschnatter einer Gans gemein.

Trampel: wegen ihrer ungelenken, ungeschickten und plumpen Art wird die betreffende Person zur leichten Zielscheibe des Spotts.

Trampeltier: verbale Grobheit gegenüber einer ungelenken, plumpen, schwerfälligen oder unsensiblen Person, die auf den Gefühlen oder Nerven anderer „herumtrampelt".

Träne: umgangssprachlich für einen faden, langweiligen, trübsinnigen oder auch verweichlichten Menschen

Tränedeer: die von einem Rheinländer so Bezeichnete bricht bei jeder Kleinigkeit in Tränen aus.

Tränemadelene: im abschätzigen Sinn für eine weinerliche, empfindliche und zartbesaitete weibliche Person.

Tranfunsel: in vielen Sprachlandschaften beheimatetes Schimpfwort für einen Langweiler beziehungsweise „tranigen" Menschen; Temperament, schnelle Auffassungsgabe und Esprit gehören nicht gerade zu den hervorstechenden Eigenschaften eines solchen Menschen; vgl. Trantüte, Transuse.

Transuse: vgl. Tranfunsel; abwertend für eine weibliche Person, die nicht nur sich selbst, sondern vor allem andere langweilt.

Trantüte: vgl. Tranfusel; abfällig verwendet für einen langweiligen, unmotivierten Menschen; die weibliche Ausgabe namens „Transuse" wirkt auf andere ebenfalls wie eine Schlaftablette.

Tratschkachel: wie „Tratschkaddel", eine mißbilligend verwendete Bezeichnung für eine sprudelnde, weibliche Informationsquelle für jedermann.

Tratschkaddel: abfällig für eine geschwätzige Frau, die alles weiß und weiter erzählt.

Tratschtante: mißbilligend für eine geschwätzige, neugierige Frau, die ihr anvertraute Informationen ausplaudert.

Trauerkloß: abschätzig verwendete Bezeichnung für eine schwermütige, trübsinnige oder auch langweilige Person.

Trauerweide: saloppe Umschreibung für einen tristen, melancholischen oder trübsinnigen Menschen.

Traumflasche: ironisch oder gehässig für einen (Alp-)Traumtyp, einen Versager und Nichtskönner.

Treersch: besonders im Norden Deutschlands verächtliche Bezeichnung für einen verzogenen, verwöhnten, immer noch am Rockzipfel seiner Mutter hängenden, Mann.

Treibhauspflanze: saloppe Umschreibung für eine „Mimose", eine überempfindliche, verwöhnte oder überreizte weibliche Person.

Treppenterrier: der Bezeichnete leistet gemeinhin als Vertreter hervorragende Arbeit und kann seinen Kunden nahezu jeden Knopf an die Backe nähen.

Trialer: so langsam und behäbig sich diese Person bewegt, so wenig kann nach Ansicht eines Schwaben dabei herauskommen.

Tritschler: ein beliebter Spott- und Schimpfname in Bayern für jemanden, der trödelt, seine Zeit verbummelt, sich mit Nebensächlichkeiten aufhält. Eng verwandt mit dem „Trödelfritze", einem notorischen Trödler.

Trockenskifahrer: Scherz- und Spottname für jemanden, dem man vorwirft, ein reiner Theoretiker zu sein. In der Praxis – ein Versager auf der ganzen Linie.

Trödeltrine: scherzhaft oder als Schelte für ein trödelndes, langsames, langweiliges oder auch geistig träges Mädchen.

Troll: eigentlich ein Kobold oder Dämon, bezeichnet es als Schelte einen groben, ungeschlachten Kerl.

Tropf: häufig in der Verbindung mit dem Adjektiv „arm", leicht abwertend oder mitfühlend für einen bedauernswerten, erbärmlich wirkenden Menschen.

Trottel: vgl. Depp; wer trottelt, geht langsam – die als Trottel beschimpfte Person denkt auch im gleichen Tempo.

Trottoirschwalbe: die alternative Schreib- und Schimpfweise für eine Bordsteinschwalbe, sprich eine Straßenprostituierte.

Trottwarschneck: wörtlich: „Trottoirschnecke"; hessisch für Bordsteinschwalbe, sprich Prostituierte.

Trotzschädel: derbe Schelte für einen widersetzlichen, widerborstigen oder starrsinnigen Menschen.

trüber Eimer: mit „Eimer" ist hierbei der schmuddelige, stinkende Abfalleimer gemeint; auf den Menschen übertragen, bezeichnet es einen nachlässigen, schlampigen oder auch unsauberen Kerl.

trübe Tasse: saloppe Umschreibung für eine energielose, fade oder trübsinnige Person.

Truckemus: im Hessischen abschätzig für jemanden, dem man vorwirft, „verdruckt", d. h. ein „Stiller" oder „Heimlichtuer" zu sein.

Truckesputzer: besonders saarländische Bezeichnung für einen, der den Anschein eines Wohlhabenden erwecken möchte – in Wirklichkeit aber abgebrannt ist.

Trulla: beliebter Schelte für eine dicke, ungelenke und plumpe weibliche Person.

Trulle: landläufig ein weitverbreitetes Schimpfwort für eine, schon wegen ihrer Leibesfülle schwerfällige, weibliche Person.

Trutschel: die Betreffende gilt gemeinhin als träge, fade oder geistig wie körperlich schwerfällig. In der mundartlichen (bairischen) Verkleinerungform „Trutscherl" bezeichnet es ein unbedarftes oder auch plumpes Mädchen.

Trutschka: besonders im Ruhrgebiet auf eine aufgedonnerte, aber geschmacklos gekleidete Frau, gemünzte Beleidigung.

Tschingderassabumaffe: eine beinahe unaussprechliche Verunglimpfung eines Angebers.

Tüdelbüdel: der auf norddeutsch Beleidigte gilt gemeinhin als Nichtskönner und Dummschwätzer.

Tüffel: besonders norddeutsch für einen ungeschickten, tölpelhaften, linkischen Menschen.

Tuffel: besonders friesisch für eine Person mit schleppendem Gang.

Tugendschnecke: unschmeichelhafte Bezeichnung für eine prüde, abweisende, schüchterne weibliche Person.

Tülle: friesisch-herb für einen, der häufig zu tief ins Glas schaut.

Tunichtgut: mißbilligend für einen nichtsnutzigen, oberflächlichen oder verschlagenen Burschen.

Tünnhannes: Spott- und Scheltname für einen Hamburger, der nur dummes Zeug redet.

Tunte: meist abschätzige Bezeichnung für einen Mann (Homo- oder Transsexuellen) in Frauenkleidern.

Turmeltier: scherzhaft-spöttisch für einen taumeligen, tranigen oder geistig unbeweglichen Menschen.

Tuschekasten: die saloppe Umschreibung für eine übertrieben geschminkte Frau, von der Spötter behaupten, sie sei in den Farbkübel gefallen.

Tuttler: der von einem Saarländer so Bezeichnete wird wegen seiner Stotterei zur Zielscheibe des Spotts.

Type: salopp bis abwertend für einen eigenwilligen, leicht absonderlichen oder auch zwielichtigen Menschen.

U

Ubbedadd: munartlich-hessischer Spottname für ein altes, greisenhaftes Männchen.

Übelmann: saloppe Umschreibung für einen gerissenen, betrügerischen Menschen, auch Gauner oder Schlingel.

Übereiferer: mißbilligend für einen übertrieben eifrigen, ehrgeizigen oder dienstbeflissenen Menschen, der sich dadurch in den Vordergrund spielen oder bei jemand einschmeicheln möchte.

Übergescheiter: spöttisch-ironisch für jemanden, der sich für überaus gebildet, klug und clever hält.

Überkandidelter: umgangssprachlich für einen etwas überdrehten, überspannten Menschen.

Überläufer: verächtlich für jemanden, der die (politischen) Seiten gewechselt hat.

Überpflanze: spöttisch-ironisch für ein besonders dummen, dämliches und tölpelhaftes Exemplar von Mensch.

Überschlauer: spöttisch-ironisch für jemanden, der sich für besonders schlau, gerissen und gewieft hält.

Überzwerchbalken: saloppe Umschreibung für einen querköpfigen, durchgedrehten oder auch verworrenen Menschen

übles Gesindel: verächtlich für eine verkommene, zwielichtige Gruppe von Menschen. Auch genannt: Pack oder Pöbel.

Uhu: abfällig für einen unansehnlichen, aber auch griesgrämigen Menschen.

Uijuiche: blendend schön und blöd – die von einem Rheinländer so Bezeichnete verkörpert diese Kombination in Vollendung.

Ulknudel: Spottname für eine spaßige, alberne, weibliche Person, die nicht selten auch lächerlich wirkt.

Ulmes: scherzhaft oder spöttisch über einen Franken, dessen Kopf zu groß geraten ist.

Umschdandsgasdn: sächsisches Idiom für „Umstandskasten": spöttisch bis abwertend für einen umständlichen und unpraktischen Menschen, der es lieber kompliziert statt einfach hat.

Umstandskrämer: mißbilligend für einen umständlichen, unpraktischen oder peniblen Menschen, der sich gern und oft mit Nebensächlichkeiten aufhält. Alternative Schelte: „Umstandspeter" oder „Umstandsmeier".

Unband: altmodische, meist tadelnd verwendete Bezeichnung für ein ungestümes, überzwerches Kind.

Unflat: Schimpfname für einen derben, rohen Menschen ohne Benimm und Manieren in der Öffentlichkeit.

Ungediem: wörtlich: Ungetüm; die sächsisch-mundartliche Bezeichnung für einen Sachsen, der wegen seines ungeschlachten Wesens bei seinen Mitmenschen nicht gut angeschrieben ist.

Ungeheuer: derbe Schelte für einen widerwärtigen, groben oder grausamen Menschen.

ungehobelter Bursche: die abfällig verwendete Bezeichnung für einen grobschlächtigen und unmanierlichen Kerl.

ungehobelter Klotz: in punkto Anstand, Benehmen und Bildung fehlt dem Betreffenden noch der „letzte Schliff".

Ungetüm: jemand, der wegen seines widerwärtigen, gemeinen oder brutalen Verhaltens, oder wegen seines furchterregenden Äußeren verabscheut wird.

Ungeziefer: verbale Grobheit gegenüber einer lästigen, infamen oder heimtückischen Person.

Unglücksrabe: beinahe mitleidig oder spöttisch über einen, der von Pech und Unglück verfolgt ist.

Universalidiot: mannigfach einsetzbare Schelte für einen unfähigen, dämlichen oder tölpelhaften Menschen.

Unke: mißbilligende Bezeichnung für einen schwarzseherischen Menschen.

Unkruutfreter: wer nach friesischer Mundart sogar Unkraut verspeist, ist mit Sicherheit kein Kostverächter, sondern ein Allesfresser; vgl. Vielfraß.

Unneedischer: besonders saarländisch für einen lächerlich unbedeutenden, übersehbaren Menschen.

Unnersichgucker: hessisch-spöttisch für einen unsicheren, zaghaften, verunsicherten Jungen.

Unrast: altmodische Bezeichnung für einen rastlosen, unsteten und nervösen Zeitgenossen.

Unruhegeist: saloppe Umschreibung für einen nervösen, zappeligen oder unsteten Menschen.

Unsympath: abfällig verwendete Bezeichnung für eine unsympathische, unliebsame und unangenehme Person.

Untermensch: verächtlich für eine nichtswürdige Person.

Upschriever: wörtlich: „Aufschreiber"; verächtlich im Norden Deutschlands für einen „Parkraumüberwacher", der besonders bei Parksündern schlecht angeschrieben ist.

Upsnieder: friesisches Idiom für einen Angeber, der sich unheimlich wichtig nimmt und zu Übertreibungen neigt.

Ures: derbe Schelte aus dem Rheinischen für einen infamen, widerwärtigen Kerl.

Urschel: bairischer Spottname für eine unbeholfene, auch unordentliche Frau; ursprünglich die Koseform von Ursula.

Urschgaggers: besonders fränkisch für jemand, der sich selbst zu wichtig nimmt; genießt auch als „Großtuer" bei seinen Mitmenschen einen schlechten Ruf.

Urse: besonders im Ruhrgebiet ausgeprägter Kollektivspott oder -schelte für eine, meist lärmende, Schar Kinder.

Urviech: ein origineller, manchmal auch etwas absonderlicher Mensch.

Uschka: eine von einem Hessen so titulierte Frau stellt sich nicht nur blöd an – sie ist es auch.

Utkieker: abfällig verwendete Bezeichnung in norddeutschen Regionen für jemand, der neugierig vom Fenster aus Nachbarn und Passanten beobachtet.

Uzer: der von einem Hessen so Bezeichnete macht seine Späße vorzugsweise auf Kosten anderer.

V

Vabanquespieler: „va banque spielen“ bedeutet eigentlich, in einem Casino „um den ganzen Einsatz der Bank spielen“. Im übertragenen Sinn bezeichnet es einen waghalsigen Menschen, der alles auf eine Karte setzt.

Vadadderter: Spottname aus dem Saarland für einen, dem seine Verwirrung oder Ratlosigkeit deutlich im (verdutzten) Gesicht geschrieben steht.

Vadummbeidler: saarländisch für jemand, der andere buchstäblich „für dumm verkauft“ und daraus seine Vorteile zieht.

Vagabund: eigentlich ein Landstreicher und Herumtreiber, gilt es auch als milde Schelte für einen unsteten, ruhelosen Menschen oder Taugenichts.

Vampir: verächtlich für einen „Blutsauger“, einen fiesen, ausbeuterischen, skrupellosen, andere übervorteilenden Menschen.

Vaterlandsverräter: verächtlich verwendete Schelte für jemanden, der sein Vaterland verrät, auf seine Heimat spukt.

Veehdoktor: entweder ein Friese nimmt damit einen richtigen Tierarzt etwas auf die Schippe, oder er meint einen grobschlächtigen Arzt mit dubiosen Behandlungsmethoden.

Velozipedist: salopp-spöttische Umschreibung für einen Radfahrer.

Verbabbter: besonders hessisch für eine spießige Person mit verstaubten, unzeitgemäßen Ansichten.

Verbalakrobat: Spottname für jemanden, der sicher und gekonnt mit Worten jonglieren oder spielen kann.

Verbalerotiker: spöttisch-ironisch für jemanden, bei dem sich zwischenmenschliche Beziehungen und Sex nur auf der verbalen Schiene, sprich auf der theoretischen Ebene abspielen.

Verboosterkopp: besonders norddeutsch für einen immerzu mürrischen, übellaunigen Zeitgenossen.

Verbrechertype: verächtlich für ein zwielichtiges, finsteres oder rein äußerlich wie ein Krimineller wirkendes Individuum.

verdrehte Schraube: saloppe Umschreibung für eine überdrehte, halbverrückte oder leicht absonderliche Frau.

Vereinsmeier: spöttisch bis abfällig für jemanden, der völlig in Freizeit und Ehrenamt aufgeht.

verhindertes Genie: ironisch verwendete Bezeichnung für einen ausgesprochen dummen und unfähigen Menschen.

Verkehrsrowdy: mißbilligend für einen rücksichtslosen, undisziplinierten Autofahrer. Im Unterschied zum „Verkehrssünder" wird er allerdings nicht oder nur selten geschnappt.

Verkehrswachtel: abwertend verwendete Bezeichnung für eine Politesse. Alternative Schelte: Blaumeise.

verkommenes Subjekt: verächtliche Bezeichnung für einen niederträchtigen, gemeinen oder verdorbenen Menschen.

verkrachte Existenz: derbe Schelte für einen auf ganzer Linie gescheiterten, erfolglosen Menschen oder Versager.

verkrachter Student: in Spötterkreisen kennt man diesen erfolglosen Studiosus auch als „ewigen Studenten".

Verlierertyp: abschätzig verwendete Bezeichnung für jemand, der in den Augen anderer schon als potentieller Versager oder Verlierer abgestempelt ist.

Verrecker: derbe Schelte für einen elenden, fiesen und widerwärtigen Mistkerl.

Verreckerl: ein mundartlich-bairischer Spottname für einen kleinen, schmächtigen oder unscheinbaren Menschen.

verrücktes Huhn: die saloppe Umschreibung für eine leicht überdrehte, überspannte oder närrische weibliche Person.

Versager: derbe Schelte für jemanden, dem etwas mißlingt, der immer an irgend etwas scheitert oder andere enttäuscht.

versoffenes Loch: derb für einen trinkfreudigen Menschen, der in den Augen eines Spötters allerdings „säuft wie ein Loch".

Verstandrheumatiker: gehässig für jemanden, der als geistig unbeweglich, eigensinnig, engstirnig oder auch geistig minderbemittelt gilt.

Verwaltungsarsch: derb-abfällige Bezeichnung für einen Beamten.

Veschberschell: pfälzisches Idiom für Tratschweib; abschätzige Bezeichnung für eine geschwätzige Person, die Neuigkeiten im Dorf schneller als die Tageszeitung verbreitet.

Vettel: verbale Grobheit gegenüber einer schmuddeligen, schlampigen oder häßlichen älteren Frau.

Viech: teils grob, teils salopp verwendete Bezeichnung für einen rohen, ungeschliffenen oder auch originellen, eigenwilligen Menschen.

Viehdoktor: im eigentlichen Sinn ein Tierarzt – als Spottname auch für einen Allgemeinmediziner, der wegen seiner unfeinen Methoden oder groben Art in Verruf geraten ist.

Viehtreiber: derbe Bezeichnung für einen rücksichtslosen, widerlichen Kerl, der andere zu Hochleistungen antreibt; auch Leuteschinder.

Vielfraß: vgl. Unkruutfreter; abwertend für einen, der Unmengen von Essen – ungeachtet der Qualität, Hauptsache es macht satt – vertilgt.

Vielschreiber: spöttisch-ironisch für einen Vertreter der schreibenden Zunft, der zwar viel, aber nicht unbedingt Erstklassiges zu Papier bringt.

Vielwisser: Spott- und Scheltname für jemanden, der sich vermeintlich für klug oder besserwisserisch hält.

Vierschäpelnoors: belustigend bis beleidigend vorwiegend im östlichen Norddeutschland für jemanden mit einem ausladend dicken Hinterteil.

Vierung: besonders fränkisches Augenmaß für eine überaus korpulente, dickleibige Person.

Vierviertelschwein: die derbe Beschimpfung für einen rüpelhaften Menschen ohne jegliche Manieren und Benimm.

Vogelscheuche: vgl. Ackerbutze; verbale Grobheit gegenüber einer geschmacklos gekleideten, häßlichen Person, die auf andere als abschreckendes Beispiel gilt.

Voidepp: der „Volldepp" auf bairisch ist eine kaum zu übertreffende Steigerung von „Depp", einem rührigen Dummkopf und Einfaltspinsel.

Volk: verächtlicher Sammelbegriff für einen besonders unsympathischen Menschenschlag.

Vollblutidiot: auch bei einem unfähigen, dummen oder törichten Menschen ist eine gewisse Steigerung möglich: in den Augen eines Spötters ein „Vollidiot" der Superlative.

Volldackel: vgl. Dackel; gilt als schlimmste Steigerung von „Dakkel", dem allgemein gebräuchlichen Schimpfnamen für einen Mann.

Volleul: ein hessisches Idiom für Betrunkener, Trunkenbold.

Vollgashirn: verbale Grobheit gegenüber einem Autofahrer, der nur an Geschwindigkeit und ein durchgetretenes Gaspedal denkt.

Vollkoffer: universell einsetzbares Schimpfwort für einen unsympathischen, unfähigen oder unmöglichen Mann.

Vollmond: salopp-spöttischer Beiname für einen Glatzkopf.

Vollproll: besonders im Ruhrgebiet ausgeprägtes Schimpfwort für umgangssprachlich „Prolet" (Proletarier); Steigerung für einen ungehobelten, ungebildeten, rohen Menschen.

Volltrottel: abwertende Steigerungsform von „Trottel", bezeichnet einen Dummkopf oder Schwachsinnigen par excellence.

Vorgartenzwerg: jugendlicher Jargon für einen lächerlich unbedeutenden, unscheinbaren und nicht ernst zu nehmenden Menschen.

vornehmer Pinkel: mißbilligend für jemanden, der sich übertrieben vornehm, geziert und geckenhaft gibt.

Vornehmtuer: jemand, der sich auffällig gekünstelt benimmt, einen affektierten Stil pflegt.

Vorschriftssturi: beleidigend für einen Beamten oder Verwaltungsangestellten, der stur und betriebsblind durch den Paragraphenwald spaziert.

Vorstadt-Ganove: Spottname für einen unprofessionellen, provinziellen Taschendieb.

Vorzimmerdrache: ein Spott- und Scheltname für eine resolute, energische oder unfreundliche Vorzimmerdame oder Chefsekretärin, an der es kein unangemeldetes Vorbeikommen gibt.

W

Waafer: eine derart geschwätzige, redselige Person redet einen Franken binnen Sekunden in Grund und Boden.

Wabbelnoors: scherzhaft-spöttische Bezeichnung aus dem Nordosten Deutschlands für jemanden, dessen unförmiges, dickes Hinterteil beim Gehen wabbelt.

Wachhund: Spott- und Scheltname für jemanden, der seine über- und bewachende Funktion etwas übertreibt.

Wachtel: derbe Schelte für häßliche, unsympathische ältere Frau.

Wachtelpeter: saloppe Umschreibung für einen trägen, geistig wie körperlich langsamen Menschen.

Wackes: verächtlich für einen faulen, nichtsnutzigen Menschen, Herumtreiber oder Taugenichts.

Waggelmors: friesisches Idiom für „Wackelarsch", eine grobe Beleidigung für eine Person mit dickem, wogendem Hinterteil.

Wahnwitziger: verächtlich für jemanden, dem es gleichermaßen an Verstand und Vernunft mangelt.

Wahrzeichen: eine als „falsches Wahrzeichen" beschimpfte Person gibt sich für etwas aus, was sie in

Wirklichkeit nicht ist oder nicht kann.

Waldschrat: dem Volksaberglauben nach eigentlich ein finsterer Waldgeist, gilt der Spottname einem kleinen, verschrobenen oder auch einen schrulligen Menschen.

Wallach: die Bezeichnung für einen kastrierten Hengst wird spöttisch oder abfällig auf einen zeugungsunfähigen oder lustlosen Mann übertragen.

Walroß: scherzhaft oder als Schelte für einen gemütlichen und/oder einen schwerfälligen Menschen.

Walze: salopp-spöttisch für eine äußerst dicke Frau.

Wambold: hessisch-abschätzig für einen, bedingt durch seine stattliche Leibesfülle, trägen Menschen.

Wandale: ursprünglich ein Angehöriger eines germanischen Volksstammes, in seiner heutigen Bedeutung eine auf einen blindwütigen, zerstörerischen Menschen übertragene Schelte.

wandelnde Leiche: saloppe bis gehässige Umschreibung für einen kränkelnden und ungesund blassen Menschen.

wandelnde Litfaßsäule: saloppe Umschreibung für eine neugierige, geschwätzige und tratschsüchtige Person, die alles ausplaudert.

Wanderpokal: verächtlich für ein leichtlebiges Mädchen, das wie ein Wanderpokal unter Männern weitergereicht wird.

Wannsd: sächsisches Idiom für „Wanst" (aus dem Mittelhochdeutschen); meist spöttische Anspielung auf einen stattlichen Bauch, auch tadelnd für ein ungezogenes, freches Kind.

Wanze: abfällig für eine unsympathische, lästige, widerliche oder lächerlich unbedeutende Person.

Wappla: österreichische Personenschelte für einen geistig unbeweglichen, begriffsstutzigen oder einfältigen Kerl.

Warma: als „warmer Bruder" wird häufig in Süddeutschland ein Homosexueller betitelt.

Warmduscher: saloppe Umschreibung für einen schlaffen, verweichlichten und verwöhnten Burschen.

Warzenkönig: abfällig verwendete Bezeichnung für einen häßlichen Menschen mit einem von Warzen entstellten Gesicht.

Warzenschwein: verbale Grobheit gegenüber einem abscheuerregenden, widerlichen, ekelhaften Menschen.

Wäschdeiwel: Spott- und Scheltname aus dem Hessischen für jemanden, der in seinem übertriebenen Sauberkeitsfimmel, das Wäschewaschen betreffend, nur noch von dem Putzteufel (Geschirr, Böden etc.) übertroffen wird.

Waschlappen: derbe Schelte für einen weichlichen, feigen, zögerlichen oder ängstlichen Burschen, dem man nichts zutraut. Im süddeutschen Raum verächtlich für ein feiges, schwaches Mannsbild, das meist auch noch „unter dr Fuchtl" (vgl. Fuchtl) steht.

Waschweib: die Betreffende genießt als geschwätzige, lästerliche oder tratschsüchtige Person einen überaus schlechten Ruf.

Wasserkopf: teils spöttisch, teils beleidigend für jemanden mit einem großen Kopf. Anders interpretiert: ein Dummkopf.

Wasserriebelskopf: gehänselt wird damit eine Person mit einem großen Kopf, in dem nach abschätziger Meinung eines Schwaben aber nur Luft eingeschlossen ist.

Wasserschnalznkoch: eine besonders verächtliche, oberfränkische Bezeichnung für einen miserablen Koch.

Wasserträger: umgangssprachlich für einen gutmütigen und leichtgläubigen Menschen, der gern und oft auch für Hilfsdienste und Botengänge ausgenutzt wird.

Watschel: in dem plumpen, schwerfälligen oder tölpelhaften Gang des Bezeichneten sehen Spötter durchaus gewisse Parallelen zum watschelnden Entengang.

Watschenmann: die saloppe Umschreibung für jemanden, der für die Aussprüche oder Taten anderer bestraft wird. Anders ausgedrückt: ein Prügelknabe.

Watschngsicht: bairisch-abschätzig für ein Gesicht, das man am liebsten ohrfeigen („Watsche" bedeutet Ohrfeige) möchte;

Wäwwerarsch: spöttisch oder tadelnd verwendete Bezeichnung aus dem Hessischen für einen unruhigen, unsteten, nervösen Menschen.

Webfehler: scherzhaft-spöttisch für jemanden, der einen „Sprung in der Schüssel" hat; jemand, dessen Oberstübchen nicht ganz einwandfrei funktioniert.

Wegelagerer: derbe Schelte für einen zwielichtigen Herumtreiber, Tunichtgut oder Taugenichts.

Wegfauche: auf dem Posten einer Türsteherin oder Vorzimmerdame ist eine so titulierte weibliche, resolute Person gut besetzt.

Weib: verknüpft mit dem treffenden Adjektiv (dumm, versoffen, verlogen usw.), ein mannigfach einsetzbarer Schimpfname für ein unsympathisches Frauenzimmer.

Weiberheld: mißbilligend für einen mehr oder weniger erfolgreichen Frauenhelden, auch Schürzenjäger.

Weiberknecht: abfällig für einen Mann, mit dem Frauen leichtes Spiel haben, weil er sich ihnen unterwirft.

Weibervolk: abwertend verwendeter Sammelbegriff für Frauen im allgemeinen.

Weibsbild: die Betreffende ist mit einer Fülle negativer Eigenschaften behaftet wie zum Beispiel „blöd", „liederlich" oder „verkommen".

Weibsstück: allgemein anerkannte Schelte für ein boshaftes oder liederliches Frauenzimmer.

Weichei: jugendlicher Jargon für einen weichlichen, feigen oder auch schlaffen, langweiligen Menschen.

Weihnachtsmann: häufig im jugendlichen Jargon abschätzig verwendet für jemand, der anderen nur schöne, aber erfundene Geschichten auftischt.

Weißkittel: spöttisch verwendete Bezeichnung für einen Arzt.

Wellenbengel: von der volkstümlichen Bezeichnung für einen armdikken Eichenast abgeleitet, bezeichnet das Schimpfwort einen groben, rohen, ungeschliffenen und unkultivierten Menschen.

Wendehals: verächtlich für jemanden, der sich vor allem in punkto politischer Gesinnung anpaßt, sein Fähnchen nach dem Wind dreht.

Wengertschneckn: besonders fränkisch für jemand, der sein Leben im Schneckentempo gestaltet; auch bezeichnend für seine Auffassungsgabe.

Weschlabbe: wörtlich: Waschlappen; an einen unsicheren, zaghaften, memmenhaften Pfälzer adressierte Beleidigung.

Westschnitte: nicht nur im Ruhrpott anerkannter Spott- und Scheltname für eine weibliche Person aus den alten Bundesländern; passend dazu die „Ostschnitte".

Wetterfrosch: scherzhaft oder als Spottname für einen Meteorologen.

Wetterhexe: weit gehässiger als „Alte", gilt dieses Schimpfwort einem alten und bösen Weibsbild.

Wichser: ordinärer Kraftausdruck für einen widerwärtigen, ekelhaften und gemeinen Kerl.

Wicht: jemand, der lächerlich unbedeutend, klein oder armselig wirkt.

Wichtigmacher: mißbilligend für jemanden, der sich gern und oft in den Vordergrund spielt.

Wickersche: besonders hanseatisch für eine vermeintlich liebreizende Frau, die als Ehefrau ihr wahres (böses) Gesicht zeigt.

Widerborst: derbe Schelte für einen unangenehmen, widerstrebenden oder widersetzlichen Menschen.

Widerling: Schimpf und Schmach für diesen widerwärtigen, ekelhaften oder charakterlosen Menschen.

Wiederkäuer: spöttisch oder als Schelte für jemanden, der anderen nachplappert, die Meinung von anderen übernimmt.

Wiedischer: nach saarländischer Mundart ein hitzköpfiger, jähzorniger, wütender Zeitgenosse.

Wiehldeiwel: wörtlich: Wühlteufel; pfälzisch für einen eifrigen, emsigen, immerzu arbeitenden Menschen.

Wiesmaker: abwertend-friesisch für eine Person, die anderen ständig etwas weismachen möchte.

Wiesnös: abfälliges Idiom aus nordöstlichen Gefilden Deutschlands für einen Naseweis, einen altklugen oder besserwisserischen Menschen.

Wiggelmors: Schimpfwort in friesischen Regionen für einen, der ständig unruhig auf dem Stuhl herumrutscht; vgl. Zappelphilipp.

wilde Hummel: saloppe, scherzhafte Bezeichnung für ein ausgelassenes, übermütiges, temperamentvolles oder auch unternehmungslustiges Mädchen.

Wildfang: ob Kind oder Mädchen – beide gelten als ungestüm, überaus lebhaft oder auch überzwerch.

Wildsau: derbe Schelte für einen in jeder Hinsicht schmutzigen, verkommenen Menschen. Besonders unbeliebt ist eine so titulierte Person im Straßenverkehr, da sie durch ihr rücksichtsloses Fahren andere gefährdet.

Wimmerheini: spöttisch oder als Schelte für einen weinerlichen, wehleidigen, bei jeder Kleinigkeit jammernden Menschen.

Wimmerlgsicht: eine bairisch-abschätzige Bezeichnung für einen pikkelgesichtigen Menschen.

Wimmertrien: Schelte eines Mecklenburgers für ein wehleidiges, bei jeder Gelegenheit weinendes Weib.

Windbeutel: saloppe Umschreibung für einen nicht ernst zu nehmenden, lächerlich unbedeutenden Menschen.

Windei: die salopp-spöttische Umschreibung für einen nichtsnutzigen, unfähigen oder seichten Menschen.

Alternative Schelte: Taugenichts, Versager.

Windhund: Spott- und Scheltname für einen leichtlebigen, unzuverlässigen und unsteten Mann, der es meist mit der ehelichen Treue nicht so genau nimmt.

Winkeladvokat: leicht anerkennende, meist jedoch abschätzige Bezeichnung für einen Anwalt, der mit allen (auch unlauteren) Mitteln und harten Bandagen kämpft.

Wippoors: scherzhaft oder tadelnd im Nordosten Deutschlands für ein unruhiges, unstetes oder übermütiges Kind.

Wippsteert: im Norden Deutschlands spöttisch bis abfällig verwendete Bezeichnung für eine unruhige, nervöse, zapplige Person.

Wirbelkopf: scherzhaft oder als Schelte für eine übermütige, lebhafte oder temperamentvolle Person.

Wirrkopf: jemand, der wirr, unkonzentriert oder leicht verrückt auf andere wirkt.

Wischiwaschiverkäufer: mißbilligend für eine Person, die mit allen ihr zur Verfügung stehenden Mitteln versucht, mit ihren unsinnigen oder unüberlegten Vorschlägen auf offene Ohren zu stoßen.

Wissegickel: Spottname aus dem Rheinischen für einen rustikalen Schürzenjäger.

Witzbold: eine so titulierte Person spottet und treibt ihre Späße gern auf Kosten anderer.

Witzfigur: der Betreffende dient entweder wegen seiner lächerlichen Erscheinung oder albernen, nicht ernst zu nehmenden Art, als leichte Zielscheibe des Spotts.

Woagscheißer: in seinem Bemühen, es allen recht machen zu wollen, kann sich so jemand für nichts richtig entscheiden.

Wohlstandsbürger: verächtlich für jemanden, der dank seines Wohlstands ein bequemes und sorgloses Leben führt.

Woileich: wörtlich: Weinleiche; pfälzisch-mundartlich für einen Volltrunkenen.

Wokerer: der so von einem Hamburger Bezeichnete genießt als Wucherer einen schlechten Ruf.

Wolf im Schafspelz: abfällig für jemanden, hinter dessen gutmütiger Fassade in Wirklichkeit ein boshafter, gemeiner Mensch steckt.

Wolkenschieber: die saloppe Umschreibung für einen Müßiggänger oder Taugenichts.

Wrack: jemand, der ausgemergelt, offensichtlich mit seinen Kräften am Ende ist.

Wuchtbrumme: meist jugendlicher Jargon für ein dickes, molliges, plumpes Mädchen.

Wuhler: ein schwäbischer „Workaholic".

Wuidsau: das bairische Idiom für ein weibliches Wildschein gilt als Schimpfwort besonders einem, der sich durch sein ungehobeltes, rücksichtloses Wesen unbeliebt macht; einige, draufgängerische Autofahrer dürfen sich auch zu dieser Gattung zählen.

Wullewambes: spöttisch oder als Schimpfname in Hessen für einen fetten, unförmigen, plumpen Menschen.

Wullewatz: besonders rheinische Koseform für ein kleines, dralles Kind.

Wurm: teils mitleidig, teils verächtlich für einen erbärmlichen, heruntergekommenen Menschen.

Wurmser: abfällige, schwäbische Bezeichnung für einen Menschen, dem man wirklich gar nichts recht machen kann.

Würstchen: abschätzig verwendete Verkleinerung für eine lächerlich unbedeutende, schwächliche oder feige Person.

Wurzelbürste: wenig schmeichelhafte Bezeichnung für eine kratzbürstige, rauhe oder derbe Weibsperson.

Wurzelsepp: Spott- und Scheltname für einen einfachen, urigen, eigenwilligen oder auch unverträglichen Burschen.

Wutz: scherzhaft oder als derbe Schelte für eine in jeder Hinsicht „schweinische", schmutzige oder widerliche Person.

X Y

Xanthippe: scheinbar muß die gleichnamige Gattin des griechischen Philosophen Sokrates ein streitsüchtiges Frauenzimmer gewesen sein, denn als Schimpfwort hat es heute noch seine Gültigkeit.

X-bänische: saarländisch-mundartlich und spöttisch für ein x-beiniges Mädchen.

X-beliebige: verächtlich für eine austauschbare, unscheinbare oder unattraktive Frau.

Yankee: abschätzig verwendete Bezeichnung für einen Nordamerikaner; eigentlich die Verkleinerungsform des niederländischen Vornamens Jan, auch Spitzname der holländischen Siedler.

Yoghurtfreter: in friesischen Regionen abwertend für einen sogenannten „Öko"(oder „Müsli"), der in das Klischee von Bio-Ernährung und selbstgestrickten Rentierpullis paßt.

Youngster: aus dem Englischen auf einen Neuling, Anfänger oder einen Jugendlichen übertragene Bezeichnung.

Yuppie: spöttisch oder als Schelte für einen jungen, gutaussehenden, dynamischen und ehrgeizigen Karrieretyp.

Z

Zähblegger: ein Schimpfwort nach pfälzischer Mundart für einen äußerst unsympathischen, leicht aufbrausenden, widerborstigen Zeitgenossen.

Zahnaniggl: in bairischer Mundart eine Heulboje; vgl. Heulkachel.

Zähneblecker: spöttisch verwendete Bezeichnung für jemanden, der bei Gefühlsregung, gleich welcher Art, seine Zähne zeigt.

Zahnklempner: spöttisch oder als Schelte für einen Zahnarzt, der nichts taugt.

Zahnrassel: spöttisch oder boshaft verwendete Bezeichnung für eine Person männlichen oder weiblichen Geschlechts, deren Gesicht durch ein lückenhaftes oder stark hervorstehendes Gebiß verunziert wird.

Zahraffel: die von einem Pfälzer so titulierte Person wird wegen ihres Pferdegebisses zum Objekt der Belustigung.

Zange: derbe Schelte für ein boshaftes, zänkisches und gemeines Weibsstück.

Zankeisen: die Betreffende ist leicht reizbar, aufbrausend, streitsüchtig oder gehässig.

Zänkersch: Scheltname im Saarland für ein boshaftes, streitsüchtiges Frauenzimmer. Ihr männliches Pendant „Zänkert" genießt einen ebenso schlechten Ruf wie sie.

Zänkert: der von einem Saarländer so Bezeichnete sucht regelrecht den Streit und wird deshalb von friedliebenden Menschen gemieden; siehe auch „Zänkersch", sein weibliches Gegenstück.

Zankteufel: eng verwandt mit dem „Zankeisen", eine ebenso unangenehme, boshafte und streitsüchtige Person.

Zappelpeter: scherzhaft oder tadelnd für ein zappeliges, unruhiges, überzwerches Kind.

Zappelphilipp: vgl. Wiggelmors; meist von Eltern gebrauchter Neckname oder Schelte für ein unruhiges, zappeliges Kind; landläufig auch Zappelpeter, Zappelfritze, Zappelhans oder Zappelliese gerufen.

Zappler: häufig ein Schimpfwort für ein Kind, das nicht zur Ruhe kommt, nervös und hyperaktiv herumzappelt.

Zaungast: mißbilligend für einen ungebetenen Gast, der vom Zaun, beziehungsweise vom Rand das Geschehen verfolgt, an etwas teilhat.

Zaunlatte: verwandt mit der „Bohnenstange", ein ähnlich hochgewachsener und hagerer Mensch.

Zausel: dem Wortsinn nach ein unordentlicher, schlampiger Mensch mit zerzaustem Haar, als Schelte übertragen auch auf einen älteren Mann.

Zechkumpan: saloppe Umschreibung für jemanden, der aus Solidarität mitsäuft. Anders ausgedrückt: ein Saufkumpan.

Zechpreller: derbe Schelte für jemanden, der aus der Kneipe und aus dem Restaurant verschwindet ohne seine Rechnung zu begleichen.

Zeck: wie gleichnamiger Blutsauger, hängt sich eine so titulierte Person hartnäckig an seine Mitmenschen.

Zegenbuck: friesisches Idiom für Ziegenbock – vormals als Schimpfwort für einen Vertreter des Schneiderhandwerks gebraucht, heute geläufige Schelte für einen Nörgler.

Zeilenschinder: verächtlich für einen Vertreter der schreibenden Zunft, der aus honorartechnischen Gründen viel schreibt.

Zeitgenosse: salopp bis abfällig verwendete Bezeichnung für einen in irgendeiner Weise seltsamen, unangenehmen oder unsympathischen Menschen.

Zeitverschwender: salopp für jemanden, der ständig trödelt.

Zerberussin: Cerberus, der Höllenhund aus der griechischen Mythologie, bekommt weibliche Gesellschaft – in Form einer Vorzimmerdame, die nichts und niemanden unangemeldet in das Zimmer des Direktors läßt.

Zerreißteufel: leicht tadelnd oder scherzhaft verwendete Schelte für Kinder, die unachtsam mit ihrer Kleidung oder anderen Dingen umgehen, so daß sie schnell kaputt, zerrissen oder entzwei sind.

Zibeb: ein abfälliger, schwäbischer Schimpfname für eine alte Jungfer oder eine langweilige Person.

Zicke: „eingebildet", „dumm", „albern" – die Liste negativ verwendeter Adjektive ließe sich bei der betreffenden weiblichen Person noch fortsetzen. Eine besonders kratzbürstige Vertreterin dieses Menschenschlags schimpft sich „Zimtzicke".

Ziefer: mißbilligend verwendete Bezeichnung für einen unliebsamen Zeitgenossen, dessen Gesellschaft einem Schwaben lästig fällt – wie Ungeziefer.

Ziege: verknüpft mit dem treffenden Adjektiv wie „dumm", „blöd" oder „hysterisch", eine verbale Grobheit gegenüber einer launischen oder unfreundlichen weiblichen Person.

Ziepeltriene: friesisch für eine mimosenhafte, überempfindliche, gezierte weibliche Person; vgl. Zimperliese.

Zierpüppchen: spöttisch für eine übertrieben modische, eitle, arrogante und affektierte junge Frau.

Zigarettnbürscherl: ein bairischer Spott- und Schimpfname für einen jungen, unreifen oder vorwitzigen Burschen.

Zigeuner: von der meist abfällig verwendeten Bezeichnung für einen Angehörigen eines herumziehenden Volkes, übertragen auf einen unzuverlässigen, unsteten oder dubiosen Herumtreiber.

Ziggeler: besonders auf einen trinkfreudigen Mainzer zutreffende Bezeichnung.

Zimperliese: vgl. Ziepeltriene; ob Kind oder Frau – Wehleidigkeit und Empfindlichkeit gehören zu deren hervorstechenden Eigenschaften.

Zimperlimbimche: spöttisch oder leicht abwertend für eine empfindliche, zimperliche weibliche Person.

Zimtzicke: abfällig für eine kratzbürstige, zickige (ziegenhafte), mekkernde weibliche Person.

Zinsgeier: im abschätzigen Sinn verwendete Beleidigung für einen skrupellosen, halsabschneiderischen Vermieter, Miethai.

Zipf: mundartlich-bairischer Spottname für einen faden, tranigen oder langweiligen Menschen.

Zipfel: im schwäbischen Dialekt klingt diese Bezeichnung für einen ungeschickten Menschen fast schon liebevoll.

Zipfelmützenträger: ein verschlafener Blicke ebenso wie ein verschlafenes Gemüt zählen zu den hervorstechenden Eigenschaften dieser Person; ihr wird auch vorgeworfen, auch geistig nicht ganz auf der Höhe zu sein.

Zipferla: beinahe mitleidige Bezeichnung für eine erbärmliche, armselige Erscheinung.

Zippelgusse: die von einem Hamburger so Bezeichnete macht mit ihrer zerzausten, unordentlichen Frisur eine denkbar schlechte Figur.

Zipperhöhnche: besonders rheinisch für ein schreckhaftes, ängstliches, weibliches Wesen.

Zoffmoker: Schelte aus dem Norden Deutschlands für ein zänkisches, streitsüchtiges Mannsbild.

Zorngickel: umgangssprachlich für einen reizbaren, leicht aufbrausenden oder jähzornigen Menschen.

Zornigel: saloppe Umschreibung für ein jähzornigen, leicht aufbrausenden und unbeherrschten Menschen.

Zotenreißer: mißbilligend für jemand, der grob unanständige Witze reißt.

Zottelbär: scherzhaft oder als Schelte für einen ungepflegten, langhaarigen oder schlampigen Menschen.

Zottelkopp: abfällig-friesisch für einen, durch dessen Frisur entweder der Wind gefahren ist oder selten eine Bürste.

Zuchtsau: derber Kraftausdruck für eine kinderreiche Frau.

Zuckersnuut: spöttisch-scherzhaft nach friesischer Mundart für einen, der gern Süßigkeiten nascht.

Zugvogel: saloppe Umschreibung für einen nicht seßhaften, unsteten, ruhelosen Menschen.

Zumbel: Scheltname aus dem Hessischen für eine schlampige, unordentliche Person.

Zunderpack: Kollektivschelte im derben oder verächtlichen Sinn für rohes, unkultiviertes Pack, Gesindel.

Zuttel: typisch schwäbische Schelte für ein schlampiges oder liederliches Frauenzimmer.

Zuuchbeidlgoschn: eine besonders (ober-)fränkische Bezeichnung für jemand, der zu jedem Thema eine Meinung hat.

Zwergel: süd- und mitteldeutsche Verniedlichungsform von Zwerg; Scherz- und Spottname für einen kleinen Menschen.

Zwetschenfürst: scherzhafter oder abfälliger Ausdruck gegenüber über einem Gärtner, der in seinem Garten einige Zwetschenbäume stehen hat. Selten als Spottname für den Regenten eines (lächerlich) kleinen Staates.

Zwetschgnmanschgerl: fast liebevolle, bairische Bezeichnung für eine kleine, unscheinbare männliche Person.

Zwiderwurzen: eine vorwiegend im bairischen Sprachraum beliebte Schelte für ein zänkisches, mürrisches Frauenzimmer.

Zwitschera: saarländisch für einen, der gelegentlich gern einmal zu tief ins Glas schaut.

Zwoggel: mundartlich-hessisch für einen gerissenen, schlauen, durchtriebenen Burschen.

Zwunsch: sächsischer Spottname für ein kleinwüchsiges, schmächtiges Männchen.

Zylindervergolder: bösartig verwendete Bezeichnung für einen Homosexuellen.

Beleidigungen und Flüche für jede Gelegenheit

Ach du liebe Scheiße!: Ausdruck des Ärgers.

Alles für den Arsch!: frei nach dem Motto: Außer Spesen nichts gewesen.

Alles für die Katz!: Ausdruck des Unmuts und des Ärgers, zurückzuführen auf eine sinnlose Aktion.

Behalten Sie den Rotz!: die unmißverständliche Ablehnung, etwas anzunehmen.

Bist du noch ganz sauber?: für jemanden, der nicht ganz richtig im Kopf ist.

Blutssauerei!: Ausruf größter Verärgerung über einen Fehler oder ein Mißgeschick.

Da bist du aber auf dem Holzweg!: für jemanden, der sich geirrt hat.

Da kannst du Gift drauf nehmen!: für jemanden, dem etwas (Unheilvolles) blüht.

Das geht auf keine Kuhhaut!: Ausdruck des Entsetzen und des Unverständnisses.

Das ist ein dicker Hund!: Ausdruck des Unmuts über eine unverschämte Person.

Das ist mir ja ein grobes Stück!: ärgerlicher Ausdruck für jemanden, der sich eine Unverschämtheit, eine Frechheit geleistet hat.

Daß dich das Mäuslein beiß!: boshaft für jemanden, dem man nichts gutes wünscht.

Deinen Kopf kannst du für viel Geld ausstellen lassen!: beleidigend für einen häßlichen Menschen.

Der ist mit dem Maul schneller als mit dem Kopf!: spöttisch für eine vorlaute, aber dumme Person.

Der Schlag soll dich treffen!: böser Wunsch für eine unsympathische Person.

Dich haben sie wohl mit dem Holzhammer frisiert!: zu jemanden, der offensichtlich nicht ganz richtig im Kopf ist, einen Knall hat.

Dich hat deine Mutter wohl im Sauseschritt verloren!: eine grobe Beleidigung für einen dummen, zurückgebliebenen Menschen.

Dich hat man wohl mit Ochsenmilch aufgezogen!: Spott und Häme für einen dummen Menschen.

Die Kacke ist am Dampfen: ein Ausspruch des Ärgers, wenn das „Kind bereits in den Brunnen gefallen" ist.

Dir ham'se wohl ins Hirn geschissen!: grober Ausdruck für einen einfältigen, dreisten oder unverschämten Kerl.

Dir hat man wohl das Gehirn geklaut!: beleidigend für einen geistig minderbemittelten Menschen.

Dir scheiß' ich was!: verächtlich für jemanden, dem man etwas heimzahlen möchte.

Dreckiger Sauladen!: ein derber Ausdruck für eine ungeordnete, wilde Gruppe oder ein schlecht sortiertes Geschäft.

Du bist dümmer, als die Polizei erlaubt!: abfällig für einen ausgesprochen dummen, geistlosen und begriffsstutzigen Menschen.

Du bist ja noch grün hinter den Ohren!: spöttisch bis verächtlich für einen unerfahrenen, unreifen Menschen.

Du bist keinen Deut wert!: verächtlich für ein unbedeutende, lächerliche und unscheinbare Person.

Du bist so blank wie dein Arsch!: herabsetzend für einen mittellosen, ärmlichen Menschen.

Du bist wohl als Kind zu heiß gebadet worden!: beleidigend für jemanden, der als dumm, einfältig oder verrückt gilt.

Du bist wohl mit dem D-Zug durch die Kinderstube gerauscht!: vorwurfsvoll für jemanden, der sich betont erwachsen, besserwisserisch und altklug gibt.

Du frißt einem ja das Haus zusammen!: abfällig für einen Vielfraß.

Du gehst mir ganz schön auf den Sack!: wirsch gegenüber jemanden, der auf ärgerliche Weise aufdringlich ist, einem auf die Nerven geht.

Du hast wohl Bohnen in den Ohren!: ärgerlich für jemanden, der nicht zuhören kann, sich taub stellt.

Du hast wohl den Arsch offen!: grober Ausdruck für einen unverschämten, dreisten und ungehobelten Menschen.

Du hast wohl nicht alle!: salopp für einen dummdreisten und anmaßenden Menschen.

Du hast wohl Sackratten?: ordinärer Ausdruck gegenüber einem unruhigen, nervös auf einem Stuhl herumrutschenden Mann.

Du hast wohl Tomaten auf den Augen!: für jemanden, der nichts sieht, andere anrempelt.

Du Hundsbeidel!: abschätzig für einen durchtriebenen Menschen.

Du kahle Sau!: ein entrüsteter Ausruf über einen rücksichtslosen, hinterhältigen und widerlichen Zeitgenossen.

Du künstlich aufgezogene Nachgeburt!: grob beleidigend für einen unsympathischen, widerlichen und unbeliebten Menschen.

Du lügst ja wie gedruckt!: verächtlich für einen notorischen Lügner.

Du Lusche!: abfälliger Ausruf über einen feigen, schwächlichen Menschen.

Du müde Scheißhausfliege!: verbale Grobheit gegen einen widerlichen, unsympathischen Zeitgenossen.

Du pfeifst ja aus dem letzten Loch!: ein verächtlicher Ausruf über einen schwächlichen, energielosen und abgekämpft wirkenden Menschen.

Du Pflaume!: abschätzig für einen Nichtskönner, Versager, Taugenichts.

Du riechst wie Nillenkäse!: mißbilligender Ausdruck für einen übelriechenden Menschen.

Du Rindvieh!: grober Ausdruck für einen tölpelhaften und grobschlächtigen Burschen.

Du traurige Figur, du traurige!: verächtlich für eine jammervolle Gestalt.

Du Würstchen!: verächtlich für eine halbe Portion, einen schwächlichen und feigen Zeitgenossen.

Elendiger Saukrüppel!: Ausdruck der Entrüstung und des Ärgers über eine dumme, unverschämte, hinterhältige Person.

Erst schreien, dann denken, was!: zu jemandem, der vorlaut ist, ein schnelles, aber dummes Mundwerk hat.

Fick dich ins Knie!: verbale Grobheit und Ausdruck des Ärgers über eine unmögliche Person.

Geh hin, wo der Pfeffer wächst!: für jemanden, den man weit weg wünscht, mit dem man nichts zu tun haben möchte.

Hahnebüchen!: ein Ausdruck des Unmuts über einen mißlichen Vorfall oder eine Person, die sich einen Schnitzer geleistet hat.

Haideblech!: ein Ausdruck des Ärgers über einen Mitmenschen oder ein Mißgeschick.

Halt die Fresse!: grobe Aufforderung an jemanden, den Mund zu halten, still zu sein.

Halt die Luft an!: mißbilligend für jemanden, der zuviel redet.

Hat man das schon erlebt!: ärgerlicher Ausdruck für eine dreiste Person.

Heilixblechle!: zornig oder entrüstet über einen Mitmenschen oder etwas, das schief gelaufen ist.

Hell wie ein Sack Kohlen!: verächtlich für einen dummen Menschen, der im Kopf nicht eben helle ist.

Himmel, Arsch und Zwirn!: verbaler Kraftausdruck, passend für alle unmutigen Gefühlsregungen und Gelegenheiten.

Hurenklump!: abfällig für Plunder und wertloses Zeug.

Ich krieg' dich schon noch am Schlafittchen!: für jemanden, dem eine Strafe oder eine Standpauke angedroht wird.

Ich laß' dich am steifen Arm verhungern (oder verrecken)!: abschätzig für jemanden, den man nicht leiden kann, dem man die kalte Schulter zeigt.

Ich les' dir schon noch die Leviten!: eine Strafpredigt wird angedroht.

Ich mach' dich zur Schnecke!: drohend für jemanden, den man fertigmachen, den man kleinkriegen möchte

Ich tret' dir in die Klabusterbeeren!: derbe Drohung, dem Betreffenden in den „Arsch" zu treten.

Kruzifixhalleluja!: universell einsetzbarer Ausdruck des Unmuts und der Entrüstung.

Kümm're dich um deinen eigenen Scheiß!: unmißverständlich gegenüber jemanden, von man sich wünscht, daß er einen in Ruhe lassen möge.

Lahme Ente!: abfällig für einen langsamen, begriffsstutzigen Menschen.

Laß dich heimgeigen!: für eine Person, die sich verdrücken, die verschwinden soll.

Leck mich am Arsch!: derbe Ablehnung eines unsympathischen Menschen.

Loß di zruckpudan und obtreibn!: derb aus dem Österreichischen für einen Versager.

Mir ist speiübel!: Ausdruck des Ekels und des Angewidertseins.

Mit so was wie dir hat man früher die Katzen hinter dem Zaun totgeschlagen!: verächtlich für einen unmöglichen, widerlichen Menschen.

Ohne Kopf wärst du schöner!: beleidigend für einen häßlichen Mitmenschen.

Pfoten weg!: unmißverständliche Aufforderung oder Drohung.

Pfui Teufel!: Ausdruck des Ekels und der Abscheu.

Rutsch mir doch den Buckel hinunter!: für jemanden, der einem gestohlen bleiben kann, von dem man nichts hält.

Sack und Asche!: Ausdruck für etwas, das keinen Sinn hat.

Sack und Eier!: so viel wie „Du meine Güte!" bedeutend; ein Ausruf der Verblüffung und Verwunderung.

Saubande, dreckige!: abfällig für wertloses Gesindel, eine Gruppe ungezogener, unverschämter Menschen.

Scheißspiel!: ein Ausdruck des Ärgers, wenn etwas mißlungen ist, wenn man Pech gehabt hat.

Schluß, aus und vorbei!: deutlich für: „Ich will meine Ruhe" oder „Ich habe keine Lust mehr". Auch als unfreundliche Aufforderung zu verstehen, endlich zu verschwinden.

Schöne Bescherung!: Ausruf des Entsetzens.

Statt dir hätte deine Mutter wohl besser die Nachgeburt aufgezogen!: verächtlich für einen wertlosen, widerlichen Menschen.

Steig mir doch auf den Hut!: verächtlich für einen aufdringlichen Zeitgenossen, über den man sich geärgert hat.

Steig mir doch aufs Dach!: die grobe Aufforderung an jemanden, zu verschwinden.

Stell dich nicht an – Alle haben den gleichen Arsch!: unwirscher Ausruf über jemanden, der sich ungeschickt oder geziert anstellt.

Stellen Sie sich gefälligst hinten an!: ärgerlich für jemanden, der sich ständig vordrängelt.

Such, bis du schwarz bist!: hämisch für jemanden, der etwas vergeblich sucht.

Unter aller Kanone!: mißbilligend für unmögliche Zustände, eine Schlamperei oder Unordnung.

Unter aller Sau!: Ausdruck der Entrüstung und des Ärgers über eine schlampige Person, eine verpfuschte Arbeit oder über einen unordentlichen Haushalt.

Verdammte Scheiße!: grober Ausruf bei einem Mißgeschick, Pech oder einem Unfall.

Verdammt noch mal!: Ausruf des Ärgers, des Unmuts und der Entrüstung.

Verdammt und zugenäht!: universell einsetzbarer Fluch gegenüber Mitmenschen.

Verfluchte Drecksau!: verbale Grobheit einem widerlichen Menschen gegenüber.

Vergiß es!: abschätzig für eine Sache, die nicht der Rede wert ist. Auch auf einen Menschen zu übertragen.

Verpiß dich!: unwirsch für jemanden, der am besten schnell das Weite sucht.

Was für ein Kladderadatsch!: im Sinne von „Schöne Bescherung".

Wo haben sie dich denn rausgelassen?: spöttisch oder verächtlich für einen dummen, unsympathischen und unmöglichen Menschen.

Zieh Leine!: unmißverständliche Aufforderung, schnell zu verschwinden.

Die beliebtesten Berufsschelten

Anwalt: **Rechtsverdreher**

Apotheker: **Giftmischer**

Arzt: **Metzger ohne Laden**

Bäcker: **Mehlwurm**

Bauer: **Furchenquäler**

Beamter: **Sesselfurzer**

Frauenarzt: **Grattlgrubbler**

Frisör: **Fädenzieher**

Hilfsarbeiter: **Jockel**

Journalist: **Zeilenschmierer**

Kellner: **Trinkgeldpinguin**

Kunstmaler: **Schmierfink**

Lehrer: **Rohrstockschwinger**

Maurer: **Mauerschwalbe**

Metzger: **Saustecher**

Musiker: **Klimperheini**

Orthopäde: **Knochenschuster**

Pfarrer: **Oblatenkarle**

Polizist: **grüner Frosch**

Putzfrau: **Parkettballerina**

Rentner: **Ohnesorge**

Urologe: **Glockenspieler**

Vertreter: **Klinkenputzer**

Zahnarzt: **Zahnklempner**

Fremdsprachige Schimpfwörter

Die internationalen Schimpf-Hits in fünf Sprachen – wenn nicht anders vermerkt, in dieser Reihenfolge: deutsch (alphabetisch geordnet), englisch, französisch, italienisch, spanisch:

Aasgeier: vulture; vautour; avaraccio (avvoltoio); gusano.

Abräumer: sly bastard; mégottier; parassita; aprovechado.

Ach du Scheiße!: Goddammit!; Ça c'est le bouquet!; Porca miseria!; ¡Me cago en diez!

Affenarsch!: shithead; Tête-à-claques!; Testa di cazzo!, ¡Aborto!

Alte: old lady; mémée; vecchiaccia; vieja.

Alte Giftspritze: old bitch; mal-baisée; spruzza veleno; vibora.

Alte Hexe: old witch; peau-de-vache; vecchia strega; (vieja) bruja.

alter, anzüglicher Kerl: dirty old man; vieux cochon; vecchio caprone; vieja verde.

Alter Wichser: old wanker!; Vieux cochon!; Segaiolo del cazzo!; ¡Viejo verde!

Alte Schachtel: old bag; vieille mémée; fósil (spanisch).

Am Arsch der Welt: in de boondocks; C'est un bled paumé?; in culo al mondo; en el quinto coño (en la quinta mierda).

anspitzen (erregen): to get hot; ça me bande; arrapare; ponerse cachondo.

Armleuchter: dead head; Pauvre petit con!; tonto; cretino.

Arschficker: bum-fucker; enculeur; culattone; maricón.

Arschgeige: dick-head; emmerdeur (weibl. emmerdeuse); caca cazzo; imbécil.

Arschgesicht: shitface; tête de con; faccia di culo; cara de culo.

Arschkriecher: arsecrawler; lèche-cul; leccaculo; lameculos.

Arschloch: arsehole; trou-du-cul; faccia di culo; tonto del culo.

Arschtrompeter: fart-face; mariolle; spara cazzate; pedorro.

Arschwischer: arse-wiper; pécu; carta da culo; limpia culos.

aufgeblasener Arsch: shit on wheels; rouleuer de méchaniques; gasato; presumido.

aufgetakeltes Huhn: mutton; dressed in lamb; tradona (italienisch); momia.

Aus, basta!: Kiss your arse goodbye!; Basta!; Chiuso!; ¡Se acabó!

Beamtenarsch: fart-arse; cons de bureau; impiegato del cazzo, chupatintas.

Beherrsch dich!: Get your shit together!; Vas pas flancher!; Non fare cosí, dai!; ¡Aprieta los cojones!

Beschäler (Hengst): stud; mec; stallone; chulo.

Betrug: cheat; entourloupe; inculata; estafa.

Bettnässer: bed-wetter; lavette; piscia letto; meón.

billige Dirne: scrubber; traînee; puttana da quattro soldi; pendón.

blöde Nuß: silly cow; Rombière!; Oca!; ¡Tonta!

Bonze: prole; bêcheur; nuova ricco; un burro con plata.

Bordell: cathouse; pouf; bordello; casa de putas.

Bordsteinschwalbe: street walker; putain; puttana; puta.

Bruchbude: flea pit; baraque; catapecchia; barraca.

Bullenschwein: cpos; sale flic; piedipiatti; policia de mierda.

Bumslokal: red light bar; boui-boui; bettola; tasca de mala.

Bumsnelke: easy bitch; marie-couche-toi-là; puttanella; mujerzuela.

Bürotrottel: bum-wiper; scribouillard; impiegato da strapazzo; incompetente.

Das stinkt mir!: That pisses me off!; Ça m'emmerde!; Che palle!; ¡Me jode!

Die Kacke ist am Dampfen: The shit has hit the fan; Cette fois on l'a dans le cul; Siamo nella merda fino al collo; La mierda está que arde.

Donnerwetter!: Oh bollocks!; Putain de merde!; Porca miseria!; ¡Me cago en la elche!

Doofbacke: dumb shit; Enflure!; fesso; burro.

Drache: old dragon; rombière; arpia; dragon.

Drecksack: shitbag; salaud; stronzo; tío mierda.

Dreckschleuder: shit-shoveller; remueur de merde; vigliacco schifoso; mentiroso de mierda (oder auch calumniador).

Dreckskœter: filthy mutt; sale cabot; cagnaccio; chucho de mierda.

Drecksnest: one horse town; trou paumé; che schifo di buco; poblacho.

Du Arschloch!: son of a bitch; Vieux con; Mortacci tua!, ¡Eres tonto del culo!

Du hast wohl Bohnen in den Ohren!: deaf as al fucking post; T'as les portugaises ensablées!; Che c'hau prezzemolo nell'orecchie!

Du Lusche!: Useless twit!; Lavette!; Primitivo!; ¡Memo!

Du Rindvieh!: Jack-ass!; Abruti!; Animale!; ¡Idiota!

Du spinnst ja komplett!: You're full of shit; Tu te fourres le doigt dans l'œil; Sei di fuori; Eres un gilipollas.

Du spinnst wohl!: Are you crazy?; Ça va pas la tête?!; Ma sei scemo?; ¡Estás chiflado!

Dumme Nuß!: Moron!; Tête de noix!; Cretino!; ¡Eres un retrasado mental!

Dumme Pute!: stupid cunt; dinde; vecchia scema; tí idiota.

Dummkopf: bumhead; vieux chnoque; cretino; tonto.

Dumpfbacke: bull-shitter; baragouineur; ciarlatano; bocazas.

Eierwärmer (männlicher Slip): bags; calcif.

Esel: donkey; âne; asino; asno.

Fahrgestell: pins; guibolles; Che stanghe!; ¡Qué patas!

Faschist: fascist pig; facho; porco fascista; ¡Puto facha!

fauler Sack: lazy sod; pantoufle; dormiglione; comodón.

Feigling: chickenshit; couille molle; fifone; cobarde.

Fettarsch: fat arse; gros cul; culone; culón.

Fettwanst: fat slob; tas de graisse; palla di grasso; gordo.

Fick dich ins Knie!: Get stuffed!; Vas te faire foutre!; Schiaffatelo in culo!; ¡Fóllate tu mismo!

ficken: to screw; baiser; chiavare; follar.

Fiese Ratte!: Yiu son of a bitch!; Putain de salaud!; Animale fetente!; ¡Rata asquerosa!

fieser Patron: big cheese; pompe-la-sueur; aguzzino; mala sangre.

Fieses Schwein!: You cocksucker!; Espèce de salopard!; Pezzo di merda!; ¡Eres un cerdo asqueroso!

Filzlaus: the pox; pot-de-colle; zecca; pesado.

Flasche: slug; tocard; bidone; incapaz.

Flittchen: slut; dragueuse; gnocca; guarra (guarrona).

Fluppe: cancer stick; tige; cicca; cilindrin.

Fotze: pussy; chatte; fica; chocho.

Fresse: mug; gueuele; faccia di merda; hocico.

Fummel: duds; fringues; stracetto; harapo.

Funzel: spark; loupiotte; lamparilla (spanisch).

für den Arsch: fuck it; pour la peau des fesses; en balde (spanisch).

Furmulde (Bett): bug bag; pucier; fábbrica bambini; el catre.

Furz: fart; pet; peto; pedo.

Furzkanone: poop-chute; pétard; che sedici; culo pedorro.

Fusel: rotgut; tord-boyaux; brucia budella; vino peleón.

geil!: cool!; bandant!; forte!; ¡Cojonudo!

geiler Bock: horny old goat; vieux tringleur; vecchio porco; viejo verde.

geiles Luder: she's hot; chienne; gatta calda; ninfómana.

Geizkragen: scrooge; vautour; avido; avaricioso.

gequirlte Scheiße: bullshit; connerie montée en neige; che minchiata cazzata; chaladuras.

Giftzahn: rat bag; rombière; sputa veleno; vibora.

Glotze: goggle box; la télé; (spanisch) caja tonta.

Glotzmurmeln (Augen): peepers; mirettes; fanali; ojos de sapo.

Gruftis: the folks; croulants; i miei vecchi; momias vivientes.

gulpen (aufstoßen, rülpsen): burp; roter; ruttarre; eructar.

Gurke: conk; courge; (spanisch) picota.

Halsabschneider: cut throat; truand; truffatore; estafador.

Halt die Fresse!: Shut up!; Ta gueule!; Chiudi il becco!; ¡Cierra el pico!

Halt die Luft an!: Shut your trap!; Taistoi, tu baves!; Piano calmati!; ¡Para el carro!

Her damit!: Give over!; Aboule!; Sgancia!; ¡Suéltalo!

Hey, Mann: Hey, cowoboy!; Eh, mec!; Uè, ricchió!; ¡Oye, macho!

Himmel, Arsch und Zwirn: God damn it!; Putain de bon dieu de merde!; Porco dio!; ¡Me cago en la puta!

Hirni: egg head; tête de noix; cervellone; un sabelotodo.

Holzhacker (Grobian, Fiesling): dirty player; bulldozer; speccagambe; rompepiernas.

Hornochse: turkey; imbécile; rimbambito; gilipollas.

Hosenscheißer: coward; foireux; cacasotto; cagón.

Hurenbock: randy old bugger; coureur; figlio di puttana; putero.

Ich bin völlig am Arsch: I'm fucked; J'en ai plein le cul; Sono col culo in terra; estoy jodido (oder auch: estoy acabado).

Ich Depp!: Stupid me!; Ce que je suis con!; Che cretino sono!; ¡Que tonto soy!

Ich geb' dir gleich eine in die Fresse: I'll rearrange your face!; Toi je vais t'arranger la gueule!; Ti spacco il muso!; ¡Te reviento la cara!

Ich mach' dich zur Schnecke: I'm gonna beat the shit out of you!; Je vais te réduire en bouillie!; Ti faccio a pezza di piede!; ¡Te aplastaré como a un gusano!

Ich versteh' immer nur Bahnhof: it's all Greek to me; J'y pige que dalle; Non capisco un tubo; No entiendo ni pío.

Ich zeig' dir, wo der Bartl den Moscht holt: You kiss my arse!; se crèver le cule (sich den Hintern aufreißen); Ti spacco il culo; ¡Te voy a machacar!

Idiot!: Moron!; Espèce d'idiot!; Idiota!; ¡Idiota!

Kackstelzen: stumps; abattis; stampelle; patas.

Kamel: dork; enflure; incapace; bruto.

Kanaker: Coon; canaque; zulù; gabacho.

Käsetreter: brothel creepers; écrasemerde; schiappe; pantuflas de queso.

Katzenmusik: cat squall; flon-flon; lamento; música de perros.

Keife: hell on wheels; choléra; peste; verdulera.

Klatschweib: fishwife; bavardeuse; culo di gallina; cotilla.

Klugscheißer: smart as; intello de service; intelligentone; sabelotodo.

Knacker: dried up old turd; vieux coureur; fossile; decrépito.

Knalltüte: cackhanded twit; cassebonbons; sega nervi; salado.

Knast: the can; tôle, gabbia; chirona.

Kondom: scumbag; capote anglaise; guanto; condón.

Koofmich (Kaufmann): shyster; épicier; bottegaio di merda; tendero.

Korinthenkacker: fusspot; enculeur de mouche; caca patate; agarrado.

Kotzbrocken: pain in the ass; pisse froid; rompiballe; asqueroso.

kotzen: throw up; dégueuler; vomitare; echar la pava.

Kratzbürste: prick; teigne; attaccabrighe; un broncas.

Kredithai: shark; requin; strozzino; usurero.

Kümm're dich um deinen eigenen Dreck!: Mind your fucking businenss; Mêle-toi de tes oignons!; Non te ne frega un cazzo!; ¡No metas tus narices donde no te llaman!

Laberkopf: blabber mouth; scie; blaterare; pesado.

labern: shoot the crap; bavarder; sbrodolare; cotorrear.

Ladenschwengel: gofer; larbin; (spanisch) servil.

Lahmarsch: arse-dragger; patate; culomoscio; tortuga.

Lahme Ente!: Fat ass!; Emmanché!; Tartaruga!; ¡Aplatanada!

Lappen (Führerschein): racing ticket; papelards; patente; billete.

Leck mich doch am Arsch!: Kiss my arse!; Vas te faire enculer!; Vaffanculo!; ¡Vete a tomar por culo!

Lügenspiel: rotten trick; sale combine; bugiardo sfacciato; engaño.

Lulatsch: clumsy oaf; manche; imbranato; patoso.

Macker: tough guy; mec; bullo da spiaggia; chorvo.

Mal halblang!: Keep cool!; T'emballe pas!; Datti una regolata!; ¡No te pases!

Maloche: tread mill; boulot; sgobbata; el curre.

Matratze: slut; traînee; troia; zorra.

Mickerling: wimp; fausse-couche; bruttarello; cara de pepino.

miefen: it smells badly; cogner; puzzare; apestar.

Miesepeter: downer; rabat-joix; butta veleno; amargado.

Milchbübchen: wet behind the ears; gamin; giovincello; niñato.

Mir ist kotzübel: I'm going to hurl; Ça me fait dégueuler; Ho lo stomaco sottosopra; estoy mareado.

Müde Scheißhausfliege!: You've got your head up your arse!; Petit foireux!; Va a pulire i cessi!; ¡Eres un inútil!

Nüsse: balls; couilles; coglioni; cojones.

olle Pißnelke: Stupid bitch!; Pouffiasse!; Puttanella!; ¡Eres un asco!

oller Feger: horny bitch; une belle salope; mangia cazzi; ninfómana.

Pack: riffraff; smala; gentaglia cafoni; gentuza.

Pampe: mush; bouillie; pappa; papilla.

Pauker: pedantic prick; (italienisch) battente; profe.

Penner: bum; pépère; barbone; vagabundo.

Pfaffe: bible Thumper; cureton; profeta; cuervo.

Pflaume!: Dipshit!; Lavette!; Buono a niente!; ¡Pbre diabolo!

Pickel: drone head; tronche; cucuzza; espinilla.

Pißbrühe: warm gnat's piss; pisse d'âne; piscio; ¡Esto sabe a meado!

Pisse: piss; pisse; piscia; meados.

Pope (Geistlicher): waferpusher; cureton; pretonzolo; cura.

Puffmutter: old bawd; maquerelle; ruffiana; matrona.

Quacksalber: witch doctor; charlatan; macellaio; matasanos.

Quadratlatschen: row boats; écrasemerde; piedipiatti; patudo.

Raffel: choppers; ratiches; dentiera; las muelas.

Reibeisen: old dragon; mal-baisée; vecchia strega; dragón.

Rostlaube: rust bucket; tas de feraille; carcassa; cacharro.

rotzen: to gob; glavioter; smocciare; moquear.

Rotzkocher (Pfeife): snot burner; (italienisch) ciminiera; la pipa.

Rotzlappen: snot rag; tire-jus; (spanisch) limpiamocos.

Rotzlöffel: smart-ass; morveux; sfacciato; mal parido.

Rübe: noggin; trognon; lamione; el coco.

Rülpswässerchen: fizz; roteuse; acqua di rubinetto; aguita para.

Rüpel: rowdy; sale brute; teppista; gamberro.

Sack: bag; bourses; sacchetto; forro de los huevos.

Sackgesicht: fuck-face; gueule; faccia di cazzo; cara de culo.

Saftladen: flop house; merdier; sgabuzzino; tenducha.

Sargnagel: coffin nail; clope; morte sicura; pitillo.

Saubär: putz; mon gros poulet; orsachiotto; brutito.

Saufaus: boozer; poivrot; spugna; borracho.

Saufraß: pig swill; bouftance; porcheria; porqueria.

Sauhund!: Cunt!; salaud; Porco!; ¡Perro asqueroso!

Saustall: pigsty; porcherie; bordello; pocilga.

Scheiße: crap; merde; cacca; mierda.

Scheißerei: runny shits; chiasse; sciolta; cagaleras.

Scheißhaus: can; pissoir; cacatoio; cagadero.

Scheißspiel!: bad luck; connerie de jeu!; Merda!; ¡Que mala pata!

Schlampe: slut; saloppe; sciattona; guarra.

Schlappschwanz: loser; couille-molle; rammollito; mandria.

schlechter Fraß: rotten gub; dégueulis; ammuffato; porqueria podrida.

Schmierenkomödiant: clown, ringard; charlott; actorcillo.

Schmierfink: news hound; (italienisch) pennivendolo; escriorzuelo.

Schmutzblatt: yellow press; faire la chronique des chiens ècrasés; scandalistico; prensa de corazón.

Schnalle: ball an chain; bobonne; sgualdrina; tía pillada.

Schnarchsack: speedy, endormi; perditempo; roncador.

Schnepfe: slag; cocotte; puttanella; putilla.

schräger Vogel: crook; ordure; figlio di zoccola; capullo.

Schrapnell: old mare; rombière; donnone; chillona.

Schrottkarre: piece of junk; tas de ferraille; ferro arrugginito; montón de chattarra.

Schuhsohle (zähes Steak): shoe leather; de la semelle; suola di scarpa; como suela de zapato.

Schwanz: dick; quéquette (im Sinne von klein); cazzo; rabo.

Schweinepriester: nasty old fucker; (italienisch) lurido prete; degenerado.

Schweißfußindianer: stinkfeet; quarts de brie; piedi al Gorgonzola; los quesos.

Schwuchtel: cocksucker; folle; ficaiola; mariquita.

seuchen (urinieren): take a leak; pisser; pisciare; cambiar el agua al canario.

sich auskotzen: spit it out; déballer ses tripes; sputare il rospo; desahogarse de problemas.

Sozialist: pinko; socialo; porco socialista; cerdo rojo.

Spanner: peeping Tom; voyeur; guardone; mirón.

Spelunke: gortty dive; coupe-gorge; tana di ladri; cueva.

Stecher: stud; matou; rubaculi; chorvo.

Stinkbude: stink hole; foutoir; buco puzzolente; leonera.

Stinkstengel (Zigarre): dog turd; barreau de chaise; ciminiera; tufo penetrante.

Stinkstiefel: stinking pig; bâton merdeux; girapalle; guarro apestoso.

strullen: take a leak; pisser; pisciare; mear.

Sturer Bock: blockhead; ducon; testa dura; cabezota.

Titten: tits; nichons; tette; tetas.

Töle: mutt; sale cabot; sacco di pulci; chucho.

Tranfunzel: ragged arse; tortue; lumaca invalida; tortuga.

Tucke (Dame): biddy; tata; gallina; vieja.

Tussi: bit of crumpet; mémée; pezzo di fica; chata.

Übles Gesöff!: Tastes like peewater!; C'est du jus de chaussettes!; Sa di pisciatura!; ¡Esto sabe a meado!

Verfluchte Drecksau!: You motherfucker!; Putain de salope!; Schifezza umana!; ¡Maldito hijo de puta!

Vergiß es!: That's not worth it!; Laisse romber!; Lascia perdere!; ¡Olvídalo!

Verpiß dich!: Piss off!; Va te faire foutre!; Sparisci!; ¡Lárgate!

vögeln: get laid; baiser; trombare; follar.

Wanst: gut; bide; panza; tripa.

Wanze: cockroach; fumier, pidocchio; repugnante.

warmer Bruder: faggot; tante; mezzo culo; hermano caliente.

Waschlappen: weak boy; lavette; merdone; calzonazos.

Wichsgriffel: five-fingered friend; paluche; mani di sperma.

Willst Schläge?: I'll kick your ass!; Tu veux un gnon?; Ti rompo la faccia!; ¡Te voy a partir los morros!

Zahnklempner: the drill; (italienisch) strappa denti; sacamuelas.

Zieh Leine!: Piss off!; Mets tes voiles!; Squaglia!; ¡Vete al demonio!

Zimtzicke: moaning Minnie; punaise; esaltata; histérica.

Zinken: hooter; blair; (spanisch) mazorca de oler.

Zuhälter: pimp; maquereau; magnaccia; chulo de putas.